本书受以下项目资助：

1. 辽宁省社会科学规划基金项目：制度移植与制度创新：近代中国公司制度变迁研究 L14BJL030

2. 沈阳师范大学重大孵化项目：20世纪70年代以来美国货币：历史与逻辑

3. 2017年辽宁省高等学校基础科研青年项目：东北制造业的创新发展与工匠精神培育研究

近代中国公司的移植性制度变迁研究

张兵 著

A STUDY ON
THE TRANSPLANTING
CHANGES OF MODERN CHINESE
CORPORATION INSTITUTION

中国社会科学出版社

图书在版编目(CIP)数据

近代中国公司的移植性制度变迁研究 / 张兵著 . —北京：中国社会科学出版社，2018.1

ISBN 978 - 7 - 5203 - 0683 - 6

Ⅰ. ①近… Ⅱ. ①张… Ⅲ. ①公司—企业制度—经济史—研究—中国—近代 Ⅳ. ①F279.295

中国版本图书馆 CIP 数据核字(2017)第 163700 号

出 版 人	赵剑英
责任编辑	赵 丽
责任校对	王佳玉
责任印制	王 超

出 版	中国社会科学出版社
社 址	北京鼓楼西大街甲 158 号
邮 编	100720
网 址	http://www.csspw.cn
发 行 部	010 - 84083685
门 市 部	010 - 84029450
经 销	新华书店及其他书店
印 刷	北京明恒达印务有限公司
装 订	廊坊市广阳区广增装订厂
版 次	2018 年 1 月第 1 版
印 次	2018 年 1 月第 1 次印刷
开 本	710×1000 1/16
印 张	13.75
插 页	2
字 数	211 千字
定 价	56.00 元

凡购买中国社会科学出版社图书，如有质量问题请与本社营销中心联系调换
电话：010 - 84083683
版权所有 侵权必究

序

　　如何建立有效的制度，是制度经济学研究的核心问题。内生诱致性制度变迁（格瑞夫）与强制性制度变迁（林毅夫）、制度建构（诺思）与制度演化（哈耶克）的争论不绝于耳。西欧世界的兴起好像为内生诱致性制度变迁和制度演化提供了绝好的例证，而卡塔琳娜·皮斯托、约拉姆·凯南等人的研究结论——美国、加拿大和澳大利亚等国家之所以制度移植成功，主要是因为移植了人，正是这些移民定居者带入、继承和发展了母国的法律制度——更似乎宣判制度移植与制度建构的死刑。从这个绝对意义上来讲，落后国家之所以落后完全是命中注定，要改变落后局面好像也只能靠等待。然而纵观历史，任何辉煌的世界文明都是在文化和经济大交流、大碰撞的时代创造的，制度学习与制度移植一刻没有停止过，这是制度变迁的最常态，否认和忽略对它的研究都将是制度经济学研究的重大遗漏。不可否认，制度移植确实经常无效率，但并不能因此否认和放弃对制度学习和制度移植的研究，相反如何促进有效制度移植，更应该成为制度经济学现实所要关切的重大课题。

　　近代中国公司制度始于制度移植，经历近 80 年的发展与演化，有成功也有失败，这对于研究制度学习和制度移植具有十分重要的历史价值。该书作者在前人历史资料整理、收集和分析的基础之上，根据新制度经济学理论，结合制度互补性和制度学习理论，大胆假设构建了移植性制度变迁的经济学分析框架，对近代中国公司制度移植及其演变逻辑进行尝试性分析，这无论是在制度移植研究还是在中国近代经济史研究中都是一种大胆的尝试，颇具新意。

作者根据制度移植分析框架，将制度移植划分为制度嫁接和制度调整，并据此将近代中国公司制度移植过程划分为三大阶段：

一为制度嫁接阶段，即官督商办特许公司制度的建立。列强入侵，给中国传统航运业和国家安全造成巨额损失，轮船运输以及西方公司制度带来的潜在收益改变了原有制度均衡状态，产生制度需求。政府主导推动了制度嫁接，将洋商的特许制度、集资募股与中国传统盐业中的"官督商卖"相结合，产生了官督商办特许公司制度形式。这种制度形式基本实现了从社会筹集资本，利用机器和雇用劳动力进行生产，与洋商分利等制度目标。然而，该制度既不是当时最优制度选择（各国已经颁布了公司法进入准则主义公司制度时期），又受制于官督与第二方集体监督机制制约，股东大会（资本）的作用有限，权力也难以得到保障。引入制度与其他制度要素之间缺乏互补性，制度效率较低。

二为制度调整阶段，即准则主义公司制度的建立。随着相关知识存量的增加，其他相关制度如股票市场和现代银行制度的建立与发展，以及商人和商会实力的增强，人们对特许与准则主义公司制度的净收益进行了重新评估，提出新的制度变迁需求。在商会的推动下，公司股权制、法人代表制、注册制、有限责任、治理结构等都随之建立和完善起来。这种外生制度嫁接引发的内生制度创新实现了制度间的互补，制度配置效率和适应性效率大幅度提高，制度移植趋于成功。不过，这一时期政治制度不稳定给公司制度发展带来巨大风险。

三为制度再调整阶段，即国有垄断公司制度的建立。受20世纪三四十年代计划与国家资本主义经济理论的影响，南京政府强制推行中央银行制度与货币制度改革，整顿与改组商会，强行推动国有垄断大型公司制度。该制度降低了公司创始人人数限制，扩大公司控股规模，取消对大股东表决权的限制，由自然人代表政府或公司法人充任公司董事或监察人等，使国家权力凌驾于民营资本之上，与民争利，从而造成民营经济衰退和经济崩溃。制度移植失败。

作者尝试用新制度经济学的相关理论来分析近代中国公司制度变

迁的逻辑和相关问题，这在某种程度上是对诺思等新制度经济史学者的历史研究范围（西欧和拉美国家）的重要补充，同时也是对近代中国公司制度史研究方法的一次大胆尝试。

首先，作者从中观制度出发，在整体论和系统论的基础上讨论制度移植，而不是把视野仅局限在单一制度规则上。在第二章作者将制度定义为制度束，是由显性规则、隐性规则、实施机制以及与其他制度关系四个部分组成的共同信念系统，是博弈均衡。该定义充分考虑了规则与文化、规则与实施机制以及规则与规则之间的关系，特别是后三者对于前者选择集合、演进轨迹以及绩效的影响。作者指出可移植的只有目标国的显性规则，这种规则与引入国的隐性规则、实施机制以及与其他相关制度之间的关系决定了制度移植效率与制度调整的方向，并借此分析与阐释"制度移植何以经常无效率"，得出隐性规则、实施机制以及相关制度制约着制度选择集合，其矛盾运动方向决定着制度移植成功与否的结论。

其次，作者引入制度经济学理论，将制度移植视为包括制度嫁接和制度调整的一个制度变迁过程，尝试着运用制度变迁、制度演化、制度互补、成本收益分析与博弈论等经济学理论对近代中国公司制度变迁的内在逻辑进行梳理与阐释。这在近代公司制度史研究方法上是一个大胆的尝试。比如，针对清末在众多准则主义公司制度中为何选择官督商办特许公司制度这一问题，作者分析了华商、清政府与外商集团各自的成本收益以及它们之间的博弈与最优选择，并指出中国当时缺乏商法、商律等制度体系及其实施机制，嫁接准则主义公司制度的实施成本显然要高于特许公司制度；对公司制度的认知水平和知识存量也有局限，使得制度供给者对二者的预期收益评价几乎没有区别；再加上清政府在盐业上官督商卖制度的路径依赖性，于是，以英国东印度公司为代表的特许公司制度便成为当时的最优选择。

再次，作者没有从制度建构单一角度研究制度移植，而将其视为制度建构与制度演化相互作用的结果。制度建构（以诺思为代表）与制度演化（以哈耶克为代表）是制度经济学上的重要论争之一。有人甚至以诺思探讨学习经济学，是对制度建构的放弃，而宣告制度建构的失败。然而，这种争论就像"鸡生蛋还是蛋生鸡"一样很难有定论。从历史的视角来看，制度也是一种知识，它是人们在环境反馈之前对环境所作的预测或期望。因此，Paul D. Bush 提出，知识存量的增长是制度变迁的原动力，知识增长与现行价值观念结构之间的矛盾和协调关系决定了制度变迁的各种方式。那么，知识又何来？它既可以是内生的不断积累，也可以是外生的补充或替代。正是基于此认识，作者认为制度建构中有制度演化，制度演化又推动制度建构。面对外生冲击和制度变迁需求，清朝当时现有的知识存量和认识决定了它们选择次优（特许公司制度）而非最优（准则主义公司制度）制度进行嫁接；而当人们对公司制度的认知不断加深，知识存量增加到足以改变制度供给者成本收益时，内生性制度调整（准则主义公司制度）由此产生。因此，作者并不因为最初可能会选择次优制度而排斥制度嫁接。相反，她认为制度嫁接是现代制度变迁最普遍也是最重要的形式之一，因为这样的制度供给必然刺激人们学习，知识存量会不断扩大，从而内生地诱致最优制度变迁。用制度建构与制度演化相互作用来分析制度变迁，一方面克服了制度建构的单一性和非协调性，另一方面也克服了制度演化的消极性。

　　第四，国家制度也是制度，也会受到非正式制度（文化）、实施机制和与其他制度关系的制约；国家制度变迁也是制度建构与制度演化相互作用的结果；国家制度变迁不仅需要时间，更需要开放性的学习。诺思提出了国家悖论，哈耶克提出了良序的宪政国家制度是经济增长的关键。然而，在历史上我们既能看到建构的宪政制度不尽如人意，例如俄罗斯解体后的宪政制度建构；又能看到宪政制度演化的失败，例如中华民国初建时期的宪政制度。作者在第四章分析了政府如何与华商和外商之间博弈并主导了特许公司制度嫁接，在第五章讨论了中央政府权力相对弱化，商人实力增强以及商会如何主导准则主义公司制度调整，在第六章则阐释了中央集权强化下政府利用政治权力对商会和商人利益的褫夺。这充分证实了国家权力受到一定限制，代理人利益与国家利益一致时，政府往往是"好"制度变迁的推手，从而促进经济的增长。同时，也可以看到宪政制度作为显性规则也要受到隐性规则（文化）、实施机制和与其他制度关系的影响。不是任何国家在任何时候都能建立起良序宪政制度。因此，需要保持开放性的学习，既不排斥外生性制度嫁接，补充或替代内生知识，也要不断进行内生性知识积累，促进制度演化。

按经济学的静态、动态分析方法，也可以把对制度的研究分成"静态制度"分析和"动态制度"分析。经济学中的动态分析，是考虑到时间因素的影响，把经济现象的变化当作一个连续的过程来看待。但是，对于制度研究来说，把"动态制度"分析仅仅看作是对制度变化过程的分析是远远不够的。严格说来，"动态制度"分析不仅是对制度变化过程，即"制度变迁"的分析，还应该包括对"制度移植"的研究。因为，"制度变迁"指的是制度在"纵向上"（时间维度上）的动态变化过程，而"制度移植"则是指制度在"横向上"（空间维度上）的引进、嫁接和融入的过程。显然，无论是纵向的制度变迁，还是横向的制度移植，都是制度的"动态变化"过程，都应该被纳入"动态制度"分析的范畴和体系中，并具有同等的学术意义与地位。然而，令人遗憾的是，国内外学术界对"制度移植"的重视和研究都无法与"制度变迁"相提并论，两者相比可谓天壤之别。从这个意义上说，张兵博士的新著，从理论与应用两个方面，对制度移植做出了颇有成效的探索和尝试，确是一件难能可贵、可喜可贺的事情！期待作者今后继续加深对"制度移植"相关问题的研究，推出更多、更好的成果和作品。

韩　毅

2017 年 5 月于辽宁大学

目　　录

第一章　绪论 …………………………………………………（1）
　　第一节　问题的提出 ……………………………………（1）
　　第二节　国内外研究现状 ………………………………（3）
　　第三节　研究对象与本书框架 …………………………（8）
　　第四节　研究方法与创新 ………………………………（12）

第二章　移植性制度变迁的理论分析框架 ………………（14）
　　第一节　制度、制度变迁与制度移植 …………………（14）
　　第二节　移植性制度变迁的过程模型——一个假说 …（19）
　　第三节　移植性制度变迁的预期收益与预期成本 ……（29）
　　第四节　移植性制度变迁的影响因素分析 ……………（33）
　　第五节　小结 ……………………………………………（42）

第三章　近代中国公司制度嫁接的动因分析 ……………（44）
　　第一节　中国传统的企业制度 …………………………（44）
　　第二节　外生冲击与制度失衡 …………………………（55）
　　第三节　制度距离 ………………………………………（67）
　　第四节　小结 ……………………………………………（71）

第四章　制度嫁接：官督商办特许公司制度的建立 ……（73）
　　第一节　华商的制度选择集合及其最优决策 …………（73）

· 1 ·

第二节　政府主导型的制度嫁接 …………………………（84）
　　第三节　制度嫁接结果分析 ………………………………（100）
　　第四节　小结 ………………………………………………（109）

第五章　制度调整：向商办准则主义公司制度的过渡 ………（111）
　　第一节　清末民初其他制度要素相继调整 ………………（111）
　　第二节　商会推动下的公司制度调整 ……………………（127）
　　第三节　制度调整结果分析 ………………………………（135）
　　第四节　小结 ………………………………………………（146）

第六章　制度再调整与移植失败：国有垄断公司制度的
　　　　扩张 ……………………………………………………（148）
　　第一节　中央经济控制力的加强 …………………………（148）
　　第二节　中央政府强制推行的制度调整 …………………（164）
　　第三节　制度倒退与移植失败 ……………………………（179）
　　第四节　小结 ………………………………………………（184）

第七章　艰难的移植：近代中国公司制度移植的结论
　　　　与启示 …………………………………………………（186）
　　第一节　艰难的移植：近代中国公司制度移植的
　　　　　　总体评价 …………………………………………（186）
　　第二节　近代中国公司制度移植的结论 …………………（188）
　　第三节　近代中国公司制度移植的几点启示 ……………（194）

参考文献 …………………………………………………………（199）

第一章 绪论

第一节 问题的提出

企业是经济社会发展的重要单元。公司制度作为企业发展的高级形态,对现代经济发展具有举足轻重的作用。马克思将其生动地描述为"假如必须等待积累使某些单个资本增长到能够修建铁路的程度,那么恐怕直到今天世界上还没有铁路。但是,集中通过股份公司转瞬之间就把这件事完成了。"[①] 著名经济学家道格拉斯·C. 诺思则站在经济学理论的高度,从一般意义上提出只有有效率的经济组织与制度才能促进经济增长,这是西方兴起的原因所在。

然而,在古老的中国,传统的业主制和合伙制一直延续到1840年,虽也有股份之说,但没有公司之实。此后,随着西方列强的入侵以及外国公司的大规模竞争,中国开始学习和模仿西方公司制度,建立起独具特色的公司制度。根据性质和基本特征的不同,近代中国公司制度的演进大致可分为三个阶段[②]:

(1)官督商办特许公司制度阶段(1873—1904年)。1873年,洋务派引入西方特许公司制度,并结合中国盐业传统的"官督商卖"制度,开办了近代中国第一家公司——轮船招商局。中国传统企业制

[①] 《马克思恩格斯文集》(第5卷),人民出版社2009年版,第724页。
[②] 张忠民等学者认为应当分为准公司、家族公司、企业公司以及国有公司四种类型。本书根据现代企业制度的基本特征,即产权清晰、权责明确和科学管理,将近代中国公司制度演进划分为三个阶段。

度模式开始向公司制度迈进。这时期的中国公司制度属于特许性质，股权与债权合一（官利制度），治理结构也以官督商办为主。

（2）商办准则主义公司制度阶段（1904年—20世纪30年代末）。1904年，《钦定商律·公司律》的颁布标志着近代中国公司制度从特许主义走向准则主义。随着1914年《公司条例》和1929年《公司法》的接续颁布，现代公司制度——股权制、法人代表制、注册制、公司治理结构、职业经理阶层、科学管理层级结构等逐步完善。民营企业和资本主义经济也取得了相应的发展。虽然其完善程度和实施效率赶不上西方发达国家，但也基本符合世界公司制度发展的总体趋势。

（3）国有垄断大公司制度阶段（20世纪40年代初—1949年）。为满足战时经济需要，国民政府先后颁布了1940年《特种股份有限公司条例》和1946年《公司法》，强化了国有垄断大公司的地位和作用。这些公司虽具有法人代表制、注册制、有限责任和公司治理结构等一般特征，但由于国有资本在公司中的特殊地位，公司治理结构基本让位于官僚治理。同时与民争利，商办股份公司或被渗入官股，或被国有公司吞并，或在竞争中衰败，遭受巨大的冲击，经济崩溃。

纵观历史，近代中国公司制度建立了比较现代的产权制度和公司治理结构，形成了比较先进的职业经理阶层，建立了比较科学的管理体制，虽说不能达到西方公司制度的完善程度和实施水平，但也相去无几。然而，它却并没有给中国创造诸如英国东印度公司般的辉煌，它保留"官利制度"等传统痕迹，甚至在20世纪40年代后，国家通过国有垄断大公司与民争利，造成经济衰退与崩溃。近代中国公司制度是制度模仿和移植的结果，但为什么前期制度发展态势良好，而后期却达不到目标制度效率，以失败告终呢？近代中国公司制度演进的内在逻辑是什么？是哪些因素激发了本土制度的内生变迁？又是哪些因素造成了制度移植的失败？

在经济史学领域，近代中国公司制度研究著述颇丰，研究范围较广，然而其制度演进的逻辑却少有人问津。因此，系统全面地考察和研究近代中国公司制度演进的历史，探究制度变迁的动因和逻辑，总结制度移植的历史经验，具有一定的学术意义和价值。

中国改革开放已经走过30多个年头，正进入全面深化改革的攻坚克难阶段。中国经济体制中新旧制度杂陈、本土内生与外来移植制度并存，国家与市场同时发挥作用，制度互补与冲突情况非常复杂，如何理顺它们之间的关系，推动经济体制改革顺利进行便成为当前的核心问题。因此，认真研究近代中国公司制度变迁的内在逻辑与演进特点，探讨制度移植与制度创新的关系，以及国家对制度发展的影响对中国社会主义现代化建设具有非常重要的现实意义。

第二节　国内外研究现状

一　国内的研究现状

企业是现代社会的重要单元，因此，企业史研究一直是经济史研究的重要领域之一。许多学者为此都做出了卓越的贡献，取得了不俗的成就。例如，新中国成立前陈其田的《山西票庄考略》、大清银行清理处所编撰的《大清银行史》、严中平的《清代云南铜政考》、杨荫溥的《中国交易所论》等；新中国成立后的《永安纺织印染公司》、张后铨主编的《招商局史》、全汉升的《汉冶萍公司史略》和《大生系统企业史》等。这些论著对近代中国各行业、企业的发展沿革进行了系统的历史性描述，为企业制度研究提供了许多珍贵的素材，并打下良好基础。

然而，关于近代中国公司制度的研究则要晚得多，主要是从20世纪90年代中国进行现代公司制度改革后开始的。他们研究的重点主要集中在以下几个方面：

一是关于近代中国公司制度的组织形态研究。沈祖炜先生的《近代中国企业：制度和发展》[1]从商业企业、工业企业、金融企业、外资企业几个方面论述了近代中国企业发展的历史轨迹，并探讨了市场竞争、企业家精神、科技进步、通货膨胀以及社会环境对近代中国

---

[1] 沈祖炜：《近代中国企业：制度和发展》，上海社会科学院出版社1999年版。

企业发展的影响。张忠民先生所著的《艰难的变迁——近代中国公司制度研究》①较系统地介绍了近代中国公司制度演进的组织形式，他指出，近代中国公司制度先后经历了鸦片战争以前的业主制和合伙制、华商附股、准公司（官督商办企业）、家族公司、企业公司和国有公司几个阶段，并进一步说明了它们的数量分布、类型特点以及股本的筹集方式等。王处辉先生的专著《中国近代企业组织形态的变迁》②则详细考察了晚清以来近代中国公司组织形态的演进过程，探讨了近代中国企业组织受连续性因素和非连续性因素（生产设备和科学技术）的影响，通过对公司组织形态与制度环境之互动关系的分析，揭示出近代中国公司兴起和发展中的一些特点。

二是关于近代中国公司制的思想研究。豆建民先生的《中国公司制思想研究》③考察了1842—1996年公司制思想在中国的产生和发展，厘清了中国公司制思想的演变线索，并抓住了各个时期的特色思想（比如，近代部分的官督、准则主义、国家资本和官僚资本等），希冀对当今企业改革有所启示。杨勇所著《近代中国公司治理：思想演变与制度变迁》④一书以1872年作为近代中国公司治理思想和治理制度研究的时间起点，按时间顺序总结评价了晚清时期、民初及北洋政府时期、南京国民政府前十年、抗日战争时期等各时期近代中国公司治理思想和治理制度的特色。

三是关于近代中国公司法的研究。前面所提到的豆建民、沈祖炜和张忠民在各自的论著中以专题形式论述了近代中国公司法的历史沿革及其作用。郭瑞卿的博士论文《略论近代中国公司法律制度》⑤，从法律史的角度分析了近代中国公司法的产生和发展脉络，以及公司法与公司治理结构之间的关系。江眺所著的《公司法：政府权力与

---

① 张忠民：《艰难的变迁——近代中国公司制度研究》，上海社会科学院出版社2002年版。
② 王处辉：《中国近代企业组织形态的变迁》，天津人民出版社2001年版。
③ 豆建民：《中国公司制思想研究》，上海财经大学出版社1999年版。
④ 杨勇：《近代中国公司治理：思想演变与制度变迁》，上海人民出版社2007年版。
⑤ 郭瑞卿：《略论近代中国公司法律制度》，博士学位论文，中国政法大学，2002年。

商人利益的博弈——以〈公司律〉和〈公司条例〉为中心》①集中论述了清末民初两大公司法建立过程中政府权力与商人利益的博弈关系。李玉的《晚清公司制度建设研究》②和《北洋政府时期企业制度结构史论》③两部书中分别介绍了晚清《公司律》与《公司条例》等近代中国公司法的具体内容及其对公司制度的影响。

四是关于近代中国公司治理的研究。张忠民根据近年来企业理论和制度经济学理论的新进展，先行考察了《公司律》颁行以前的企业治理结构，然后依次对法人治理结构的演进、委托代理下的职业经理人阶层、公司治理结构下的管理层级安排、公司管理制度的变迁等问题做了颇具深度的考察分析。杨在军的《晚清公司与公司治理》④主要是集中在晚清这个特定的历史时间段上，介绍了晚清公司的基本特点，官督商办治理机制等治理模式，以及招商局的具体治理结构等方面的内容。李玉则用比较翔实的史料论证了这一时期股份有限公司的发起人制度、股东会制度、董事和监察人制度以及股票、股息制度等。

此外，还有些作品论述了官利制度、银行与企业的关系以及政府与企业的关系等。比如，朱荫贵的《引进与变革：近代中国企业官利制度分析》⑤一文论述了近代中国社会经济结构的环境条件、近代中国资本市场的高利贷性质和中国悠久的商事习惯是导致官利制度产生和长期存在的根本原因。李一翔的《近代中国银行与企业的关系：1897—1945》⑥一书依据大量历史资料，以相关经济理论为指导，对银行资本与产业资本之间相互关系的发展过程进行全面的考察与分

---

① 江眺：《公司法：政府权力与商人利益的博弈——以〈公司律〉和〈公司条例〉为中心》，中国政法大学出版社2006年版。
② 李玉：《晚清公司制度建设研究》，人民出版社2002年版。
③ 李玉：《北洋政府时期企业制度结构史论》，社会科学文献出版社2007年版。
④ 杨在军：《晚清公司与公司治理》，商务印书馆2006年版。
⑤ 朱荫贵：《引进与变革：近代中国企业官利制度分析》，《近代史研究》2001年第4期。
⑥ 李一翔：《近代中国银行与企业的关系：1897—1945》，东大图书股份有限公司1997年版。

析，试图说明近代中国的银行资本与产业资本的关系由不密切逐步变得密切起来，从而对中国工业化运动的发展起到了较大的促进作用。朱荫贵的专著《国家干预经济与中日近代化：轮船招商局与三菱·日本邮船会社的比较研究》①通过招商局与三菱邮船会社的比较，论述了国家在公司兴起、改组等过程中的推动作用。何立胜的学术专著《中外企业制度嬗变的比较研究》②运用规范研究、历史分析、比较分析等研究方法，对中外企业制度要素展开了系统比较研究，分析了近代中国企业制度变迁的历程，提出了官利制度在中国存在的普遍性及其原因，以及中国企业制度变迁中制度供给与需求严重不足、封建社会内化因素的阻碍作用以及法制不健全，市场发育不充分和官商勾结风险递增等问题。

二 国外的研究现状

国外学术界对近代中国公司制度的关注也是由来已久的。例如，1934年日本学者宫下忠雄在东京发表了《中国银行制度史》，1959年樋口弘著述的《日本对华投资》由商务印书馆出版，等等。新中国成立后，国外学术界对近代中国公司制度的研究更是层出不穷。

美国学者费维凯所著的《中国早期工业化：盛宣怀（1844—1916）和官督商办企业》③，从盛宣怀和"官督商办"企业的角度，详细剖析了招商局的经营运作，包括业务管理、组织结构、财务建设、经营特权等，借盛宣怀这一官督代表论述了清末中国公司中的官商关系，以及这种企业制度的弊端。

美国学者陈锦江所著的《清末现代企业与官商关系》④，从商人阶级和商会、地方政府以及中央政府三层的逻辑关系出发，论证了清

---

① 朱荫贵：《国家干预经济与中日近代化：轮船招商局与三菱·日本邮船会社的比较研究》，东方出版社1994年版。
② 何立胜：《中外企业制度嬗变的比较研究》，中国财政经济出版社2004年版。
③ ［美］费维恺：《中国早期工业化：盛宣怀（1844—1916）和官督商办企业》，虞和平译，中国社会科学出版社1990年版。
④ ［美］陈锦江：《清末现代企业与官商关系》，王笛、张箭译，中国社会科学出版社2007年版。

末中国公司制度建立的主要原动力来自地方政府,而公司制度的演进动力是地方政府与中央政府的权力之争。

法国学者白吉尔的《中国资产阶级的黄金时代》[①]则从中国资产阶级的角度入手,研究了荣氏企业、永安公司、恒丰纱厂等公司的家族结构,并对家族公司发展的利弊进行了分析。

高家龙所著的《中国的大企业——烟草工业中的中外竞争(1890—1930)》[②]以英美烟草公司和南洋兄弟烟草公司为例,论证了烟草业中中外的竞争情况,在理论上对帝国主义、民族主义与企业家精神等问题进行了反思。

兰德尔·K. 莫克(Randall K. Morck)[③]主编的《公司治理的历史——从家族企业集团到职业经理人》是一本关于加拿大、中国、法国、德国、印度、意大利、日本、荷兰、瑞典、英国和美国公司治理史最新研究状况的论文集。这些论文一般都回溯到前工业化时期,探究法律制度和富裕家族的起源,说明意识形态、商人组织、信任、制度移植以及制度演化和金融发展中政治的作用。其中,威廉·戈兹曼(William Goetzmann)和伊丽莎白·科尔(Elisabeth Köll)所作的《中国公司所有权史:国家保护、公司立法和控制问题》[④],考察了清末民初时期中国的公司制度。他们通过分析中国公司制度的引入过程,法律和金融环境的发展,特别是国家的作用,论述了中央政府自上而下地为中国公司企业构建法律框架的方法,对于以家族企业和经济国家保护为基础的传统金融体系的现代化并不见得是一种可行的办法。

[①] [法]白吉尔:《中国资产阶级的黄金时代》,张富强、许世芬译,上海人民出版社1996年版。

[②] [美]高家龙:《中国的大企业——烟草工业中的中外竞争(1890—1930)》,程麟荪、樊书华译,商务印书馆2001年版。

[③] Randall K. Morck, *A History of Corporate Governance around the World: Family Business Groups to Professional Managers*, Chicago: University of Chicago Press, 2005.

[④] William Goetzmann, Elisabeth Köll, "The History of Corporate Ownership in China: State Patronage, Company Legislation, and the Issue of Control", in Randall K. Morck ed., *A History of Corporate Governance around the World: Family Business Groups to Professional Managers*, Chicago: University of Chicago Press, 2005.

美国学者关文彬所著的《如何管理市场，企业组织与关系网：久大盐业有限公司，1917—1937》①一文则以久大盐业有限公司为例，利用久大丰富的档案资料，分析了企业组织与关系网之间的关系，说明了资本等内外部资源如何通过非正式的个人关系（或弱或强地建立在血缘、地缘、业缘等相关基础之上）和正式的制度（如互联董事、交叉持股、有限公司和卡特尔等）相联系，共同推动企业运行的，并在此基础之上构建了网络资本主义的研究框架。

综上所述，国内外关于近代中国公司制度研究的时间跨度较长，达八九十年，研究范围较广，涉及历史、经济、管理、政治、法律等诸多领域，可谓成绩斐然，为后辈的研究积累了大量的宝贵资料与数据，奠定了坚实的基础。然而，这些研究却对个案研究较多，整体研究较少；晚清官督商办研究较多，整个近代研究较少；历史描述较多，经济学分析较少。因此，本书试图在这些方面做些尝试，通过构建一个制度变迁的理论分析框架，来解释近代中国公司制度演进的内在逻辑和特点，为他人的研究打开一些思路。

第三节 研究对象与本书框架

一 研究对象

公司指的是拥有一个企业的合法的和契约性的机构，它的资本来自投资者们，由董事们和职员代表投资者的利益进行经营。② 现代公司制度具有三大基本特点：公司法人、无限期和有限责任。

在本书的研究中，将研究对象主要界定为近代中国的公司制度。

首先，从时间上来看，主要关注于1840—1949年这一百多年的公司制度演进，因为这时中国从封建社会向半殖民地半封建社会转

---

① ［美］关文彬:《如何管理市场，企业组织与关系网：久大盐业有限公司，1917—1937》，载张东刚等《世界经济体制下的民国时期经济》，中国财政经济出版社2005年版，第307—329页。
② ［英］约翰·伊特韦尔、默里·米尔盖特、彼得·纽曼编:《新帕尔格雷夫经济学大辞典》第1卷，陈岱孙主编译，经济科学出版社1996年版，第731页。

型，是中国公司制度最早建立和发展的时间段。此后，由于种种原因，公司制度的发展出现了断层，直到改革开放之后才又萌发，并在1993年得到大幅度发展。因此，这段历史对于现代中国公司制度的建设具有十分重要的借鉴作用。

其次，我们选择中国公司制度作为研究对象。因为这个时期在中国本土上存在着诸多的企业制度，如洋商公司、业主制和合伙制企业以及公司。其中，洋商公司虽然在近代中国所起的作用很大，几乎控制了许多重要行业和领域，但它是外国强制殖民的结果，并不属于中国公司制度的发展范畴，所以，不在本书研究的范畴之内。而且，由于近代中国市场经济发展并不是很充分，公司制度不是从业主制和合伙制本身演化出来，而是政府强制移植的结果，因此，出现了业主制、合伙制和公司制并存，且制度演进三轨并进的局面。但由于业主制和合伙制代表着旧的企业制度模式，虽然它们在移植性公司制度的熏陶下也或多或少地向公司制度演进，但不具有典型性，因此，也不在本书研究的范围之内。而公司制度虽然研究面较小，但是从制度发展和演进角度看，它却是近代中国企业制度的核心问题，代表着近代企业制度的演进方向。搞清楚了近代中国公司制度的变迁，近代中国企业制度的变化也就廓清了。因此，本书将近代中国公司制度界定为主要研究对象，其主要目的就是分析近代中国公司制度的变迁及其演进逻辑。

最后，按照近代公司法的界定，近代中国公司类型包括九种：1904年《公司律》规定的合资公司、合资有限公司、股份公司和股份有限公司四种，此后分为无限公司、两合公司、股份有限公司、股份两合公司和外国公司五种类型。然而，无论是从资本规模、公司发展状况，还是从制度本身的优势及对现代公司[①]借鉴的角度来讲，股份有限公司都将是本书研究的重点。因此，虽然在本书中使用了近代中国公司制度一词，但主要是介绍股份有限公司制度的演进。

---

① 中国现代公司法中只包括股份有限公司、有限责任公司、外国公司三种类型。

二　本书框架结构

本书主要是研究近代中国公司制度的从业主制、合伙制到官督商办特许公司制度,再到商办股份公司制度以及国有垄断大公司制度的演进。本书除绪论外共分为六部分:

第一部分是理论框架构建。主要是对制度概念以及制度变迁理论进行理论梳理与总结,并结合制度互补性和知识理论提出了移植性制度变迁的分析框架。提出制度移植的动因为制度变迁需求和制度距离。制度移植大致分为两个阶段:制度嫁接和制度调整。制度嫁接是制度变迁主体根据成本收益分析,通过比对、学习和引入其他原创性制度。制度调整则是制度嫁接后,制度变迁主体针对引入的显性规则与其他制度要素缺乏互补性而带来的非均衡,进行其他要素调整或者引入规则本身的调整,以达到均衡。当引入规则与原有制度要素之间形成互补关系,并达到了目标制度效率,制度移植成功;否则制度移植失败。在制度移植过程中,知识的积累和制度互补性作用巨大。

第二部分是制度移植的动因分析。列强入侵,洋商在华公司的竞争,使得中国传统产业破产,尤以漕粮运输最为严重,危及京畿安全。巨额的利益损失和技术进步带来的潜在收益改变了原有制度均衡状态,造成制度失衡,产生制度需求。西方公司制度具有筹集资本多、企业规模大、管理科学、经济效益好等优势,与中国传统企业制度形成可认知的制度差距,从而构成制度移植的动力。

第三部分是制度嫁接与官督商办特许公司制度的建立。针对制度变迁需求,中国商人的最优决策是诡寄经营和华商附股。然而,商人的最优决策并不是政府所愿意看到的,于是进行了政府主导型的制度嫁接,将洋商的特许制度、集资募股与中国传统盐业中的"官督商卖"相结合,产生了官督商办特许公司制度形式。然而,引入的显性规则与本土制度要素之间缺乏互补,制度效率难以发挥,制度嫁接有待进一步调整。

第四部分是制度调整与向商办准则主义公司制度的过渡。随着特许公司的开办，人们对公司制度的认识加深，知识存量增加。与公司制度互补的金融制度（股票市场和现代银行）的建立和发展，使得人们对特许与准则主义制度净收益进行了重新评价，提出新的变迁需求。同时，商人的实力有所增强，商会成为推动制度创新型调整的主角。于是，股权制、法人代表制、注册制、有限责任、公司治理结构、职业经理阶层和科学管理等都随之建立和完善。这种外生制度嫁接引发的内生制度创新实现了制度间的互补，制度配置效率和适应性效率大幅度提高，不仅明显高过原有制度，而且还非常接近目标制度效率，制度移植比较成功。

第五部分是制度再调整与国有公司制度的扩张。国家既是制度的主要制定者、载体，又是游戏的参与者，因此，国家是经济增长的关键，又是人为经济衰退的根源。抗日战争爆发后，为了加速工业化进程，克服经济危机，满足战时经济需要，国家进行金融制度改革（中央银行制度与货币制度改革），整顿与改组商会，强行推动国有垄断大型公司制度变迁。但由于国家代理人私人利益与社会利益的偏离，隐性规则与实施机制无法维护制度的公正与有效，这次制度调整虽使显性规则与其他制度要素互补，但却没有提高制度效率，反而降低了制度效率，造成与民争利，民营经济衰退和经济崩溃，因此，可视为制度逆转与失败。

第六部分是结论与启示。近代中国公司制度是制度移植的结果。但移植过程曲折而艰难：20世纪40年代以前总体是逐步走向成功的，但此后由于国家悖论致使移植失败。纵观这一历史过程，本书得出如下结论：相关制度要素既是制度移植的阻碍因素也是制度移植成功的促进因素；外生制度移植引发的内生制度创新是移植成功的根本；持续的学习能力是移植成功的基础；国家既是制度移植最主要的推动者又是移植成功的最大阻碍。启示如下：建立扶植型国家政府，确保国家收益与社会收益相和谐；培养持续的学习能力，促进其他制度要素的相应变迁；强调制度的适应性创新，促进制度变迁从外生向内生转化。

第四节 研究方法与创新

一 研究方法

（一）历史分析方法与逻辑论证方法相结合

历史分析方法是指从研究对象产生发展的自然过程中揭示其本质和规律。而逻辑论证方法则是从理论出发通过推理过程得出结论和规律。本书的研究对象是近代中国公司制度变迁史，因此，既离不开对历史的动态叙述，也离不开以经济理论为基础的框架构建、大胆假设和推理。

（二）归纳分析方法与演绎分析方法相结合

归纳分析方法是根据对某类事物中具有代表性的个体进行考察分析，以得出结论；而演绎分析方法则是从一般知识和前提中推论出个别性结论的方法。本书整体采用演绎分析方法，首先，建立制度移植分析模型，然后，以近代中国公司制度史实加以证实。而在具体分析中则多采用归纳方法，用典型的事例来说明一般性结论。

（三）方法论集体主义与方法论个人主义相结合

方法论集体主义主要强调以制度为出发点，以若干人组成的社会群体为决策单位，而方法论个人主义者则强调以个人为出发点，以个人的决策来说明制度演化。此二者既各有侧重又相互补充。一方面，列举了大量的个别案例，说明个别决策行为；而另一方面，本书的主要目的不是剖析个别公司的行为逻辑，而是侧重于分析不同阶级或利益集团之间的相互博弈，以及它们之间力量的此消彼长对于制度变迁和经济增长的影响。

二 创新之处

（一）视角与方法的创新

运用新制度经济学理论构建移植性制度变迁框架，通过大胆假设和逻辑推理来阐释近代中国公司制度变迁的原因、内在逻辑及特点，为近代中国公司制度变迁研究乃至近代经济史研究提供了一种新的方法和视角，是一次全新的尝试。

（二）理论创新

制度具有公共产品性质，可以移植，且随着经济全球化的深入发展越来越成为制度变迁的主要形式。然而，以往研究多关注于制度创新，而忽略了制度移植。本书从制度束与制度要素概念出发，运用制度变迁理论，构建移植性制度变迁分析框架，深入分析制度移植的过程和演进逻辑，这在某种程度上也是一种理论尝试。

三 不足之处

将经济学理论应用于经济史研究，要求学者具备深厚的历史和经济学理论功底，二者才能兼顾，互为支撑。然而笔者才疏学浅，却尝试构建移植性制度变迁框架来分析近代中国公司制度的演进，论证过程难免有些粗糙，有些地方还需深入。

另外，由于近代中国公司制度史资料浩如烟海，所涉及的学科范围非常广泛，再加上近代中国是经济社会发生剧烈变化的阶段，情况极其复杂，因此，需要笔者根据本书的实际需要，跳出学科局限，大胆取舍，这难免对某些原因缺乏顾及。

第二章 移植性制度变迁的理论分析框架

第一节 制度、制度变迁与制度移植

一 制度

20世纪下半叶以来,制度已经成为经济学界使用最频繁的词汇之一。"制度是重要的"[①],制度"是会变迁的,且它们事实上正在发生变迁"[②],这些观点已经为主流经济学所接受。然而,关于"什么是制度"在理论界仍未达成共识。经济学家们各抒己见,提出了许多不同的定义。

有些学者将制度定义为规则。比如,康芒斯认为,制度是集体行动控制个体行动的"业务规则",从而规定了"个人能或不能做,必须这样或必须不这样做,可以做或不可以做的事情,由集体行动使其实现。"[③] V. W. 拉坦则认为,制度是一套支配特定行为模式与相互关系的行为规则[④]。道格拉斯·诺思在总结前人的基础上提出"制度是社会游戏(博弈)的规则,是人们创造的、用以限制人们相互交流行为的框架"。制度由正式规则(宪法、法令、产权)、非正式规

[①] [美] 道格拉斯·C. 诺思:《制度、制度变迁与经济绩效》,刘守英译,上海三联书店1994年版。

[②] [美] T. W. 舒尔茨:《制度与人的经济价值的不断提高》,载 R. 科斯、A. 阿尔钦、D. 诺思等《财产权利与制度变迁》,上海三联书店、上海人民出版社2005年版,第252页。

[③] [美] 康芒斯:《制度经济学》,商务印书馆1962年版,第87—89页。

[④] V. W. 拉坦:《诱致性制度变迁理论》,载 R. 科斯、A. 阿尔钦、D. 诺思等《财产权利与制度变迁》,上海三联书店、上海人民出版社2005年版,第329页。

第二章 移植性制度变迁的理论分析框架

则（道德约束力、禁忌、习惯、传统和行为准则）和实施机制组成。制度规则概念也得到中国学者的认同。林毅夫比较推崇舒尔茨的概念，把制度理解为社会中个人遵循的一套行为规则。① 韦森从语义学上将"institutions"解释为"制序"，它既包括显性的正式规则调节下的秩序即制度，也包括由隐性的非正式约束（包括语言的内在规则如语法、句法和语义规则等）所调节着的其他秩序即惯例②。

有些学者将制度看作一种思想习惯。杜克海姆（Emilc Durkheim）指出，社会制度（例如，习俗、信仰、惯例等）包含着社会公认的价值判断标准，它们成为人们行动的约束和指南。制度学派的创始人凡勃伦也把制度看作是"个人或社会对有关的某些关系或某些作用的一般思想习惯，而生活方式所构成的是，在某一时期或社会发展的某一阶段通行的制度的综合，因此，从心理学的方面来说，可以概括地把它说成是一种流行的精神态度或一种流行的生活理论。"③

有些博弈论理论家将博弈论应用于制度分析，以弥补规则观与思想习惯观的欠缺。如格瑞夫指出，在博弈论框架中，两个相互联系的制度要素是（关于别人行为的）预期和组织……组织是非技术因素决定的约束，它们通过引入新的参与人（即该组织本身），改变参与人所得的信息，或者改变某些行动的报酬来影响行为。④ 而青木昌彦将制度定义为关于博弈如何进行的共有信念的一个自我维系系统。制度的本质是对均衡博弈路径显著和固定特征的一种浓缩性表征，该表征被相关域几乎所有参与人所感知，认为是与他们策略决策相关的。这样，制度就以一种自我实施的方式制约着参与人的策略互动，并反

---

① 林毅夫：《关于制度变迁的经济学理论：诱致性变迁与强制性变迁》，载 R. 科斯、A. 阿尔钦、D. 诺思等《财产权利与制度变迁》，上海三联书店、上海人民出版社 2005 年版，第 375 页。

② 韦森：《经济学与哲学：制度分析的哲学基础》，上海人民出版社 2005 年版，第 63 页。

③ [美] 凡勃伦：《有闲阶级论》，蔡受百译，商务印书馆 1964 年版，第 139 页。

④ [日] 青木昌彦：《比较制度分析》，周黎安译，上海远东出版社 2001 年版，第 10 页。

过来又被他们在连续变化的环境下的实际决策不断再生产出来。[①]

上述三种观点（规则、思想习惯和博弈均衡）分别从不同的角度，也是从不同的论述需要出发，说明了制度的基本含义。虽然青木昌彦论述了三者之间的差异，但实际上三者之间具有相通性。所谓相通性是指三者并不相互对立，实质上它们是制度的三种不同表象。学者们出于各自的论证目的，各有强调而已。因此，为了更好地说明制度移植，本书也将制度界定为博弈均衡，它是参与人关于博弈重复进行的方式的共同信念系统，包括显性规则、隐性规则、实施机制以及与其他制度的关系四个部分。其中，显性规则是指那些能够被观察到的规则（包括正式书面规则和众所周知的非书面规则）；隐性规则（或者非正式规则）是指那些不成文的约定和惯例（包括意识形态所规定的行为模式等）；实施机制是指该项制度得以实施的具体办法和保障机制；与其他制度的关系是指在其制度结构中该制度与其他制度之间的嵌入、捆绑和互补关系。这三种关系反映了某一项制度在制度层级结构中的位置，以及与它们之间的关系。由于本书并不想把制度系统无限放大，而只关注某一项制度的移植，所以，考察制度关系时以互补最为重要。即设有制度为 $I(i_x, i_y, i_s, i_q)$，它是显性规则 i_x、隐性规则 i_y、实施机制 i_s 以及与其他相关制度互补性 i_q 的函数。

二 制度均衡与制度变迁

均衡是经济学中常用的概念，在古典经济学中它包括两个基本含义：一是指对立变量相等的均等状态，即为"变量均衡"；二是指对立势力中的任何一方不具有改变现状的动机和能力的均势状态，即为"行为均衡"。[②] 这两个含义是事物或规律的两个方面，是一致的、统

[①] [日] 青木昌彦：《比较制度分析》，周黎安译，上海远东出版社2001年版，第28页。

[②] 张曙光：《论制度均衡和制度变革》，载盛洪《现代制度经济学》（下册），北京大学出版社2003年版，第243—245页；刘世锦：《经济体制创新的条件、过程和成本——兼论中国经济改革的若干问题》，《经济研究》1993年第3期；唐寿宁：《均衡的实现与制度规则的贯彻》，《经济研究》1993年第3期，都对均衡进行了论述。

一的。变量相等是均衡的表现形式，而行为均衡才是均衡的本质。因为均衡状态意味着当事人已实现利益最大化，已不可能通过改变现状来增进收益，因而也不再具有改变现状的能力和动机。

由于制度本身的特点和复杂性，很难像对待产品均衡那样考察其变量均衡，只能抓住均衡的本质，考察其行为均衡，看人们对既定制度安排和制度结构是否满足或满意，是否有动机有能力改变现行制度。即在行为者的谈判力量及构成经济交换总体的一系列合约谈判给定时，没有一个行为者会发现将资源用于再建立协约是有利可图的，[①] 这种无意也无力改变现行制度的状态就是"制度均衡"。从制度的需求和供给的角度来说，就是在制度环境不变的情况下，某项制度的供给（维持原有制度或者供给新制度）适应了人们的制度需求。

制度变迁"就是制度的设立、更改和破坏"[②]，也就是从一个制度均衡走向另一个制度均衡的过程，即制度均衡—制度失衡—制度需求—制度供给—新的制度均衡。制度变迁是对构成制度框架的规则、准则和实施的组合所作的边际调整[③]，是一个渐进的演化过程。而且由于制度变迁可能是一系列规则、非正式规则、实施机制与制度相关性共同变迁的结果，因此，制度变迁又是一个复杂的过程。

具体来说，相对要素价格变动等因素产生了获利机会和潜在利润，这种获利机会使得制度变迁主体可能通过重新订立合约或者建立新的规则而将外部利润内在化。这便造成了制度失衡，产生了制度需求。制度变迁主体再根据成本收益分析确定是否进行供给，当预期收益大于预期成本时，才会出现制度变迁。

三 制度移植

根据制度供给的来源可以将制度变迁分为创新性制度变迁和移植性制度变迁两种方式。制度创新是指那些基本上没有先例可循，需要

[①] [美] 道格拉斯·C. 诺思：《制度、制度变迁与经济绩效》，刘守英译，上海三联书店1994年版，第115页。

[②] 同上书，第90页。

[③] 同上书，第111页。

制度变迁主体自我设计和自我构建的制度变迁。而制度移植则是制度变迁主体通过将他方已经创新、运作并具有一定成效的制度引入本国，并在此基础上进行学习和创新，最终形成自己的制度安排的过程。

制度是可以移植的，这主要有以下两方面原因：首先，模仿是人的本能，如社会学中经常使用的"羊群行为"和"从众行为"等。人生活在社会之中，无论是从规避风险还是从获得利益的角度，都会自然而然地学习和模仿他人行为。这是制度移植的个人行为假设。其次，制度是公共品，具有溢出效应。制度一旦建立便具有非排他性和非竞争性的特点。制度收益为参与交易各方所共享。同时，增加制度使用者，并不会明显增加制度成本，先使用者与后使用者之间不具有竞争性。因此，可以学习和模仿先进制度，同时，制度创新者也不反对将其利益外部化，甚至可能给予一定的支持，以谋求制度的规模效益，减少制度性摩擦。

但并不是所有的制度要素都可以移植。显性规则可以被模仿和学习，因为它是在正确把握客观规律的基础之上，经过反复试验产生的，一旦形成便具有一定的独立性、成文性和技术性。隐性规则是指约定俗成的习惯和惯例，它内生于传统和历史的积淀，其转变是一个长期的历史过程，因此，基本无法移植或者移植非常困难，除非伴随大量移民。实施机制与其他制度的关联性基本涉及整个制度框架，隐蔽性较强，独立性较差，因此，移植起来也相当困难。由于本书主要考察某项具体制度移植，不涉及整个制度框架的移植，因此，我们基本假定在四大制度要素中只有显性规则可以移植，其他要素不可以移植。

移植性制度变迁与创新性制度变迁相比具有诸多优势。一是节省制度创新成本（包括时间成本）。通过学习和模仿其他国家或地区的制度安排来完成本国家或地区的制度变迁，不仅大大地缩短了制度变迁所需要的准备时间，而且极大地降低了在社会基础科学研究方面的投资费用。二是制度创新风险小，预期收益的可信度较高。由于制度移植是以先进制度为榜样，具有高度的方向性、集中性和针对性，可以避免制度探索中的严重失误，而且还可以向多个制度学习，通过对其进行对比、分析和借鉴，辨清其缺陷和不足，选择成功的制度进行移植，大大提高了学习效益，降低了制度变迁的不确定性。①

但同时制度移植效率又会受到现有制度的隐性规则、实施机制以及其他互补性制度的影响。在制度四大要素中，制度结构是基础，任何具体的显性规则都是在制度结构的基础上建立的，且受到隐性规则的约束。因此，植入的显性规则若与现有制度结构之间缺乏互补性，或者与现存隐性规则相矛盾，那么移入的显性规则效率就会降低。因此，移植后的制度安排要实现其功能，需要作进一步调整。②

在现实的经济发展中，移植性制度变迁一直广泛存在，特别是随着经济全球化的深入发展，制度移植已经成为普遍的制度变迁形式。为了追赶先发国家或发达国家，后发国家或欠发达国家普遍采取制度移植办法。然而，制度变迁理论家们大多关注于创新性制度变迁，而对这种更广泛的制度变迁模式却研究不足。本书拟构建移植性制度变迁模型，并借此来分析近代中国公司制度的移植性制度变迁。

第二节 移植性制度变迁的过程模型——一个假说

制度移植是制度（或规则）从一个国家或地区向另一个国家和地区的推广和引入。③假设制度变迁是对促进经济长期增长的更为有效的制度需求所引致。制度变迁的过程就是制度需求与制度供给从均衡经过非均衡向新的均衡过渡的过程。制度移植是为实现新的制度需求与供给均衡而进行的一种制度供给，一般会经历制度嫁接（潜在利润内在化的过程）、制度调整（从制度系统的非互补向互补均衡过渡）两个阶段。在这个过程中，知识系统通过影响预期成本收益影响整个

---

① 郭熙保、胡汉昌：《论制度模仿》，《江汉论坛》2004 年第 3 期。
② Otto M. Schiller, *Cooperation and Integration in Agricultural Production: Concepts and Practical Application*, *An International Synopsis*, London: Asia Publishing House, 1969, Chapter 7.
③ 卢现祥、朱巧玲：《论发展中国家的制度移植及其绩效问题》，《福建论坛》2004 年第 4 期。

变迁过程，制度非互补与制度互补的相互交替推动着制度最终实现均衡。由此，本书构建了一个移植性制度变迁模型，如图2—1所示。

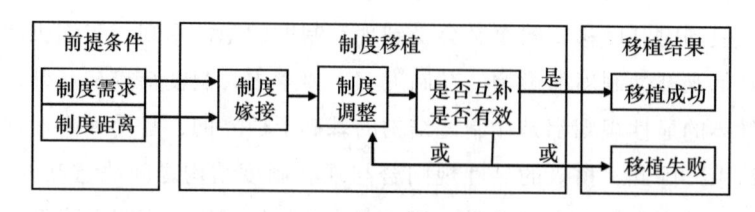

图2—1 制度移植过程

一 移植性制度变迁的前提条件

移植性制度变迁是一种制度变迁形式，它既需要制度变迁的一般动因——制度需求与制度失衡，又需要制度移植的特殊条件——制度距离。

（一）制度需求与制度失衡

根据对制度均衡和制度变迁概念的梳理与解释，探讨制度变迁的动因应从制度均衡开始。在制度均衡的情况下，制度供求中的任何一方既无意也无力改变现行制度。然而，由于某些原因，产生了在现有制度安排下无法获得的潜在利润（或外在利润）[①]，从而使人们的制度需求发生变化，造成制度需求和制度供给之间的失衡，产生了制度变迁的压力。

舒尔茨假定制度是一种具有经济价值的服务的供给者[②]。这种服务具有便捷、降低交易费用、提供信息、共担风险或提供公共物品等特点。人们对每一种服务都有需求，因此，也对每一种提供这些服务的制度有所需求，这便是制度需求。这正好可以在经济理论的范围内，用供求分析来探讨制度变迁的具体情况。

但是制度需求不同于一般商品需求。一般商品需求都要有清楚的需求指向、需求落点和需求数量。需求指向是指需要满足哪方面的欲

[①] 卢现祥：《西方新制度经济学》，中国发展出版社2003年版，第124页。
[②] [美] T. W. 舒尔茨：《制度与人的经济价值的不断提高》，载R. 科斯、A. 阿尔钦、D. 诺思等《财产权利与制度变迁》，上海三联书店、上海人民出版社2005年版，第257页。

第二章 移植性制度变迁的理论分析框架

望、解决哪方面的问题;需求落点是指需要哪种具体对象来满足欲望解决问题;需求数量是指需要多少这种对象。① 由于制度具有单件性,因此,无法以数量计,只能以需求指向和需求落点计,即需要哪方面以及哪种制度。

制度需求指向取决于制度需求者觉得哪方面负外部性、风险或者问题最大,所涉及的哪方面制度最重要。这取决于他们的目标集合和现存制度:若其目标在现存框架下得以完成,则不会产生制度需求;若其目标在现存制度下无法完成,他可能会调低自己的目标,可能会调整自己的行为,以实现或逼近自己的目标;但当无论如何也解决不了问题时,便会产生改变现有制度的需求。其目标集合取决于价值观念和知识存量等因素,并且也会因价值观念、知识存量的变化而变化。

制度的需求落点,则取决于克服同一负外部性、风险或问题的各种制度的成本收益分析与比较,在预期净收益大于现有制度预期净收益的制度中选出最优制度。然而,制度成本收益分析虽然建立在对客观成本收益的考量之上,但制度决策者对预期成本收益的主观筛选、评估、比对和分析也会严重影响分析结果。因此,制度需求落点既要受到客观成本收益的影响,也要受到价值体系、知识存量和既定的其他制度的制约。

但人们对制度安排非均衡以及与此相联系的潜在新增收益的认识,在某种程度上都会有或长或短的滞后期,因此,制度供给往往落后于制度需求,从而造成制度失衡,产生制度变迁的压力。

潜在利润也就是潜在净收益,它等于预期收益与预期成本之差。因此,从理论上讲,任何增加收益和降低成本的事件都可能导致潜在利润的生成。从世界经济发展的历史经验来讲,主要有以下几种情况:

(1) 技术变革。首先,技术变革使产出在相当范围里产生规模报酬递增,因此,使得复杂组织形式的建立变得有利可图②;其次,有些技术变革还降低了某些制度安排成本,诸如带铁蒺藜围栏的发明

---

① 参见张旭昆《制度演化分析导论》,浙江大学出版社 2007 年版,第 164 页。
② Lance E. Davis and Douglass C. North, *Institution Change and American Economic Growth*, Cambridge: Cambridge University Press, 1971, p.6.

就使得私有产权认定与区分更加容易,从而引起美国西部公共牧场出现私有化和牧场出租。①

(2) 要素和产品相对价格的长期变动。要素和产品相对价格的变动,是历史上多次产权制度变迁的主要原因之一。某种要素或产品的相对价格上升,会使这种要素或产权的所有者能够比其他要素所有者获得相对更多的利益。道格拉斯·C.诺思和托马斯在《西方世界的兴起》中提出相对要素价格(如工资与地租)变动造成支配产权的制度变迁,从而促使西欧出现长期经济增长。T. W. 舒尔茨在考察更为晚近的经济史时,提出人的经济价值的上升是制度变迁的主要原因②,这在某种意义上也可以看作人相对其他要素的价值上升。

(3) 其他制度的变迁。根据制度定义,某项制度是其他制度的函数,因此,它们彼此依存。某一个特定制度的变迁可能会引起其他制度安排的收益增加或成本降低,从而引起对这种服务的需求。如中国农村公社集体土地所有权和农作制度曾极大地限制了农村要素市场的发展。然而,家庭联产承包责任制这种以家庭为基础的土地经营权制度变革,改变了人们对农村要素市场的需求,于是引发农村劳动力、土地和信贷市场制度等不断发生变革。③

(4) 知识存量的增加。社会科学的进步和知识存量的增加,能够改进人心的有界理性,改变他们对预期成本收益的筛选、比对和评价,从而产生新的潜在利润。

(二) 制度距离

制度移植的第二个条件是引入方与其他国家或地区之间存在着制度距离,且为引入方所认识。这是制度移植特有的前提条件。

也就是说,在引入方以外的其他国家或地区存在着能够提供相同

---

① Terry L. Anderson and P. J. Hill, "The Evolution of Property Rights: A Study of the American West", *Journal of Law and Economics*, No. 18, 1975.

② [美] T. W. 舒尔茨:《制度与人的经济价值的不断提高》,载 R. 科斯、A. 阿尔钦、D. 诺思等《财产权利与制度变迁》,上海三联书店、上海人民出版社 2005 年版,第 251 页。

③ Lin Justin Yifu, "The Household Responsibility System Reform in China: A Peasant's Institutional Choice", *American Journal of Agricultural Economics*, May 1987.

服务的制度，而且这些制度或者明显优于引入方现有制度，或者是引入方没有并迫切需要建立的制度。这是制度距离的客观存在。但不是所有的制度距离都能够产生制度移植，如果引入方与他国之间老死不相往来，或者引入方的制度创新者没有意识到他国制度的优越性，那么就不会产生制度移植。14—18 世纪的中国便是因闭关锁国处于这样一种状态。所以，制度移植不仅需要制度距离的客观存在，而且还需要引入方制度创新者对这种制度距离的主观认知与赞同。也就是说，引入方不仅要知道在被引入方存在着这种制度，而且还要对该项制度的内容、运行机制和经济绩效有相应的认识。

此二者是递进的关系。如果客观上不存在制度距离，引入方将无从模仿和进行制度移植，制度变迁只能依赖于制度创新，也就没有制度移植的可能；如果客观上存在制度距离，但不为引入方所知晓，那么引入方也不会主动察觉这种制度距离，进行模仿移植了。正如近代洋商在华投资设厂以前，虽然西方国家早就存在着公司制度，但由于不为中国所熟识，因此，没有进行制度移植。直到洋商在华投资设厂办公司以及华商附股参与公司运营，中国商人才开始认识到这种制度距离，并产生制度移植的需要。

二 移植性制度变迁的嫁接与调整过程

设引入方原有的制度为 $I(i_x, i_y, i_s, i_q)$，这是一种制度均衡状态。现在由于相对要素价格变化等原因产生新的获利机会（潜在利润），造成制度需求的变化与制度不均衡。同时，其他国家或地区存在着具有同样服务功能的两种制度 $A(a_x, a_y, a_s, a_q), B(b_x, b_y, b_s, b_q)$。而且 A 制度和 B 制度都明显优于引入方的 I 制度，即 $A > I, B > I$，但是 A 与 B 之间的关系并不能确定。

需要说明的是在制度的四个要素（显性规则 i_x、隐性规则 i_y、实施机制 i_s 和与其他制度互补性 i_q）中，只有显性规则要素 a_x 或 b_x 可以进行移植，而隐性规则、实施机制以及与其他制度关系基本无法移植，除非还大量移民。

制度移植主要包括了两个阶段：制度嫁接和制度调整。

（一）制度嫁接

当同时存在制度不均衡所引起的对制度变迁的需求和制度距离时，制度变迁主体（包括个人、组织和政府）便会在原有的、既定的知识系统和制度结构的基础上进行制度搜寻、比对和组合，从而产生制度预案 $\alpha a_x + \beta b_x + \gamma i_x$。其中，$\alpha$、$\beta$、$\gamma$ 为制度选择因子，且 $1 \geq \alpha \geq 0, 1 \geq \beta \geq 0, 1 \geq \gamma \geq 0$。当 $\gamma = 0$ 时，说明引入制度对原有制度的完全替代或者完全补充；当 $\alpha\beta = 0$ 时，说明只选择了 A 制度或者只选择了 B 制度的显性规则作为引入对象；而当 $\alpha\beta\gamma \neq 0$ 时，则说明引入方进行了组合引入。而 α、β、γ 的取值完全取决于引入方制度变迁主体，在既定知识系统和制度结构基础之上，所进行的预期成本收益分析。因此，$\alpha a_1 + \beta b_1 + \gamma i_1$ 是制度变迁主体在既定知识系统和制度结构的基础上，经过成本收益分析所作的最优制度选择决策。

至于这种正式规则会不会替代原有制度中的正式规则，这完全取决于制度变迁主体的成本收益分析，只有当 $\alpha a_x + \beta b_x + \gamma i_x$ 的预期收益现值大于 i_x 的预期收益现值，即当 $PV(\alpha a_x + \beta b_x + \gamma i_x) > PV(i_x)$ 时，制度变迁主体才会进行制度嫁接，形成新的制度 $I'(\alpha a_x + \beta b_x + \gamma i_x, i_y, i_s, i_q)$。

这种制度的效率取决于它（引入的正式规则）与引入方原有的隐性规则 i_y、实施机制 i_s 和其他相关制度 i_q 之间的适应程度。如果引入国家或地区与制度来源国家和地区在知识系统和制度结构等方面，特别是在文化方面很相似，那么，这种适应性就相对容易，且制度效率相对较高。如果引入国家或地区与制度来源国家和地区在知识系统和制度结构方面差异非常大，那么，这种适应性就很困难。这就需要进一步调整，或者调整引入的正式规则，或者修正其他制度要素。

（二）制度调整

制度调整是一个相当复杂的过程，是移植成功与否的关键。所谓制度调整指的是引入的显性规则 $\alpha a_x + \beta b_x + \gamma i_x$ 与现有其他制度要素（i_y、i_s、i_q）之间的适应和调整过程。它包括三种情况：其一，其他制度要素（i_y、i_s、i_q）对引入规则的学习、修正和创新的过程；其二，对 $\alpha a_x + \beta b_x + \gamma i_x$ 本身的修正，使之更加符合引入国的实际情况

形成新的规则 i'_x；其三，二者兼而有之。

首先，其他制度要素的调整情况比较复杂。隐性规则、实施机制及其他互补性制度都是历史积淀的产物，相对变化速度比较慢，处于渐进式的变迁过程中。它们既相互独立又相互影响。也就是说，任何一个要素都有自己的变迁方向、变化速度和影响因素，同时它们之间或者相互促进或者相互制约。这样，显性规则的嫁接虽然增加了人们进行相关知识投资的预期价值，也提高了对互补性制度实施变迁的预期收益，产生进行制度调整的潜在利润和需求。但这种潜在利润和需求能否达到促使其他制度要素变迁的临界点；如果能够促使它们变迁，能不能让所有要素一起调整；如果能够一起调整，能不能保证它们按照同一个方向、同一个幅度变迁；如果能够按照同一个方向、同一幅度变迁，能不能调整充分，都存在太多的不确定因素，见表2—1。这里只假设其他制度要素相对于引入规则来说都进行了不充分的调整，然后关注于嫁接后显性规则的调整。

表2—1　　　　　　　　制度调整、效率与移植结果

其他制度要素 (i_y、i_s、i_q)	引入规则本身 $\alpha a_x + \beta b_x + \gamma i_x$	制度结果与效率
不调整	制度回调	引入规则为适应其他制度要素而产生制度逆转，制度功能减少，效率降低，移植失败
	制度创新	如果引入规则既能与其他制度要素适应，又保持了原有的基本功能，效率提高，移植基本成功
调整不充分，或者调整不同步、不同幅度、不同方向	制度回调	减少制度功能以与其他要素适应，虽比原有制度效率有所提高，但是不及引入制度效率，制度移植失败
	制度创新	如果引入规则既能与其他制度要素适应，又保持了原有的基本功能，效率提高，移植基本成功
三要素（i_y、i_s、i_q）调整到位	不调整	虽然实现制度互补，但是制度效率取决于最初的制度选择，如果当时受其他要素的影响，选择了一个次优方案，则制度虽然与引入规则一样，但是仍不是最优制度选择
	制度调整或创新	如果引入规则可以产生既能够适应其他要素的要求，又具有适应性效率，则制度效率最高，制度移植完全成功

其次，引进后的显性规则的再调整，即引入规则的本土化过程。相关制度要素或者互补性制度发生变迁，比如，知识存量的增加，制度变迁主体实力的消长，或者互补性制度的建立等，都会改变嫁接后显性规则的预期成本或者收益，从而产生了制度再调整的需求。当然，这种制度变迁有两个方向。其一，由于其他要素调整不充分，引入规则逆转以适应所处制度环境。这样即使实现了引入规则与其他制度要素之间的互补关系，但由于这种互补关系是以牺牲某种制度功能为代价，因此，只能算作过渡性制度互补。如果能够继续进行调整，实现引入规则与其他制度要素在更高阶段的互补，则可以产生更高的制度效率，移植成功。但如果形成既得利益集团，阻碍继续变迁，或者制度体制僵化，则制度效率降低，移植失败。其二，引入规则在学习、适应其他制度要素的过程中发生内生性制度变迁，产生了既能维护制度原有功能，又能适应其他制度要素的制度创新，产生了具有引入国特色的制度形式 $I'(i'_x, i'_y, i'_s, i'_q)$。这种制度效率基本达到了移植目的，移植成功。

三 移植性制度变迁的结果评价

经过以上分析，制度移植虽然可以大幅度降低制度创新成本，弥补制度供给不足，但能否成功，产生目标效率，还取决于引入规则能否被当地的制度主体接受和认可；还取决于引入规则与其他制度要素之间是否融合；引入规则对其他制度要素联合构成的制度环境的学习、修正、创新，以更好地适应环境，或者其他制度要素通过对引入规则的学习、修正和创新从而给引入规则提供更好的服务，或者二者兼而有之；还取决于新制度能否达到预期引入的效率标准，发挥应有的作用。

因此，分析移植结果必须考察两个指标：制度互补与制度效率。制度互补是移植成功的基础。由于任何一种制度安排都是"嵌在"制度结构中，它必定内在地联结着制度结构中的其他制度安排，因而，每一种制度安排的效率都取决于其他制度安排实现其功能的完善程度。根据超模博弈论，只要互补域中有一个采用了效率较低的制度，那么，其他域即使有高效的制度也不会被采用，即使被采用效率也较低。制度是显性规则、隐性规则、实施机制、与其他互补性制度关系的函数，因此，制度效率取决于这四者之间的协调程度。引入规则如果不能与其他制度要素相互促进，增加效益，那么，它们之间就会产生矛盾，相互掣肘，相互冲突，制度功能便难以发挥，目标效率也无法达到。因此，考察制度移植成功与否的第一个指标便是引入规则是否与本土其他制度要素形成互补。

但从表2—1来看，即使引入规则与其他制度要素之间形成了互补性，但如果是以牺牲某种制度功能为代价，其制度效率也不会太高，无法达到目标效率。因此，还必须考虑第二个指标——制度效率。

效率在经济学上主要是指帕累托最优，即一种不使其他任何人境况变坏的同时至少使一个人的境况变得更好的状态。这是一种配置效率，是一个静态指标，它主要描述了在制度结构给定的条件下，现行社会分配是否穷尽了一切改进的可能性，根本无法评价一个制度的好坏。

以科斯为代表的新制度经济学，通过产权安排有利于主体间权力配置，提高激励强度，降低交易成本，从而提高经济效率，把制度纳入了经济效率的分析。他们认为制度的效率在于产出的最大化和交易成本的最小化，能增加收益或降低成本的制度变迁和创新就是有效率的。换句话说，制度所提供的服务和实现的功能既定时，选择费用较低的制度有效率，或者制度选择费用给定时，能够提供更多服务或实现更多功能的制度有效率。但其实这种经济效率是一种配置效率，仍属于静态分析，它只能说明既有组织存在下的资源有效配置和经济运行状况，却不能体现经济的动态发展变化。

道格拉斯·C.诺思的制度变迁理论更加注重长期的经济效率与制度变迁的关系，提出了"适应性效率"概念。他指出，适应性效率考虑的是这样一些规则，它们能够确定一个经济随着时间演进的方式，同时还关注一个社会愿意获取知识、学习、诱发创新、承担风险及所有创造力的活动，以及去解决社会在不同时期的瓶颈的意愿。[①] 适应性效率是一个动态概念，它具有一定的灵活性和弹性，能够适应各种条件的变化和经济体制的演化，从而带来经济的长期增长，因此是经济增长的关键性因素。

配置效率是给定制度下的静态概念，是短期经济增长的标准；适应性效率是一个动态概念，它用来描述长期的持续良好的经济发展状况，并将经济增长、财富的增长视为制度绩效的标准。适应性效率是以配置效率为前提条件，是超越配置效率更高的标准。因此，在分析制度移植结果的时候，配置效率与适应性效率需要一起考虑。

衡量制度移植效率的参考系有两个：其一，引入国原有的制度效率；其二，被引入国的制度效率。设制度效率为 E，它是实施一项制度所带来的净收益与净成本之比。为了简便起见，设净成本 NC 基本固定，然后用 $E = R/NC$ 近似地代表采取某一制度的制度效率。设引入国原有的制度效率为 $E_{origin} = R_{origin}/NC$，引入规则所带来的实际制度效率为 $E_1 = R_1/NC$，而引入规则的目标效率为 $E_{object} = R_{object}/NC$。制度选择费用给定时，能够提供更多服务或实现更多功能的制度有效率。即如果 $R_1 > R_{origin}$，则 $E_1 > E_{origin}$，引入规则的制度效率大于原有制度效率，至此，我们可以说移植基本成功，至少我们建立了一个比以前更有效率的制度安排；如果 $R_1 \geq R_{object}$，且经济有所发展，福利有所改进，则 $E_1 \geq E_{object}$，则引入规则的效率达到被引入国的制度效率标准，制度移植完全成功。

由于制度移植的最初目的都是想获得被引入国的制度效率，因此，本书将后者作为制度移植成功与否的标准。即如果引入规则和原有其他制度要素形成互补关系，引入制度效率达到或高于目标效率，即 $R_1 \geq R_{object}$，且经济有所发展，移植成功，否则移植失败。

[①] Douglass C. North, *Institutions, Institutional Change and Economic Performance*, Cambridge: Cambridge University Press, 1990, p. 80.

第三节　移植性制度变迁的预期收益与预期成本

兰斯·戴维斯和道格拉斯·C.诺思最早提出了制度变迁的理论框架，他们认为制度变迁是一种投资行为，变迁的主体（个人、组织与国家）投入资源，预期通过变迁建立起更有效率的制度安排并从中获益。移植性制度变迁是制度变迁的一种形式，因此也脱不开这种分析框架。本书在戴维斯和诺思所创立的成本收益模型的基础上构建了移植性制度变迁的成本收益模型，用以说明制度移植是如何发生发展的。

一　预期收益

预期收益包括引入收益 Ry 与实施收益 Rs 两部分。引入收益是指制度引入成功以后，引入者在获得经济物品和社会身份（声誉、权力等）时的优先地位。引入收益是对制度创新所冒风险的一种补偿。一旦引入失败，引入者的物质财产、社会名誉和地位，乃至身家性命都可能受到伤害。同时，引入收益可以在一定程度上克服人们在制度移植过程中的"搭便车"倾向。实施收益是指移植制度在实施中给人们带来的各种利益或效用。由于制度具有公共性，制度的实施收益对于相同角色身份的个人不具有排他性，所以，理性的经济人往往希望由别人来移植对自己有利的新制度，"搭便车"成为制度创新过程中的普遍倾向。引入收益对这种倾向起着一定的压抑作用，它使参与制度移植的人与不参与制度移植的人在收益上有一个明显的差异，从而激励人们参与创新。

这些预期收益不仅取决于既定制度所能达到的客观境况，还取决于人们对各种客观境况的主观评价，也就是取决于人们的知识系统。

二　预期成本

对于一项移植性制度变迁，它的预期成本包括：引入成本、调整成本和实施与维持成本三部分，即 $C = Cy + Ct + Csw$。如图2—2所示。

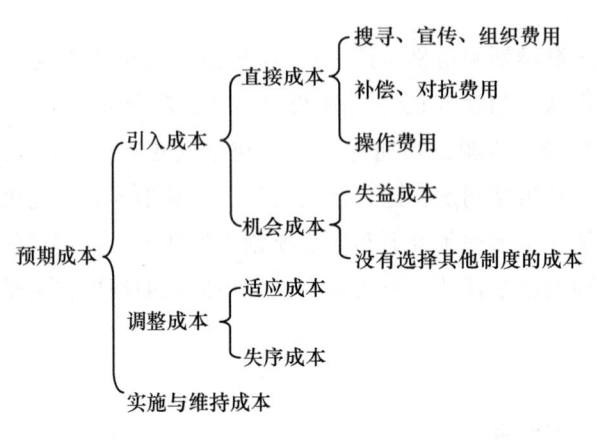

```
                    ┌ 直接成本 ┌ 搜寻、宣传、组织费用
              ┌ 引入成本 ┤          ├ 补偿、对抗费用
              │         └          └ 操作费用
              │         ┌ 机会成本 ┌ 失益成本
预期成本 ┤              └          └ 没有选择其他制度的成本
              │         ┌ 适应成本
              ├ 调整成本 ┤
              │         └ 失序成本
              └ 实施与维持成本
```

图2—2　预期成本构成

（一）引入成本

引入成本是指引入某一项制度所需要的成本总和，包括直接成本和机会成本。其中，直接成本既包括对有关制度的搜寻、宣传和组织费用，也包括由于这种制度引入而造成的补偿、对抗和操作费用等。具体来说，搜寻费用主要是指了解、对比和选择某一制度所花的费用。宣传费用就是将这一制度介绍给大家并努力获得大家赞同的费用。组织费用是指将赞成这种制度的人组织起来形成一个行动组织以促成新制度的实施所花的费用。补偿费用指的是对将在制度引入和实施中遭受损失的人进行补偿所花的费用。对抗费用是指与反对制度移植者进行斗争所需的费用。操作费用是指实施制度引入所需要的各种技术性开支。

而在制度移植过程中往往要取缔或修正一些旧制度，这便会造成旧制度所带来的收益消失，这种机会成本就是张旭昆所言的失益成本（樊纲称之为摩擦成本[①]）。所谓的失益成本是指个人在制度引入过程

[①] 樊纲：《两种改革成本与两种改革方式》，《经济研究》1993年第1期。樊纲提出了实施成本和摩擦成本，其中摩擦成本包括本书提到的失益成本和对抗成本。

中失去的、在原有制度下稳定获得的某些净收益。同时，在制度引入过程中，往往存在着制度竞争，那些在竞争中落选的制度可能给一些制度变迁主体带来收益，而这种收益也是一种机会成本。①

（二）调整成本

调整成本是指引入规则在调整过程中给人们造成的各种损失和负效用。它包括失序成本和适应成本。失序成本指的是新旧制度交替时容易出现失序或无序，使人们无规可循，无法可依，由此引起许多麻烦和不便。适应成本既包括个人理解、学习、适应引入规则所花费的成本，也包括引进制度适应原有制度结构所进行的制度适应性调整所花费的成本。

（三）实施成本和维持成本

实施成本是指引入规则在实施过程中所造成的各种损失或负效用。维持成本是指为了实施该制度所引致的各种费用。这里需要区别实施成本和维持成本：实施成本是制度实施以后给人带来不便；维持成本是为了实施制度所需支付的成本。

（四）影响预期成本的因素

1. 这些成本的大小与制度距离有关

一般来说，制度距离越大，制度之间的差距越大，人们对引入规则越陌生，越需要花费大量时间和费用进行搜寻、宣传和对抗。同时，引入规则与原有制度之间的关联性越小，失益成本、失序成本和适应成本也就越大。

2. 这些成本的大小与知识系统和意识形态有关

由于信息不完全和有限理性，人们往往根据已有知识系统和意识形态来判断预期成本的大小，而这种预期成本往往与真实成本有差距，或者高估或者低估。

3. 这些成本大小还与制度互补性有关

如果原有制度的耦合性或互补性越强，失序成本就越高。如果引入规则与原有制度缺乏互补性，那么，适应成本也就会很高。

---

① 参见张旭昆《制度演化分析导论》，浙江大学出版社2007年版。

三 制度变迁主体的成本收益分析

有关变量：PV 为决策者从某特定制度移植中获取的收入现值，PV_0 为现有制度的收入现值；R 为从制度移植中获取的预期收益（下标代表年份），Ry 为引入收益，Rs 为实施收益；r 为未来收益的贴现率；Cy 为制度移植的引入成本；Ct 为引入规则的调整成本；Csw 为引入规则的实施和维持成本。

那么，制度移植的净收益现值则为：

$$PV = (Ry - Cy) + [Rs_1 - (Csw_1 + Ct_1)]/(1+r)$$
$$+ [Rs_2 - (Csw_2 + Ct_2)]/(1+r)^2 + \cdots$$
$$+ [Rs_n - (Csw_n + Ct_n)]/(1+r)^n = (Ry - Cy)$$
$$+ \sum_{i=1}^{n} [Rs_i - (Csw_i + ct_i)]/(1+r)^i$$

由于现有制度没有进行制度引入和调整，因此也就没有制度引入和调整的成本与收益，于是现有制度的净收入现值为：

$$PV^0 = (Rs_1^0 - Csw_1^0)/(1+r) + (Rs_2^0 - Csw_2^0)/(1+r)^2 + \cdots$$
$$+ (Rs_n^0 - Csw_n^0)/(1+r)^n = \sum_{i=1}^{n} (Rs_i^0 - Csw_i^0)/(1+r)^i$$

只有当 $PV > PV^0$ 时，人们才需要进行制度移植。这是制度进入备选范围的条件，简称入围条件。

当然，满足入围条件的制度不止一项，在众多的备选制度中，选择哪个制度进行移植则取决于以下的条件：$PV^k = \max(PV^0, PV^1, PV^2, \cdots, PV^n)$。这是选择第 k 项制度的充分必要条件。也就是说，制度变迁主体要在众多的入围制度中选择预期净收益最大的制度进行制度移植。

从上述分析可知，在制度变迁（制度移植）中，预期成本与预期收益起着关键的作用。然而，本书特别强调在客观成本收益基础上的主观评价，也就是知识存量和制度互补性的作用。

第四节 移植性制度变迁的影响因素分析

一 知识、学习与制度变迁

（一）知识概念的引入

知识就其反映的内容而言，是客观事物属性与联系的反映，是客观世界在人脑中的主观映像。就反映活动形式而言，有时表现为主体对事物的感性知觉或表象，属于感性知识；有时表现为关于事物的概念或规律，属于理性知识。[①] 知识是主体与客体相互统一的产物。一方面，知识来自外部世界的事实和规律，是客观的；另一方面，它又是事物特征与联系在人脑中的反映，是客观事物的一种主观表征。从这种意义上来讲，除了社会科学知识和技能以外，文化、意识形态、价值观念、信念、心智模式等也都可以被看作为某种知识，是某些人群所共同拥有的知识结构。

知识具有无限和有限两大属性特征。一是在客观上的无限性。知识来自客观事物的属性和规律。就客观存在本身而言，它是无限广袤和不断发展的，因此，知识是无限的。二是在认知上的有限性。由于知识是事物特征与联系在人脑中的反映，因此，从主观上讲，它会受到个体的限制。个体收集、加工、储存和处理信息的能力有限，对环境的计算能力和认知能力有限，人不可能是无所不知的[②]。也就是说，人们所拥有的知识有可能是客观事物和规律的正确反映，也有可能是错误反映；有可能对客观事物反映和认识得多一些，也有可能少一些；有可能某个个体所反映的知识与其他个体相同，也有可能不同……这也就构成了知识在人们头脑中分配的多样性，即人们的知识结构和水平的不同。

由于环境的不确定性、信息的不完全性，以及知识在客观上的无限性和主观上的有限性、多样性，人们不得不创设一系列的制度来降

[①] 《中国大百科全书》，中国大百科全书出版社2004年版。

[②] Douglass C. North, *Institution, Institutional Change and Economic Performance*, Cambridge: Cambridge University Press, 1990, p. 108.

低风险和不确定性,提高人类认识环境的能力。从表面上看,制度是一个社会共有的行为规则或共有惯例;但实质上,它们只不过是共同的心智模式和社会互动中反复出现的问题的公共解。也就是说,制度也是一种知识,它是人们在环境反馈之前对环境所作的预测或期望。因此,在考察制度变迁的问题时,有必要从参与人的知识结构与水平出发,理解知识分布多样性对制度变迁的影响。

(二)学习与知识累积

知识是一种渐进的累积过程。当主观映像被环境反馈多次证实时,它就变得相对稳定;当主观映像不能被环境反馈证实时,个体就会无意识地使用推理;如果这种策略也不能解决遇到的问题,个体就被迫进行创新,形成新的主观映像。

知识的积累是通过一种供求机制进行的。[1] 当给定的主观映像不能被环境反馈证实时,便会出现需要解释的现象和需要解决的问题,最后综合成对新知识的需求。追求名声、荣誉、信仰、兴趣和财富的思想家(广义的),就是新思想的供给者。他们往往(但不一定)根据需求来生产新知识。新知识的产生可能是一种偶然的灵感,但更多的是通过一种系统的思索过程获得的。有时候,整个社会的知识会出现一种突变性的重大突破,而在大多数情况下,知识的积累往往呈现一种点点滴滴的渐进性增长。[2]

在这个过程中,学习至关重要。道格拉斯·C.诺思将学习定义为一种"变化"。当有机体遇到他们没有现成的有效反应的情形时,通过长期的反复接触,他们就会制定适当的策略,实现从无效行为到有效行为的转变。简单地说,学习就是人类根据从环境中得到的反馈对知识进行补充、修正的复杂过程。道格拉斯·C.诺思强调学习具有三个特征:第一,学习过程既是主观映像的调整过程,又是"表

---

[1] 张旭昆:《思想市场》,浙江大学出版社1994年版。书中详细分析了思想市场的供求关系。另参见张旭昆《制度演化分析导论》,浙江大学出版社2007年版,第363—364页。

[2] [德]柯武钢、史漫飞:《制度经济学》,韩朝华译,商务印书馆2000年版,第57—60页。

象重述"的过程。第二,学习或创造性选择是否发生将取决于个体所得到的环境反馈。第三,学习是一个不断试错的过程。[①]

此外,知识的增长和学习的速度还要受到组织间竞争的激烈程度的影响。竞争反映普遍稀缺,促使各种组织去学习以求生存。竞争越激烈,学习动力越足,学习效率越高。同时,经济变迁的速度和方向取决于学习的速度和各种知识的预期收益。竞争参与者的知识结构和存量水平决定着对预期成本收益的认识,从而也影响着制度变迁的方向和速度。

(三)知识、学习与制度变迁

制度是一种灵活的知识结构,知识对制度和制度变迁会产生重要影响。关于这一点,西方制度主义经济学[②]家们有着深刻阐述。他们强调,知识存量的增长是制度变迁的原动力,知识增长与现行价值观念结构之间的矛盾和协调关系决定了制度变迁的各种方式。[③] 他们认为,知识存量的增长往往能够为社会提供更多、更有效地解决办法,从而扩大了制度选择的集合。但这种方法能否付诸实现,取决于现存价值观念是否与之相协调。当价值观念压抑着知识存量增长带来的新的更有效的解题方法时,便出现了退化的制度演化;反之,便出现进步的制度演化。[④]

制度就是一种知识,制度演变实际上是人类学习的结果。道格拉斯·C. 诺思[⑤]为此提出"现实[⑥]—信仰—制度—具体政策—结果(因此被改变的现实)"的制度变迁模型。在这个过程中,人们首先对客观世界建立了主观映像——并经过不断强化形成信念;然后,通过制度

[①] 刘和旺:《论学习与制度变迁》,《山东社会科学》2005年第8期。

[②] 制度主义经济学与道格拉斯·C. 诺思、科斯等人为代表的新制度经济学不同。他们主要继承凡勃伦、康芒斯、约翰·戴维和克劳仁斯·E. 艾尔斯的传统,在当代以 J. 法格·福斯特(J. Fagg Foster)、马克·R. 图尔(Marc R. Tool)、威廉姆·杜格(William Dugger)等人为代表,有人称之为后制度经济学。

[③] Paul D. Bush, "The Theory of Institutional Change", *Journal of Economic Issues*, Vol. 21, No. 3, 1987.

[④] 张旭昆:《制度演化分析导论》,浙江大学出版社2007年版,第363—364页。

[⑤] Douglass C. North, *Understanding the Process of Economic Change*, Princeton, New Jersey: Princeton University Press, 2005.

[⑥] 道格拉斯·C. 诺思认为"现实"是指"建构在我们头脑中的对外部世界的理解和认识"。

来实现他们的信念，而制度规范了人们的行为方式，这种规范产生了人们设计的结果，即被改变的"现实"。从结果到"现实"的反馈机制贯穿了人类的心智过程，信仰结构通过制度转化为社会和经济结构。

知识可以从两个方面来影响制度变迁。一方面，知识存量决定了制度的选择集合。知识是人们解决问题的方法。知识存量越大，特别是社会科学知识越多，制度供给的范围就越大。另一方面，知识存量决定了制度变迁主体的预期成本收益分析。预期成本收益分析一方面取决于成本收益的客观事实，另一方面则取决于变迁主体对其进行的主观分析和评价。知识存量的有限性和多样性分布使得制度变迁主体对同一制度的净收益判断不同，从而影响人们的制度需求和制度供给。所以，知识存量越大，制定变迁的潜力就越大。

而知识存量的增加主要靠学习获得。这样，知识存量因学习而不断增加，当积累到一定程度以后就会改变制度选择集合或制度变迁主体的净收益，从而产生了制度变迁。

二　制度的互补性

（一）对制度互补性的认识

互补性的概念由来已久，奥斯皮茨—利本、希克斯—艾伦以及希克斯—迪顿、萨缪尔森和斯蒂格勒等人都提出了相关定义。但是制度互补性却是20世纪90年代以后提出的。道格拉斯·C. 诺思、格瑞夫、青木昌彦等人都注意到制度之间的相互作用，他们从不同的角度对这个问题进行了论述。

戴维和阿瑟在论述路径依赖时，认识到技术之间的相关性，他们提出了"制度群"概念。戴维从键盘"硬件"与触摸式打字员对键盘特殊安排的记忆为代表的"软件"之间的兼容[1]开始，指出在复杂的人类组织中存在着强烈的互补性或互相依存性，以及随后产生的连续性和兼容性。不同的制度安排应当彼此结合，并组成更加精细的、

---

[1] Paul A. David, "Clio and the Economics of QWERTY", *Economic History*, Vol. 75, No. 2, 1985.

第二章 移植性制度变迁的理论分析框架

能够自我实施的"制度群"①。历史先例在塑造整个制度群中非常重要，因为每个新增加的组成部分一定要与过去存在的结构要素互锁——除非整个被放弃和整体被取代。② 而阿瑟的正反馈经济学（或报酬递增经济学），认为当一项技术被广泛采用时，很多其他的子技术和产品成为它的基本构成部分……其他技术，如果较少地被采用，也许缺乏必需的基础结构，或者也许需要部分拆除与更流行的技术相匹配的基础结构。③ 这种相互依存的结构产生了报酬递增，从而使关键时刻的小波动将影响最终选择的结果，其结果可能比其他最终状态具有更高的能量（因而较难获得）。④

道格拉斯·C. 诺思早在1990年《制度、制度变迁与经济绩效》一书中就提出了制度矩阵（Institutional Matrix）概念。所谓制度矩阵就是由以大量报酬递增为特征的制度和相应的政治、经济组织组成的相互依赖的网。⑤ 他强调单一制度不容易产生正反馈。制度安排会诱致互补性组织形式，反过来这种组织又会鼓励新的互补性制度的发展。⑥ 他以美国住房市场和资本市场等为例，提出制度矩阵包括两个方面的互补性。一方面是正式制度和非正式制度之间互补。制度矩阵是由一个相互依赖的正式规则与非正式规则的复合体构成，它们共同决定了经济绩效。⑦ 将每个社会的政治、经济与司法体系解释为构成制度矩阵的具有内在联系的正式规则与非正式

---

① Paul A. David, "Why are Institutions the 'Carriers of History'? Path Dependence and the Evolution of Conventions, Organizations and Institutions", *Structural Change and Economic Dynamics*, Vol. 5, No. 2, 1994.

② Ibid.

③ 秦海：《制度、演化与路径依赖——制度分析综合的理论尝试》，中国财政经济出版社2004年版，第203页。

④ ［美］布莱恩·阿瑟：《经济中的正反馈》，《经济社会体制比较》1998年第6期。

⑤ Douglass C. North, "Institution", *Journal of Economic Perspective*, Vol. 5, No. 1, 1991.

⑥ Paul Pierson, *Politics in Time: History, Institutions, and Social Analysis*, Princeton University Press, 2004, p. 27.

⑦ Douglass C. North, *Institution, Institutional Change and Economic Performance*, Cambridge: Cambridge University Press, 1990, p. 100.

规则的一个网络。① 另一方面则是制度与组织之间的互补。一个社会组织的生存能力、获利能力一般取决于现存的制度矩阵。制度结构使它们产生，而且相互依赖的契约和其他关系的复杂网络都是建立在这基础之上的。

格瑞夫在对地中海贸易的深入研究中提出自我实施制度的选择要受到历史的（包括经济的、政治的、文化的和社会的）综合因素的制约与影响。他认为："社会制度是一个复杂的混合体，在其中非正式的隐匿的制度特征与正式的显明制度特征相互作用，形成了一个有机的整体。这种相互作用指导着制度的变迁，使这个制度混合体的变迁会不同于它的各构成部分在独立状态中所发生的那种变迁。因此，这个制度的混合体并不是对经济需求作出静止的最佳回应，相反，它是对历史进程的反应。过去的经济、政治、社会和文化特征相互作用，对社会制度的经济内涵产生了持久的影响。"或者说，"制度是历史进程的产物。在这一历史进程中，过去的制度、经济、政治、社会和文化的特征相互作用，定型了现行制度和其演进。"②

保罗·米格罗姆（Paul Milgrom）、钱颖一和约翰·罗伯茨（John Roberts）③、布鲁诺·阿玛布尔（Bruno Amable）、青木昌彦④、莱因哈德·施密特（Reinhard H. Schmidt）与杰拉尔德·席宾德勒（Gerald Spindler）、彼得·霍尔（Peter A. Hall）与丹尼尔·W. 金格里奇（Daniel W. Gingerich）和理查德·迪格（Richard Deeg）都对制度互补进行了深入细致的分析。布鲁诺·阿玛布尔提出了制度互补性和制度等级概念，并明确区分了静态制度互补与动态制度互补以及静态制

---

① ［美］道格拉斯·C. 诺思：《制度、制度变迁与经济绩效》，刘守英译，上海三联书店1994年版，第154页。

② Avner Greif, "Microtheory and Resent Developments in the Study of Institutions Through Economic History", in David M. Kerps and Kenneth F. Wallis, eds., *Advances in Economic Theory*, Vol. 11, Cambridge: Cambridge University Press, 1997, p. 82.

③ Paul Milgrom, Yingyi Qian and John Roberts, "Complementarities, Momentum, and the Evolution of Modern Manufacturing", *AEA Papers and Proceedings*, Vol. 81, No. 2, 1991.

④ ［日］青木昌彦：《比较制度分析》，周黎安译，上海远东出版社2001年版。

度等级和动态制度等级概念。① 莱因哈德·施密特与杰拉尔德·席宾德勒指出制度要素之间存在着互补性，存在它们彼此适应的潜力，也就是具有无论目标函数或者评价体系标准是什么，它们互相增加利益，和/或共同减少不利条件或成本的价值。② 彼得·霍尔与丹尼尔·W.金格里奇将互补性定义为：当每个制度实践能给其他制度带来收益时，这个制度就与另一个制度互补。③理查德·迪格提出了增补型互补性和协同型互补性两个概念，并分析了互补性对于理解变迁（而不是停滞）的作用。④ 保罗·米格罗姆和青木昌彦等人主要是利用博弈工具阐述了制度互补性对制度变迁的影响。

总之，制度之间存在互补性已经为经济学界普遍认同。本书总结各位学者的意见，将制度互补性简单地定义为一种制度实施可以给另一个制度带来收益。由于社会制度环境中制度安排之间存在着互补性，因此，探讨制度变迁便不能不考虑制度互补性的影响。

（二）制度互补性与制度变迁

道格拉斯·C.诺思、格瑞夫、青木昌彦、莱因哈德·施密特、理查德·迪格等人除了提出了制度互补性概念，还在此基础上论述了制度互补性如何影响制度变迁。其中，有些学者用制度互补性理论来说明路径依赖和世界的多样性，如道格拉斯·C.诺思、布鲁诺·阿玛布尔、青木昌彦、莱因哈德·施密特、彼得·霍尔与丹尼尔·W.金格里奇等人；有些学者，如保罗·米格罗姆、钱颖一和约翰·罗伯茨、林毅夫、理查德·迪格等人，则主要分析互补性在制度变迁而非停滞中的作用。总结各家所言，制度互补性对制度变迁的影响主要集

---

① Bruno Amable, "Institutional Complementarities and Diversity of Social Systems of Innovation and Production", *Review of International Political Economy*, Vol. 7, No. 4, 2000.

② Reinhard H. Schmidt and Gerald Spindler, "Path Dependence, Corporate Governance and Complementarity", *International Finance*, Vol. 5, No. 3, 2002.

③ Peter A. Hall and Daniel W. Gingerich, "Varieties of Capitalism and Institutional Complementarities in the Macroeconomy: An Empirical Analysis", *MPIFG Discussion Paper*, 2004.

④ Richard Deeg, "Complementarity and Institutional Change: How Useful a Concept?", *2005 Discussion Paper SP II*, Wissenschaftszentrum Berlin.

中在两个方面。

（1）如果制度间存在互补性，某个特定的制度变迁就要受到其互补性制度的影响。也就是说，互补性制度，互为参数，互相影响对方的决策。

米格罗姆等和青木昌彦利用超模博弈论对制度互补性进行了论证与解释。他们假定存在两个域 I 和 II（如组织域和金融域），参与人集合分别为 M 和 N。域 I 的参与人 M 面临的决策规则是 $\sum^*$ 或 $\sum^{**}$，而域 II 的参与人 N 面临的决策规则是 Λ^* 或 Λ^{**}。每个域的所有参与人具有完全相同的报酬函数 $u_i = u(i \in M)$ 和 $v_j = v(j \in N)$。其中，每个域的参与人视另一个域的决策集合为参数。

对于所有的 i 和 j，如果域 I 的参与人 M 所处的制度环境是 Λ^* 而不是 Λ^{**} 时，域 II 的参与人 N 选择 $\sum^*$ 而非 $\sum^{**}$ 的"边际"收益会有所增加；如果域 II 的参与人 N 所处的制度环境是 $\sum^{**}$ 而不是 $\sum^*$ 时，域 I 的参与人 M 选择 Λ^{**} 而非 Λ^* 的"边际"收益会有所增加。这时，我们称域 I 和 II 是制度互补的，制度 $\sum^*$ 和 Λ^* 以及 $\sum^{**}$ 和 Λ^{**} 互补。

根据超模博弈和制度互补性的解释，可知初始条件对于制度选择很重要。它决定了哪种制度更有效率，哪种制度会被选择。除非对于参与人来说，一种决策规则的报酬严格高于另一种决策的报酬（唯一由偏好或技术决定），否则博弈参与人就必须考虑其他域中的制度。即如果 $u(\Sigma^{**}; \Lambda^{**}) \geq u(\Sigma^*; \Lambda^*), v(\Lambda^{**}; \Sigma^{**}) \geq v(\Lambda^*; \Sigma^*)$，但由于某些历史原因，域 I（或域 II）的参与人选择 $\sum^*$（或 Λ^*）进行制度化，那么，对于域 II（域 I）的参与人来说，除非 Λ^{**} 的报酬严格优于 Λ^*（或 $\sum^{**}$ 的报酬严格优于 $\sum^*$），否则他就会选择 Λ^*（或 $\sum^*$）。帕累托低效的制度安排便会随之产生，同时也造成了路径依赖和经济体制多样性。青木昌彦对此解释说经济体制是一个庞大的体系，由诸多制度安排构成，而且是在漫长的历史过程中，在对已有制度进行修改的基础上逐渐形成的。因此，哪怕是和以往全然不同的制度创新，为了能持续下去，也必须和其他制度很好地契合。

卡塔琳娜·皮斯托、约拉姆·凯南等学者比较了6个法律移植国家和目标国家的公司法变迁，研究了它们的变迁方式和绩效，提出移植后的法律效率明显不如目标国家的原因不在于法律起源，而在于本国环境条件和法律体系触发的创造性和重建过程的能力。[1] 阿塞英格勒指出，美国、加拿大和澳大利亚等国家之所以制度移植成功，主要是因为移植大量人口，正是这些移民定居者带入、继承和发展了母国的法律制度，才使其在国外能够有效运行。[2] 中国学者卢现祥、朱巧玲、郭熙保、胡汉昌等人也对此有所说明。他们指出，制度移植效率低主要是因为移入的正式制度受本国非正式制度、宪法秩序、整体制度结构以及其他互补性制度的影响和制约。[3]

（2）如果制度间存在互补性，那么，一项制度的变迁将成就互补性制度的变迁，即制度之间的动态互动关系。林毅夫认为，制度结构中制度安排的实施是彼此依存的，因此，某个特定制度安排的变迁要受到其他制度安排的影响。青木昌彦指出，"在具有强大制度互补性的邻域（包括国际域）出现大规模制度变迁"是导致制度变迁的重要原因之一。这也是理查德·迪格关于制度互补性与制度变迁的五大假设中的第一条假设。

根据制度需求与供给理论，在互补性域 I 和域 II 中，如果域 I 因技术等其他原因引发了制度变迁，当这种累计互补效果足够大的时候，便会改变域 II 参与人（主观）的博弈特征，即改变了参与人对

---

[1] [英] 卡塔琳娜·皮斯托、约拉姆·凯南、扬·克莱因赫斯特坎普等：《法律演进与移植效果：六个法律移植国家中公司法发展的经验》，载吴敬琏主编《比较》第2辑，中信出版社2002年版。

[2] 陈志昂：《比较经济学的新发展》，《经济学消息报》2003年4月25日第4版。

[3] 卢现祥、朱巧玲：《论发展中国家的制度移植及其绩效问题》，《福建论坛》2004年第4期。郭熙保、胡汉昌：《论制度模仿》，《江汉论坛》2004年第3期。郭熙保、胡汉昌：《论制度后发优势的实施机制》，载《发展经济学研究》（第三辑），经济科学出版社2005年版。

技术环境、人力资本的类型和水平、法律、政府管制和政策导向等一系列影响博弈结果的因素的认知,从而引发了互补域的制度选择集合或预期成本收益的变化,产生制度变迁的需求,促进该域制度安排的变迁,或者导致整体制度安排的变化。

第五节 小结

本章主要是在制度概念以及制度变迁理论梳理与总结的基础之上,提出了移植性制度变迁的分析框架。

一 制度移植的动因为制度需求和制度距离

外生冲击或技术变革与相对要素价格的变动改变了预期成本收益,产生制度变迁的需求。但若要进行制度移植,引入国家和被引入国家之间必须存在制度距离。这种差距不仅客观存在,而且也需要为引入国家或地区制度创新者了解和认同,产生制度移植的压力和需求。

二 制度移植大致分为制度嫁接和制度调整两个阶段

制度嫁接是制度变迁主体根据成本收益分析,通过比对、学习和引入其他原创性制度。制度调整则是制度嫁接后,制度变迁主体针对引入的显性规则与其他制度要素缺乏互补性而带来的非均衡,进行其他要素调整或者引入规则本身的调整,以达到均衡。

三 制度移植结果的分析

评价移植结果需要考察两个指标,即制度互补性和制度效率。而考察标准也同样有两个:移植国家原有的制度效率以及被引入国家的制度效率。由于进行制度移植的目的就是想达到目标国家效率,因此,制度移植成功的标准就是引入规则与原有制度要素之间形成互补关系,并达到了目标制度效率。否则,制度移植失败。

四 在制度移植过程中,知识的积累和制度互补性作用巨大

知识的积累不仅扩大了人们的制度选择集合,而且还改变了人们对制度预期成本收益的评价。制度移植是显性要素的移植,因此,与其他制度要素之间的关系便构成了对该项制度移植的主要影响。当然,这种影响可以是制约作用也可以是促进作用。

第三章　近代中国公司制度嫁接的动因分析

随着1837年美国一般公司法和1844年英国公司法的颁布，西方主要资本主义国家相继完成了从特许公司①向准则公司②的过渡，公司制度成为世界普遍接受的现代企业制度形式。然而，鸦片战争前，中国却没有一家可以称得上公司的企业。近代中国公司制度是帝国主义入侵，外国公司制度与中国传统企业制度嫁接的结果。

第一节　中国传统的企业制度

在古代汉语中早有"公司"二字，"公"有公共、共同的意思，"司"有掌管、管理的意思，但二者很少放在一起使用，也没有现代意义的公司组织。不过，明清之际，在中国传统的业主制和合伙制中出现了类似现代公司的一些概念，比如，"股""份"以及与之相关的委托代理等。但由于这些企业虽有股份之名却无公司之实，即没有明确的法人制、有限责任和公司治理，因此，还称不上公司。

---

① 特许公司就是在正式的公司法颁布之前，由政府采取一事一议的方式决定是否实施，并给予一定的垄断特权，从而获得近似于法人的地位，以区别当时通行的合伙制和业主制企业。

② 准则公司主要是指以法律确定的公司形式。

一　鸦片战争前中国企业的制度类型

鸦片战争以前，中国企业制度的主要形式是"业主制"与"合伙制"。

（一）业主制企业

业主制是世界上最古老、最简单的企业制度形式。它具有以下特征：企业财产由单个业主个人所有，企业的生产经营管理也由业主主持，业主享有该企业的全部经营所得，同时对企业的债务负完全责任。

这种企业制度具有广阔的社会存在基础，许多中小工商业，当然也不乏大型企业都采取这种制度形式。例如，明清时期苏州城内著名的孙春阳南货铺，从明代创立到清中叶二百余年始终是"子孙尚食其利，无他姓顶代者"[①]。业主制也是中国数量最多的企业类型，即使是在民国时期，情况也没有改变。据宋美云统计，1930 年，天津织布业共有 178 家，独资经营的企业竟达 153 家，占企业总数的 86%。[②]

业主制企业大致分为以下三种类型。

首先，自有资金独自经营。这是纯粹的业主制企业，出资人和经营者合二为一，出资者的资本一般为日常积蓄和经营利润转化而得。这在中国是最普遍的业主制企业形式，许多小业主、小商贩都属于这种类型。

其次，自有资本的结伴合帮经营。若干个自有资本商人结伴而行，结伴贩运。他们都是独立商人，彼此间没有财产关系，其资本和经营内容也各自独立、互不相干，而且往往只发生在某一次具体的贩运过程中。因此，可称之为"结帮经营"或者是"合帮经营"。如徐珂在《清稗类钞》中提到的客帮，"客商之携货远行者，咸以同乡或同业之关系，结成团体"。[③] 此外，明清时期的江西商人中也不乏此

[①] 钱泳：《履园丛话》第 24 卷。
[②] 宋美云：《中国近代企业制度与公司治理结构》，《文史哲》2004 年第 3 期。
[③] 徐珂：《清稗类钞》第 5 册，《农商类·客商》；汪道昆：《太函集》第 91 卷，《明故处士休宁程长公墓表》。

类"各有本金，只是结伴偕行"，"同'帮'却不同'本'"的独资商人。①

最后，贷本独自经营。通常指的是业主自己并不拥有资本，而是通过借贷形式借入资本后独立经营的企业形式。这类似于现代的借贷经营小业主，出资人和经营者之间不是委托代理关系，而是债权人与债务人的关系。在这种情况下，业主（资金借入者）不论其资本的营运状况如何，都必须按照事先约定的利息向债权人（资金借出者）支付本金和借贷利息（年息多在20%左右）。也就是说，出资者只关心利息收入，不得干预经营业务，同时也不承担经营风险，收入虽薄，但是风险较小；而对于业主来说，如果经营得法则可以获取厚利，若营运不当，则必须为此负担全部亏赔之责。例如，康熙《徽州府志》记载："郡邑处万山……贩而求利也，虽挟资性贾，实非己资，皆称贷于四方之大家，而偿其什二三之息。但以运贸于其手，则俨若如其所有，而以此为民赀也。"

虽然业主制企业中不乏资本总额超过百万两白银，延续时间长达二百年之久，资金雄厚、历史悠久的百年老店，但总的来说，业主制企业规模还是有限的，靠个人资信取得贷款的能力较差，难于从事投资数额巨大的项目；而且由于业主负无限责任，企业经营风险大，一旦经营失败，就会殃及其他经营项目，甚至倾家荡产；企业的管理水平也要受到业主自身能力限制。因此，企业的存续与业主的自然寿命相联系，业主死亡，企业往往就会终止，或者通过分家析产，变成由数个具有亲缘关系的合伙者共同拥有的合伙企业。

(二) 合伙制企业

合伙制的定义颇多，不仅大陆法系和英美法系定义不同，近代和现代概念也存在较大差异。根据中国《合伙企业法》，合伙企业指的是由各合伙人订立合伙协议，共同出资、合伙经营、共享收益、共担风险，并对合伙企业债务承担无限连带责任的营利性组

---

① 参见方志远、黄瑞卿《江右商帮社会构成及经营方式——明清江西商人研究之一》，《中国经济史研究》1992年第1期。

织①。为了更好地了解近代中国合伙制，本书根据这个定义粗略地将其定义为由两个或两个以上合伙人共同提供生产要素（资金、劳动、土地等），共同经营，共负盈亏，共同对债务承担连带无限清偿责任的营利组织。

中国合伙企业历史悠久。据《周礼》记载，西周时期就已经出现了资合形式，西汉时期出现了较为完备的合伙契约，即"中服共侍约"牍文②。该契约规定，合伙人每人出资二百钱，不出资者不能成为合伙人；合伙财产由合伙人共同掌管，不得私自分割；全体合伙人亲自参加经营活动，本人不亲自参加者要承担相应的责任。这充分表明合伙财产具有共有性质，合伙人员负有共同经营、管理合伙事务的义务。该企业所规定的合伙人出资义务、利益、责任以及合伙财产的性质，也充分说明西汉合伙契约已经发展到相当完备的程度。

至明清时期，由于资本主义萌芽的产生，商品经济更为发达，合伙制企业无论是在地域上还是在行业分布上亦更为普遍。就地域来讲，北方的山西、直隶，南方的四川、云南、广州、安徽、湖南、湖北、台湾等地都有大量合伙制企业，分布范围极其广泛。就行业而言，票号钱庄、商业、烧砖、木材、矿产开采与冶炼（煤、铜、铁、金、铅等）、制糖、染布、制盐、造船等行业中都存在大量的合伙制。有的学者甚至认为，清代手工业中已有十六七个行业存在合伙制③。特别是票号钱庄、矿产开采、制盐等行业中的合伙制企业已经相当普遍，有一定规模，各种内部管理已经趋于制度化，并逐渐演变成一种确定的企业制度模式。

鸦片战争以前，中国合伙制企业采取了诸多形式。刘秋根将其分为资本与资本合伙、资本与劳动力合伙两种类型④。徐建青将其分为

---

① 参见卞耀武《合伙企业法》附录，中国财政经济出版社1997年版。
② 张传玺：《中国历代契会考释》上册，北京大学出版社1992年版，第71页。
③ 徐建青：《清代手工业中的合伙制》，《中国经济史研究》1995年第4期。
④ 参见刘秋根《明代工商业中合伙制的类型》，《中国社会经济史研究》2001年第4期；《十至十四世纪的中国合伙制》，《历史研究》2002年第6期。

劳动合伙、资本与劳动兼有的合伙、资本合伙（兼管理）和资本合伙（不兼管理）四种类型[1]。而张忠民则将其分为一般合伙与股份合伙两种类型[2]。他们的研究给中国传统合伙制企业的研究提供了大量的案例和研究思路，但是由于本书侧重于传统企业制度对近代中国公司制度的影响，所以将重点根据企业生产要素的筹集方式是资合还是非资合，以及采取的是一般合伙还是股份合伙形式，将合伙企业分为四种类型，即一般资合、一般非资合、股份资合和股份非资合，见表3—1。其中，所谓资合指的是资本与资本的合伙，即合伙人各自出一定资本的合伙。所谓非资合指的是资本与其他生产要素的合伙（如资本与土地、矿产地以及劳动的合伙）。一般合伙与股份合伙的主要区别是合伙资本是否划分为等额的"股份"。

表3—1　　　　　　　　　　明清时期的合伙形式

	一般合伙	股份合伙
资合	一般资合	股份资合（如银股）
非资合	一般非资合（如东伙合作或领本经营）	股份非资合（如银身股，日地分，地脉、工本和承受日分等）

1. 一般资合

所谓一般资合就是几个合伙人共同出资，合伙经营，但资产总额并不分成一定的股份，收益也并不一定按照比例对等分成，所有都取决于合伙时所签订的契约规定。例如，清嘉庆十八年（1813），况国桢等4人所立契约规定，"合伙开设铁厂，共立万顺字号，在外拈借银两作本，支给矿山、柴山以及厂内办干，俱归四人公用，俟来岁炉火毕所卖铁价银，除所借外帐本利还明，所买矿炭以及佃银山价、厂内亏项扫数揭清外，所赚银两四人均分，倘有不敷，四人均认，不得

---

[1] 参见徐建青《清代手工业中的合伙制》，《中国经济史研究》1995年第4期。
[2] 参见张忠民《艰难的变迁——近代中国公司制度研究》，上海社会科学院出版社2002年版。

推诿。"① 清道光三十年（1850年），张天斗邀王济龙"共凑银二百两伙开铁矿厂"，议定"济龙管理内务，天斗收理外帐"②。这两个例子都是合伙人各出资本不等，合资办厂，共同经营，平分利益，共负盈亏，因此，也都是典型的一般资合类型。

当然，一般资合类型还有独资业主邀人入伙的形式，著名的北京万全堂药铺就属于这种类型。相传它由乐姓商人创立于明永乐年间，到1755年，乐姓邀菅姓加入。菅汝慧、乐毓麟订立合同称："乐姓因铺内事繁，独力难办，今情愿将字号、家伙、买卖批与菅性一半，永远为业。公同主客亲友言明：本铺所欠各店新陈客帐，在铺内伙中开发。至乐姓所欠资生库银两并欠私情银两，仍属乐姓己身补还，与菅姓毫无干涉。同中言明：菅姓入本银贰千肆百玖拾两，乐姓余货作入本银叁千贰百伍拾壹两。不论入本银多寡，营来利息各分一半。"③ 可见，菅姓虽然入伙本银只有2490两，比乐姓存货所折合银两3251两少得很多，但是利润分配却是各取50%。因此，两姓并没有按照投资比例进行分配，也就是他们属于一般合伙范围之内。另外，这份合伙契约中自有财产和合伙财产是分得很清楚的，虽然合伙人负有连带无限责任，两姓合伙店铺所欠新陈客账归两姓共同偿还，但是乐姓自己的私欠则完全由乐姓自己偿还。

2. 一般非资合

一般非资合是指资本与其他生产要素（特别是劳动）的合伙。这是这一时期较为普遍的合伙形式。其中，最为典型的就是"东伙合作"或称作为"领本经营"的合作形式。所谓"东伙合作"就是东家以资本形式，伙计以劳动力形式进行的合伙经营。有的将东家出资称作为伙计的"领本"，所以，也叫作"领本经营"。例如，在王士性《广志绎》卷3就曾记载："平阳、泽（州）、潞（安）豪商大贾甲天下，非数十万不称富。……其合夥而商者名曰夥计，一人出

---

① 《巴档》，第301页。转引自徐建青《清代手工业中的合伙制》，《中国经济史研究》1995年第4期。

② 同上。

③ 《崇文门外万全堂药铺资料辑录》，载《清史资料》第一辑，中华书局1980年版。

本，众夥共而商之，虽不誓而无私藏。"①

虽然这看起来有些类似现代的雇佣关系，但却有着本质差异。因为在这种合伙关系中，伙计的劳动力投入属于投资范围之内，而且与东家同样承担企业风险，而不是靠出卖劳动力来换得薪水。例如，《夷坚三志》卷8记载："枣阳申师孟，以善商贩著干声于江湖间。富室裴氏访求得之，相与欢甚，付以本钱十万缗，听其所为。居三年，获息一倍，往输之主家，又益三十万缗。凡数岁，老裴死，归临安吊哭，仍还其资。裴子以十分之三与之，得银二万两。"② 再如，在云南铜矿业中也存在着被称为"亲身弟兄"的矿工与投资者合伙的形式。即矿工在未采得矿石前，不领取工钱，等到矿井出矿石后，即按照一定的比例与矿主（硐主）分成。③ 从"裴子以十分之三与之"以及铜矿业中的分成来看，伙计的劳动力投入是以赚取利润分成为目的，而不是领取固定工资。伙计与东家共同承担经营风险，且其收入与经营效益直接挂钩。财东与伙计之间平等，各尽所能，共同经营，共享其利。

3. 股份资合

股份资合是指合伙人各自出一定的资本化货币或实物，并将这些合伙资本等分，按照所占份额划定收益比例，在史料中经常被称为"银股"。他们是真正意义上的股东，对企业具有完全连带责任。因此，一般股份资合人数较少，多为三两个志同道合且熟悉的（有某些血缘、地缘或者把兄弟等关系）朋友之间的合股经营。所采取的形式也无非是初创时就是三两个人筹足本金，或者由原来的独资业主分析家产而来。例如，1838年赵珏等四宅共备本银一万两千两，开设六必居，六珍号油盐杂粮铺。清中叶山西商人侯兴域将其所拥有的店铺字号均分为六股给六个儿子。太谷商人曹氏亦将全部资产均分为七股，七个儿子每人一股，合成"曹七合"商号集中经营，等等。

---

① 转引自张忠民《艰难的变迁——近代中国公司制度研究》，上海社会科学院出版社2002年版，第8页。
② 姜锡东：《宋代官私商业的经营方式》，《河北大学学报》1992年第3期。
③ 彭泽益编：《中国近代手工业史资料》第1卷，中华书局1962年版，第338页。

4. 股份非资合

股份非资合就是指将创办企业的要素都考虑进来,如资本、劳动力、土地等,等分一定份额,并按照所确定之股份分得利益。有的人称这种股份制为收益股份制,即按照收益划分股份的做法。但无论怎样,它毕竟将所出资本以及拥有的收益权等分,从而使利益更加明确。最为典型的股份非资合是山西商人票号("银股"与"身股"合伙)、京西等地采矿业("日分"和"地分"合伙)以及四川自贡井盐业("地脉日份"、"工本日份"以及"承受日份"合伙)。

清代志成信商号的股本合约载明,"志成信,设立太谷城内西街,以发卖苏广彩绸杂货为涯,共计正东名下本银三万四千两,按每二千两作为一俸,统共计银股十七俸。众伙身股,另列于后。自立之后,务要同心协力……日后蒙天赐福,按人银俸股均分。"[1] 用清人徐珂的话说:"出资者为银股,出力者为身股。"银股所有者,在商号或票号享有永久利益,可以父死子继,夫死妻继,但对商号或票号的盈亏负无限责任。[2] 身股是根据在票号中任职的高低以及服务年限的长短而占有的账期分红份额。(张忠民,2002)

1779 年,京西焦之信等人的采煤合伙中记载:"立会批窑合同人焦之信、润、安增、瑞因有厢红旗焦姓地内萝卜窖得窖一座,自无工本开做,今会到徐友松名下出工本开做。其窖按一百二十日为则,去焦之信、润开地主业二十日,去安增、瑞开旧业十日,去孙景懋开旧业十日,徐出工本开新业八十日,言明出工本钱八百吊正。如再工本不接,公同窑伙借办,按月三分行息。煤出之日,先回借钱,后回工本,除回完之外,见利按日分均分……所有窑上办事人等,听其新业主裁……自开工以后,或行或止,听其新业自便……"[3] 可见,京西煤矿是投资者(出资人)与土地所有者(土地出租者)之间的合作

---

[1] 黄鉴晖编:《山西票号史料》,山西经济出版社 2002 年版,第 590—591 页。
[2] 张正明:《晋商兴衰史》,山西古籍出版社 1995 年版,第 142 页。
[3] 中国人民大学清史研究所、中国人民大学档案系中国政治制度教研室编:《清代的矿业》下册,中华书局 1983 年版,第 422 页。转引自徐建青《清代手工业中的合伙制》,《中国经济史研究》1995 年第 4 期。

关系。投资者也被称为工本主，他们是煤窑的实际经营者，负责全部投资与经营管理，根据合约分取企业收益。地主是煤窑用地的所有者，他们不是将土地出租，收取固定租金，而是出让煤窑用地，待出煤以后按照约定的日分比例收取收益。

1904年，四川自贡张可凤、曾三友、徐顺源合伙开凿盐井，约定"井日份15天，三股各占5天，工本、佃价、推办用度，均照日份派逗，其余井上帐目，满年一算，余有红息，亦照日份派用……所有井上事件，伙等相商办理"。杨慎旃、赵翰卿、杨治安伙佃同海井一眼，锅份24口，"其锅份杨慎旃十七口半，赵翰卿六口，杨治安半口，所有佃价、淘费、修造，照口份陆续派逗。淘出水、火、油，仍照口份分鸿。其井交杨慎旃承办"。① 这两个案例表明，在四川井盐业的合伙制中，存在着井基地所有者所持有的"地脉日份"、投资者所持有的"工本日份"以及经营管理者持有的"承受日份"的合作。这种股份被称为日份或锅份。当然，有些投资者和管理者相同，有事相商办理，有些则委托合伙人之一承办，其余人不参与井上事务。

总之，合伙制企业在资本量上已经超过了业主制企业，多人合伙各自发挥其专长，有利于提高企业的决策能力和管理水平以及市场竞争能力。但是由于合伙人要承担无限连带责任，因此，合伙人数量不多，无法像公司那样提供巨额资金，而且合伙人之间利益难以协调，所以，企业寿命有限。这促使企业制度在一定条件下从合伙走向公司制度。

二 中国传统企业的产权与治理模式

就产权而言，在业主制企业中，单个所有者拥有产权。一切权力都集中在所有者手中，所有者集所有权、控制权、收益权于一身，并承担企业的全部风险与责任。企业利润目标与业主的个人收益目标一致，权力结构简单，且高度一体化，基本不存在委托代理问题。同

---

① 《自贡盐业契约档案选辑》，中国社会科学出版社1985年版，第576—577页。

时，资本都属于一人所有，所以，也不存在大股东对小股东的剥削。而在合伙企业中，无论是资合还是非资合企业，产权都属于出资者，只不过合伙制企业中出资者为多人，他们负有连带责任，共同拥有企业产权，承担企业风险。

就所有权和控制权来讲，在鸦片战争以前的中国企业中，既有两权不分离型企业，也有所有权和控制权分离型企业。例如，乾隆五十二年，甘肃王楚珩等起意开挖铜矿，"纠袁世富、谈昌贤、赵云从合伙，各皆允从，王楚珩先交现银五十两给袁世富、唐德麟雇夫并置备器具，……王楚珩自赴汉中置货，……彼此说明合伙五人连王廷玉共作六股，于八月初十日雇夫18名赴山开挖……"①其中，王楚珩与袁世富、谈昌贤、赵云从、唐德麟等人合伙，共同出资，同时从置备器具到雇夫挖矿均亲自过问经办，共同经营管理，因此，是典型的所有权与经营权相统一。而业主制企业中的"东伙制"或"家奴制"，合伙制企业中的"财东—掌柜制"或"地主—出工本主—业主制"则都是典型的两权分离制度模式。这里重点介绍一下"财东—掌柜制"，希望窥一斑见全豹。

"财东—掌柜制"是中国鸦片战争以前比较主要的两权分离形式。财东是出资人，拥有企业的所有权，承担企业的风险，对企业负有无限责任。而掌柜，或者有的称为"朝奉""掌计"，在矿业开采中还被称为"承首人""业主"等，是企业的经营者，受财东信赖和委托负责企业的日常具体事务。明清时期，山西、陕西、四川、安徽等地比较大的商号基本都采取这种治理模式，其中，晋商票号的治理模式最具有典型性。晋商票号一般都实行掌柜制度，甚至有的还有头掌、二掌、三掌之分。"头掌理其全，余皆理其偏。"可见，头掌类似于近代企业中的总经理，二掌与三掌则类似于总经理手下的部门经理。票号实行总经理负责制，企业所有日常经营决策、人员任用皆由头掌负责，财东不能施加干涉，如图3—1所示。这样，在财东（所有者）和头掌（总经理）之间便产生了委托代理关系。那么，财东

---

① 《清代的矿业》上册，中华书局1983年版，第302页。

如何约束掌柜的机会主义行为和道德风险，促进头掌努力工作，实现财东的利润最大化目标呢？

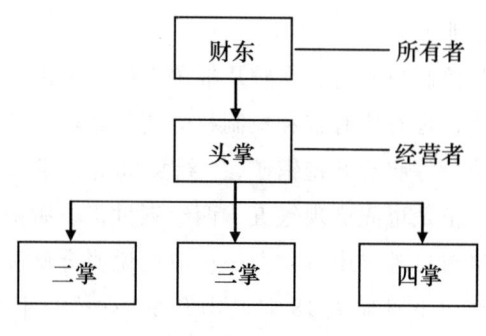

图 3—1　晋商财东—掌柜治理模式

首先，财东采用"顶身股制"的收入分成法，保持财东目标函数与职工，尤其是与头掌的目标函数一致。也就是财东根据职工在商号中任职高低和服务年限的长短，给予他们一定比例的分红权利。新职工干满 12—15 年后，只要工作勤奋，没有过失，就可以得到企业的一定股份，即身股。最初股数不过二厘，以后随着会计年度增加而增加。头掌身股最高，一般为一股。这种身股实际上是不出资只凭劳动获得的企业收益权。每账期分配利润时，不论银股、身股，均按持股份额多少分配红利。这必然会使掌柜对商号的经营始终处于全力以赴、开拓进取的状态，有利于刺激掌柜在为自身谋取更多利益的同时，亦为商号赚取更多的利润。

但这里有三个问题需要指出。其一，如果没有股本扩张，资本股数恒定不变，身股却可以不断增加。如山西大德通票号，1889 年时有银股 20 股，身股 9.7 股；而到 1908 年，银股依旧，但身股已经从 9.7 股上升到了 23.95 股，远远超过银股的数量①。其二，财东是企业的真正所有者，对企业拥有无限责任，承担全部风险；而员工虽然

---

①　张忠民：《艰难的变迁——近代中国公司制度研究》，上海社会科学院出版社 2002 年版，第 22 页。

和财东共同参与收益分配,但与商号或票号的亏损风险无关。当商号或票号亏损破产时,财东面临责任追究,员工则不承担任何经营风险。其三,"银股所有者,在商号或票号享有永久利益,可以父死子继,夫死妻继……银股可以在一定的时间内抛出、补进或增添新的股东"①;而身股和员工的劳动紧密相关,不可以由子孙继承,也无法进行转让。因此,在"财东—掌柜"治理模式中,财东承担全部风险和责任,与所获得的收益极不成比例,损害了财东扩大再生产的积极性。另外,由于身股无法继承和变现,因此,员工职位越高,身股越多,身股的边际激励就会越小。那种谋求安稳、在职消费的情况便会产生。这都不利于鸦片战争以前企业的发展。

其次,信誉机制和"集体主义第二方惩罚"。口碑在这里非常重要,如果掌柜玩忽职守,那么,他将无法在这个领域再做下去。因为这个人的事情将通过紧密的关系网散布到各地,为其他财东所不齿。因此,掌柜违约的成本极高。

最后,人合倾向。财东和头掌之间几乎没有超出血缘、地缘、朋友之间的关系。他们的合作是建立在相互信任、相互依赖的基础上,用无限的信任交换无限的忠诚。这种经济利益与以信用为本的人际关系相重合。在当时的历史条件下,赋予掌柜较大经营自主权的"财东—掌柜经营制",对作为财东的出资者和以身顶股与经营的掌柜而言,都是一种有利的经营方式。

第二节 外生冲击与制度失衡

一 帝国主义的侵略与外国航运公司的竞争

1840年,鸦片战争爆发,西方列强用大炮和鸦片打开了中国的国门。从此国无宁日:第二次鸦片战争、中法战争、中日战争、八国联军进北京等,西方列强在中国领土上烧杀抢掠,无恶不作,给中国人民带来无比的灾难。鸦片战争后中英签订了《南京条约》《五口通

---

① 张正明:《晋商兴衰史》,山西古籍出版社1995年版,第142页。

商章程》，与美国签署了《望厦条约》，与法国签署了《黄埔条约》，与俄、美、英、法签署了《天津条约》，与英、法、俄签署了《北京条约》等一系列丧权辱国的不平等条约，列强从中国攫取了许多特权，使中国沦为半殖民地半封建社会。

就列强所享有的经济特权及其影响来看，主要有以下几个方面：

首先，列强获得了在沿海和内地通商口岸的贸易权。1843—1894年，西方列强强迫中国政府开放了广州、厦门、上海、宁波和福州等35个通商口岸。外国人不仅在通商口岸有自由贸易权、租赁房屋地基和携眷居住权，而且还有领事裁判权和口岸通商权。

其次，列强获得协定关税和海关行政权。1843年中英《通商章程》和1858年中英《天津条约》强迫清政府接受了极低的进出口税率，甚至确定了通行中国近80年之久的值百抽五。这还不包括英国驻华官员依仗权势强迫中国政府降低某些商品税率以及各种免税、退税和逃税，从而造成了关税史上罕见的进口税率高于出口税率的局面。同时，由于1844年中美《望厦条约》和中法《黄埔条约》确定了协定关税的原则，使得中国政府不经过侵略国家的同意不能修改税则，从而放弃了关税自主权，放弃了利用关税保护本国产业的权力。甚至列强还强迫中国政府接受用子口半税替代内陆税和通过税等捐税。中英《天津条约》规定，"英商已在内地买货，欲运赴口下载，或在口有洋货欲进售内地，倘愿一次纳税，免各子口征收纷繁，则准照行。此一次之课其内地货，则在路上首经之子口须交，洋货则在海口完纳给票，为他子口毫不另征之据。所征若干，综算货价为率，每百两征银二两五钱。"即子口税率为进出口税率的一半，完税后可免征其他内地税。只有外商才能享受子口税的特权，进口洋货和出口土货均可适用，洋商有自由选择之权。可见，华商所承担的税负远远高于洋商所承担的税负，本土产业因此受到了巨大的冲击。

最后，列强还获得了内河的航行权和投资设厂权。中国不仅向西方列强敞开了"大门"，还任其直通"内宅"，登堂入室——取得沿着长江长驱直入宜昌等地的内河航行权。另外，从《马关条约》开始,还允许洋商在中国投资设厂。而此时,中国民族商人是没有此等权利与待遇的。

(一)洋商公司在中国的发展

近代中国最早出现和存在的公司是外国人在通商口岸开办和经营的公司。早在1805年,洋商就在广州成立了广州保险社,后改组为广州保险公司。但由于清政府一直采取禁海政策,大多数洋商只能通过广州十三行与华贸易,在华设立公司者少而又少。

鸦片战争清政府战败,被迫开放通商口岸,外国商人在中国攫取了大量特权,开始在通商口岸大肆开办公司,如英商怡和洋行(Jardine, Mathe & Co., Ltd.)、宝顺洋行(Dent, Beal & Co.),美商琼记洋行(A. Heaid & Co.)、旗昌洋行(Russel & Co.)等。至《马关条约》签订,外国资本先后在中国设立了191个工业企业,投资将近2800万元,雇用工人34000人[1],主要集中在上海、广州两个城市,以及船舶修造业、加工工业、印刷业、食品加工和水电煤气等行业。

1895年,中日签订《马关条约》,外国资本取得了在华直接投资设厂的权利,洋商在华投资办厂合法化。从此,洋商企业无论在数量还是在投资总额上都有了飞速增加。据有关统计,1895—1913年,外国在华设厂数(资本额在10万元以上的)为136家,资本总额为10315.3万元,与同期中国民族工业的投资额大致相同(10700万元)[2],主要集中在矿冶、造船、纺纱、烟草、公用事业等近代产业。这些洋商企业形成了巨大的竞争势力,严重阻碍了中国刚刚起步的民族工业的发展。

(二)外国航运公司的建立及其制度特征

1850年,专跑广州与香港航线的省港邮轮公司建立,这是迄今我们所知道的第一家洋商在华所设的轮运公司。此后,怡和、宝顺等

---

[1] 孙毓棠编:《中国近代工业史资料》第一辑上册,中华书局1962年版,第247页;汪敬虞:《十九世纪西方资本主义对中国的经济侵略》,人民出版社1983年版,第11页。

[2] 汪敬虞编:《中国近代工业史资料》第二辑上册,科学出版社1957年版,第1页。

英美洋行纷纷插手轮运活动。当时长江航运利润非常丰厚。据记载，宝顺洋行的一艘"总督号"旧轮船行驶于上海至汉口之间，"客位每位价银75两，每吨货价银25两，往来一律，加以下水时拖带本地钩钓船四艘，或带镇江，或交上海，每艘装货五六百吨，每吨水脚价15两，故获利最厚"，"往返一次，所受水脚足敷（船价）成本"[①]。

在高额利润的推动下，洋商纷纷在中国建立轮运公司，如1862年的旗昌轮船公司、1863年的上海拖驳公司、1867年的公正轮船公司、1868年的北清轮船公司、1872年的华海轮船公司与太平洋轮船公司及1873年的太古轮船公司[②]，等等。

外国船舶进出口数量急剧上升。仅就上海港而言，1855年进出口的外国商船为589艘次，157121总吨；到1860年增加到1979艘次，593712总吨；1863年更增加到6947艘次，1961199总吨[③]，8年间，进出口的外国商船总数增加了近12倍，总吨位增长了13倍左右。

随着轮船公司相继成立，竞争也越来越激烈。旗昌轮船公司凭借实力雄厚，采用多种竞争手段，先后击败了广隆、宝顺、怡和、琼记、公正等竞争对手，从1867年开始垄断长江航运。它在几年内就获得了巨额利润，积累了大量资本。1862年，旗昌轮船公司的成立资本为100万两，到1870年，旗昌轮船公司已经拥有轮船17艘，总吨位为25827吨，资产额接近240万两，[④] 成为"东亚最大的一只商业船队"。每年的净利润也非常丰厚，1867—1870年，每年的净利均在70万两以上，年平均利润更在40%以上。

这一时期的洋商航运企业主要采取公司制度，具有以下几个特点：

---

① 《徐润年谱》，转引自张后铨主编《招商局史》（近代部分），人民交通出版社1988年版，第4页。

② 关于外国轮船设立情况，参见聂宝璋编《中国近代航运史资料》第1辑上册，上海人民出版社1983年版，第727页。

③ 张后铨主编：《招商局史》（近代部分），人民交通出版社1988年版，第6页。

④ Liu Kwang‐Ching, *Anglo‐American Steamship Rivalry in China: 1862‐1874*, Cambridge, Mass: Harvard University, 1962, pp. 101‐105, 153.

第一，从法人性质来看，洋商公司都没有在中国境内注册。由于这时中国仍沿用"诸法合体，民刑不分"的"大清律"，既没有《民商法》也没有《公司法》，洋商公司根本无法在中国境内进行注册。于是它们或者在本国国内注册，或者在已经沦为英国殖民地的香港注册，或者根本不注册。这便形成当时别具特色的公司制度形式。旗昌轮船公司就未真正独立注册，因此，还不算是完全意义上的股份公司。

第二，从资本的筹集上看，洋商公司一般都采用股份公司形式。旗昌轮船公司从一开始就采用了对于当时中国来说完全属于制度创新的股份合同制，发行 1000 股，每股 1000 两，共筹集资金 100 万两。而且在股本筹集过程中，洋商公司并没有将出资者仅仅限于外籍人士和本国的有产阶级。相反，它们大量吸纳华商的闲散资金，并将华商入股看作公司成功的关键。在旗昌轮船公司的创办成本中，华商资本竟占六七十万两[①]，居其大半。

第三，从企业治理结构以及实际运营方面看，洋商公司基本都有股东大会、董事会和专门的经理层，且在会计制度、内部管理、折旧、公积金提取等方面，也都逐渐形成制度。旗昌轮船公司一开始就采取股份公司形式，由持股者组成股东大会，再由股东大会推选和旗昌洋行任命董事会（至少有一人是旗昌洋行的成员）。但由于它是由旗昌洋行组建，因此并未设立独立的管理机构，其经营管理都由旗昌洋行负责，旗昌洋行的经理自然成为旗昌轮船公司的总经理。

第四，从所有权和经营权来看，二权并没有完全分离，总经理一般都由公司大股东担任。例如，旗昌轮船公司的总经理金能亨、泰森、F. B. 福士、沃登都是该公司的大股东，其中，金能亨一人便认购公司 15 万两的股票。这保证了股东利益和总经理利益的一致性，有利于减轻委托代理问题。不过华股虽然在企业中所占比重较大，但并没有获得对公司的实际管理权。在旗昌公司的董事会中，根本看不

---

① 张后铨主编：《招商局史》（近代部分），人民交通出版社 1988 年版，第 16 页。

到华商的影子。见表3—2。

表3—2　　1862—1874年上海旗昌轮船公司高级职员名录

时间	总经理	董事	查账员
1862年	金能亨*	格鲁、F. B. 福士*、拉蒂默、格雷罗	格威瑟
1863年	金能亨*	F. B. 福士*、拉蒂默、图特尔、文森特	格威瑟
1864年	泰森*	F. B. 福士*、拉蒂默、文森特	米勒
1865年	泰森*	F. B. 福士*、格鲁*、AJ. HCW. 豪	米勒
1866年	泰森*	F. B. 福士*、格鲁*、布赖恩斯、邓步逊	米勒
1867年	泰森*	布赖恩斯、海因森、邓步逊、小D金*	米勒
1868年	金能亨*	布赖恩斯、波特、奥弗韦格、F. B. 福士	米勒
1869年	金能亨*/沃登*	波特、奥弗韦格、贝尔、F. B. 福士*	米勒
1870年	沃登*	波特、贝尔、F. B. 福士*、布莱登堡	米勒
1871年	沃登*	波特、布莱登堡、登特、F. B. 福士*	米勒
1872年	沃登*	波特、登特、康迪特、F. B. 福士	米勒
1873年	F. B. 福士*	登特、贝尔、布莱登堡、希契*	米勒
1874年	F. B. 福士*	登特、尼森、伍德、希契*	米勒

资料来源：旗昌轮船公司1863—1874年股东大会记录。转引自上海地方志办公室，《上海长江航运志》，http://www.shtong.gov.cn/node2/node2245/node71341/node71350/node71381/userobject1ai74907.html。

注：*为旗昌洋行成员。

洋商公司创办之时，资本较少，规模也不大。但随着以后的经营和运作，它们逐渐发展壮大起来，这充分体现了公司制度本身所具有的活力，这在传统经济组织中是很难看到的。这给中国商人提供了了解公司制度的机会，而且通过华商附股他们真切地参与和尝试公司运行，并获得诸多收益。这为近代中国建立自己的公司制度提供了许多借鉴。

（三）外国航运公司的竞争优势

与中国传统航运业相比，外国轮船运输公司具有几大优势：

第一，具有技术性优势。即洋商轮船公司大多数采用了轮船运输,这种先进的运输方式质高价廉,运营时间短,安全可靠。外国商船"将上海货物运至牛庄,各处货物运至上海,资本既大,又不患风波盗贼,货客无不乐从。"①"沙船自沪达津以月计,轮船自沪达津以日计"②"轮船四出,水脚愈贱,驾驶之灵,快捷十倍"③。

第二,具有制度优势。外国轮船公司大多数都采用了公司制形式,能够广泛募集资本,分摊风险。比如,大多数洋商轮船公司都吸纳了许多华商入股,几乎占到洋商公司资本总额的一半左右。这种"众擎易举"的制度使得外国轮船公司能够进行规模经营,降低成本,增加利润。再有,外国轮船公司大多建立保险制度,既能给船员们提供人身安全,又能够保障所运货物和旅客的安全。这对于屡遭天灾人祸的中国船运业来说,非常有吸引力。

第三,具有侵略优势。由于洋商对中国进行殖民侵略,和中国政府签订了许多不合理的条约,攫取关税、税收等特权,造成了中国商人的非国民待遇。这里最明显的例子就是内陆厘金问题。洋商只要在通商口岸一次交齐2.5%的子口税,则在内陆口岸畅通无阻,而中国商人则每过一个口岸,都要缴纳厘金和各种杂税。这无疑增加了中国商人的运营成本。

这些竞争优势必然造成中洋商船竞争中,中国商船的失败与衰退。

二 制度失衡:中国传统航运业的衰落

(一)中国传统产业的衰退概况

鸦片战争以后,成千上万的英美船只开到中国,大不列颠和美国的廉价工业品大量涌入,并在激烈的市场竞争中,凭借质优价廉将中

---

① 《筹办夷务始末》(咸丰朝)第30卷,第29—30页,故宫博物院影印1930年刊本。转引自聂宝璋编《中国近代航运史资料》第1辑下册,上海人民出版社1983年版,第1265页。

② 《筹办夷务始末》(同治朝)第86卷,第18页,故宫博物院影印1930年刊本。转引自聂宝璋编《中国近代航运史资料》第1辑下册,上海人民出版社1983年版,第1252页。

③ 交通铁道部交通史编纂委员会编:《交通史航政编》第1册,1931年,第139页。

国传统手工业排挤出去,占领了整个市场。

比如,1887年牛庄每包洋纱（300斤）价格为57两,而当地同量土纱的售价为87两①,几乎是洋纱的1.5倍。洋纱取代土纱,甚至使得江浙地区的大批纺织手工业者失去了工作。"自洋纱盛行,而轧花、弹花、纺纱等事,弃焉若忘。幼弱女子,亦无有习之者。"②再如,1865年,洋铁平均每担售价2.5两,这比土铁的成本还低,甚至有的地方洋铁成本要比土铁低一半。③在这种竞争优势下,洋铁凭借技术水平高、生产成本低且质量优良也迅速淘汰了土铁生产。此外,火油（煤油）取代了土油,洋染料排挤了土染料,火柴排挤了火石,洋面排挤了土面,洋糖排挤了土糖等。以"洋"字开头的东西,诸如洋灯、洋油、洋火、洋烟、洋布、洋面、洋车、洋船、洋房等,小到火柴大到汽车、轮船、楼房,都堂而皇之地出现在若大中国的每一个角落。其中,影响最大的要属洋船对木船的取代,即外国轮船运输业的蓬勃发展,而中国传统木船运输的逐渐凋敝。

（二）中国木船运输的凋敝

清末道咸年间,"中国航运业亦颇繁盛,往来华北沿海各区之帆船,约有一万四千至两万艘之谱,至驶经苏州及运河而至内地各处之帆船,为数亦复不弱"④。沿海沙船"聚于上海约三千五六百号,其船大者载官斛三千石,小者五六百石"⑤。沿江沿海的木船运输业都非常发达。

然而,五口通商之后,特别是在外国轮运公司的激烈竞争下,中国帆船货运的黄金时代一去不复返了。"在长江航行的大号帆船

---

① 严中平:《中国棉纺织史稿》,科学出版社1955年版,第72页。
② 《川沙县志》第14卷,参见周瀚宁《中国近代经济史新论》,南京大学出版社1991年版,第139页。
③ 彭泽益编:《中国近代手工业史资料》第1卷,中华书局1962年版,第175页。
④ 班思德:《最近百年中国对外贸易史》,《最近十年各埠海关报告（1922—1931年）》上卷,海关总税务司统计科译印,民国廿年（1932）,第38页。转引自聂宝璋编《中国近代航运史资料》第1辑下册,上海人民出版社1983年版,第1252页。
⑤ 齐学裘:《见闻随笔》第2卷,第12—14页。

的数目正逐渐减少，不仅内地商业处于悲惨状态，而且广州、福建、宁波、上海、山东和天津的帆船也日渐减少"，"以前这些帆船所获得的巨额利润已经全部被外国轮船夺取，偶然有一些零星货物的运输，目前也归了外国帆船"①。1861—1866 年，福州本地商船从 59 号减至 25 号，厦门商船从 40 号减至 17 号；泉州商船从 107 号减至 65 号；涵江商船从 16 号减至 5 号②，5 年间帆船竟然减去一半以上。成千上万的帆船闲置，等着烂掉。同时，由于大量帆船被淘汰，木船价格也急剧下降，一条原价 1.2 万两至 1.5 万两的木船，到 1866 年仅能卖到 800 两③，仅相当于原价的 6.67%。

这主要是因为洋商轮船公司采用了先进的轮船技术，质优价廉，能够安全快捷地运送货物，所以，几乎垄断整个豆石运输和非漕粮的其他沿海和内河航运。"以前这些帆船所获得的巨额利润全部被外国轮船夺取，偶然有一些零星货物的运输，目前也归了外国帆船。"④ 船商王永盛就曾向李鸿章解释商船亏本停泊的原因之一就是洋商挤占了沙船商人的主要货源，如"奉天等处杂粮米谷，向不准华商贩运，而洋商转得装运，往来独占其利"⑤。货源减少，货品价格提高，利润必然降低。再加上雇用木船运输货品的人都转向洋商轮船，所以，运费收入也持续下滑。这最终造成即使以前家道殷实者也不得不歇业破产的结局。对此左宗棠在 1866 年的一份折子中曾有所介绍："自洋船准载北货行销各口，北地货价腾贵。江浙大商以海船为业者，往北置货，价本愈增，比及回南，费重行迟，不能减价以敌洋商。日久销耗愈甚，不惟亏折货本，寖之歇其旧业。滨海之区，四民中商居什之六七，坐此阛阓萧条，税厘减色。富商变为窭人，游手驱为人役，并恐海船搁朽。目前江浙海运

---

① 《捷报》1871 年 6 月 16 日。
② 《经济研究所抄档》，转引自聂宝璋编《中国近代航运史资料》第 1 辑下册，上海人民出版社 1983 年版，第 1271 页。
③ 张后铨主编：《招商局史》（近代部分），人民交通出版社 1988 年版，第 9 页。
④ 《捷报》1871 年 6 月 16 日。
⑤ 《李文忠公全书·奏稿》第 8 卷，第 30 页，转引自聂宝璋编《中国近代航运史资料》第 1 辑下册，上海人民出版社 1983 年版，第 1268 页。

既有无船之虑，而漕政益难措手。"① 也就是说，由于洋商航运公司与沙船主的竞争，致使北方货物的价格上升，增加了沙船主的成本，再加上运输时间长，厘税过重，因此，即使货物运到南方也无法与洋商竞争，久而久之只能破产停业，如表3—3所示。

表3—3　　　1865—1895年各口岸往来中外轮船木船比较

年份	中国船 船只 只	中国船 船只 %	中国船 吨位 吨	中国船 吨位 %	外国船 船只 只	外国船 船只 %	外国船 吨位 吨	外国船 吨位 %
1865	547	3.4	39548	0.6	16054	96.5	7096753	99.4
1870	469	3.3	29939	0.4	13640	96.7	6877889	99.6
1875	2411	14.2	871439	8.8	14583	85.8	8996202	91.2
1880	7124	31.0	4828499	30.4	15846	69.0	11045853	69.6
1885	4345	18.5	2243534	12.4	19095	81.5	15824643	87.6
1890	10603	34.1	6334956	25.5	20530	65.9	18541503	74.5
1895	13014	35.0	5220121	17.6	24118	65.0	24516957	82.4

资料来源：聂宝璋：《中国近代航运史资料》第一辑上册，上海人民出版社1983年版，第323—325页。转引自《中国资本主义发展史》第二卷上册，人民出版社2007年版，第66页。

在竞争中优胜劣汰本是正常现象，然而，木船运输业的凋敝直接造成中国两项传统运输——豆石和漕粮运输的绝境。

（三）豆石和漕粮运输的困境

漕粮和豆石运输是中国木船运输业两项最重要的生意。其中，漕粮被看作是中国政府之命脉，被称作"天庚正供"，一切廪禄兵糈皆出于此。它是百官和士兵的俸饷，以及北方粮食的主要保障，"俸米旗饷，计日待食，为一代之大政"②。清代征收漕粮的省份主要是鲁、

---

① 《左文襄公奏稿》第13卷，第1页。转引自聂宝璋编《中国近代航运史资料》第1辑下册，上海人民出版社1983年版，第1270页。

② 《皇朝续文献通考》第75卷，国用考，第13页。转引自张后铨主编《招商局史》（近代部分），人民交通出版社1988年版，第10页。

豫、皖、苏、浙、赣、鄂、湘八省,而以江南六省所征南漕为主。豆石运输是指将东北和山东的大豆从牛庄、登州运往上海,转销东南各省。这两宗主要用沙船运输,是中国传统的两大宗贸易。每年沙船装上"南漕正耗四百余万石"①,运往天津,然后再装运豆石返程,往返都不空船,沙船乐此不疲。

道光年间,承运豆石的沙船有3000余只,在咸丰年间有2000余只,船工水手多达10余万人。②从1843年起,浙江举办海运。浙江首次海运漕粮,受雇出运的"北号"商船130余只,其中,一家单独派船6只以上的就有11家。当时为南北号服务的甬江码头的秤手、斛手、杠、挑力夫、修船、制蓬、打索的工匠甚至有一两万人③。承运的商船不仅可以获得数十万两银子的运费和数万石的耗米收益,而且按规定每次出运漕米可得二成免税货物(约合10万担),商船运漕抵津卸空后,又可以前往辽东装载油豆等北货南归(约100万担),所以获利颇多。

然而,鸦片战争后,外国航运势力开始侵入中国,传统的木帆船航运业务受到了沉重的打击。同治朝以前,洋商轮船已开始染指中国豆石转口贸易。第二次鸦片战争后,清政府正式"许开豆禁"④。此外,洋商还一直窥探并试图染指中国的漕粮运输。19世纪60年代初,琼记和旗昌公司都企图包揽漕运,因为仅此一项的盈利就相当于当时两家洋行全年盈利的3倍以上。⑤虽然包揽漕运的计划没有成功,但是外国船只却挤占了豆石运输市场。1862—1865年,到达牛庄的外国船只从86艘,27747吨,增至274艘,91118吨;到达烟台

---

① 《李文忠公全书·奏稿》第9卷,第61页。转引自聂宝璋编《中国近代航运史资料》第1辑下册,上海人民出版社1983年版,第744页。
② 《海防档》,购买船炮(三),第816页;《筹办夷务始末》(咸丰朝)第32卷,第16页;《筹办夷务始末》(同治朝),第28卷,第39页。转引自张后铨主编《招商局史》(近代部分),人民交通出版社1988年版,第9页。
③ 段清光:《镜湖自撰年谱》。
④ 《筹办夷务始末》(同治朝),第7卷,第49—50页。转引自张后铨主编《招商局史》(近代部分),人民交通出版社1988年版,第10页。
⑤ 张后铨主编:《招商局史》(近代部分),人民交通出版社1988年版,第11页。

的外国船只从 348 艘、10745 吨，增至 493 艘、173830 吨。① 大量外国轮船夹板涌进牛庄港，使该埠沙船进口量减少 1/3 以上②。曾经盛极一时的木船业逐步衰落，资本"亏折殆尽"，船只数量从道光年间的 3000 余只，降为同治六年（1867）的 400 余只③。

沙船业的衰落使漕粮运输几乎无利可图，没有商人愿意承担此项任务。北方出现了粮食危机，这直接关系到国家的安全问题。总理衙门在致李鸿章的信函中就强调"急需筹一美备之法"④。中国政府确实采取了一些措施，但收效甚微。

降低税捐。据报道，"自同治四年（1865）五月为始，凡沙卫等船进口助饷一捐，减三成完缴，其捕盗银两亦减三成核算。至各船装载油豆饼三项到沪，亦照向章减免三成，赴货捐局请缴，以示格外体恤。各局委员，务须督察扦手司事人等，不准额外需索，庶免实惠及商，以副本爵部院轸恤商船之至意，其各凛尊毋违，特示。"⑤

增加水脚费。曾国藩、李鸿章都曾建议给沙船增加运费。1867 年，曾国藩致总署："本届沙船，因每担加给一钱五分之水脚，颇形踊跃，除受兑之四百号外，尚多一百余号。从此递年增修，必可大有起色。……看此情形，沙船承运海漕，似可恃为长久之策，不至误事。"⑥

另一种办法就是重新修复并使用运河漕道，以及全部修复已经废弃的沙船。然而，李鸿章认为："六百余年之河运，无如穷其力之所至，不过仅运江北十万石，于事奚裨，且通塞迟速全听之天。……中国明有大江大海之水可以设法济运，乃必糜数千万财力与浊河争，前

---

① 张后铨主编：《招商局史》（近代部分），人民交通出版社 1988 年版，第 10 页。
② Great Britain Foreign Office, *Commercial Report from Her Majesty's Consuls in China, 1867-1870*, p. 54.
③ 《海防档》，购买船炮（三），第 861 页。转引自张后铨主编《招商局史》（近代部分），人民交通出版社 1988 年版，第 10 页。
④ 《总理各国事务衙门清档》，转引自吕实强《中国早期的轮船经营》，"中央研究院"近代史研究所 1962 年版，第 166—167 页。
⑤ 《上海新报》1865 年 2 月 6 日，第 447 号。
⑥ 《总理各国事务衙门清档》，转引自吕实强《中国早期的轮船经营》，"中央研究院"近代史研究所 1962 年版，第 166—167 页。

人智力短绌,后人仍乐于沿讹习谬,不思今昔时势之殊,不其慎乎。"① 而且,全部修复沙船开支约需银3000万两,另外,还需修建容积各为1万石的仓库400余座。②

但降低税捐、增加水脚费、修漕道、修沙船都需要庞大的开支,绝非当时财政拮据的清政府所能承担,也绝非长久之计。

综上所述,中外轮船公司之间的竞争主要集中在轮船技术、货源以及税收三大问题之上。中国木船运输处处劣势,不进行改革中国商人将面临破产,中国政府也将遭遇粮食危机与国家安全威胁。

第三节　制度距离

当中国的企业还局限在业主制、合伙制的传统模式时,西方企业制度已经迈进了现代公司制度阶段。中西企业制度形成了鲜明的对比,中国商人和政府眼界大开,产生了进行制度变迁的需求。

一　西方资本主义国家的公司制度概述

早在罗马帝国时期,西方就存在着类似公司的组织,它以股份有限公司的形式出现,向公众出售股票。这实质上是政府为支持战争而与其签订合同的具有合股性质的组织。从那时起,其经营就是营利性的。

股份公司一般都是由政府特许成立并拥有在国外某些地区的贸易垄断特权,可称为"股份合资公司"或贸易公司、合股公司、特许公司。这个时期著名的荷兰东印度公司于1602年创办成立。1610年,它就在其投资公告中首次使用了"股份"和"股东"的概念,并在1612年规定其股票兑现必须到股票交易所公开出售从而保证了公司的稳定性,因而被经济学家认为是最早的股份公司。它的产生对

---

① 《李文忠公全书·朋僚函稿》第13卷,第17—18页。转引自聂宝璋编《中国近代航运史资料》第1辑下册,上海人民出版社1983年版,第805—806页。

② 《李文忠公全书·奏稿》第9卷,第61页。转引自聂宝璋编《中国近代航运史资料》第1辑下册,上海人民出版社1983年版,第744页。

于资本主义经济有着转折性的意义。此后，各国纷纷建立公司制度。早在17世纪初，詹姆士一世就确认了股份公司的法人地位，并将股份公司与合伙制企业彻底分开，使公司的发展开始置于法律规范之下。1673年，法国国王路易十四颁布了商事条例。1826年，英国颁布条例，给股份银行一般法律认可。1834年，英国颁布《公司交易法》（Trading Companies Act）。该法一方面授权皇室可以向那些"未经许可公司"发放特许证书，而获得特许证书的公司同拥有特许状的"许可公司"一样，其公司领导人可以在法庭上起诉和被起诉；另一方面，该法还要求公司的所有成员都必须公开注册。1844年，英国颁布了《股份公司法》，1856年，《联合股份公司法》确认了公司可以实行有限责任原则。1857年，英国颁布《股份银行公司法》，并于第二年承认股份银行对其债务负有限责任。

美国第一次在法律上承认公司是1837年，美国康涅狄格州颁布了第一部一般公司法。该法规定一个简单的、标准的设立公司的程序。后来其他各州也先后采纳了这部法律，并颁布了新的规定：公司创办人不需得到州立法机构的特别许可，只需向州官员呈交一份确切的事实资料即可。1870年，《法国商法典》中也开始有了有关公司的一些规定。1892年，德国颁布了《有限责任公司法》，从法律上创立了一种新型的公司形式——有限责任公司。

而中国具有特许意义的第一家公司成立于1873年，而第一部公司法则颁布于1904年，可见，近代中国与西方国家在公司制度方面存在着很大距离，远远落后于世界公司制度的发展进程。这便产生了制度改革的冲动和需求。

二 华人对公司制度的初步认识

（一）对公司制度认识的主要来源

对公司制度的认识主要来源于两个途径：一是一些对西学有所了解的有识之士通过对西方文献的翻译，开始对公司制度有所认识；二是洋商在华公司的示范作用以及华商附股的实践认识。

曾经帮助林则徐翻译和介绍西方各国情况的魏源于1842年在

《海国图志》中首次提到了"公司"一词,指出"公司者,数十商辏资营运,出则通力合作,归则计本均分,其局大而联"①。1867年,毕业于耶鲁大学的容闳率先在上海筹划设立轮船公司,草拟了《联设新轮船公司章程》,共16款,主要内容包括:①公司本银40万两,分为400股,每股100两;②公司所用司事人等必均系有股份者,仍由众人抽签公举,每股一签;③每年12月15日集会,听取主事人报告当年营业状况及来年计划。同时检阅公司帐册,如有盈利,即按股分摊。② 这是迄今所见最早模仿西方股份制筹组股份公司的章程。但该章程在呈报清政府总理衙门审批时,由于多方掣肘,未能成为事实。此后,一些具有不同身份、不同经历、不同背景并接触西学的开明人士,如王韬、马建忠、薛福成、郑观应、陈炽、康有为、梁启超、严复等人或涉猎国外书籍,或曾游历、工作、留学于海外,或有着亲身公司实践的经历,他们相继著书立说,介绍倡导公司制。

洋商公司以及洋商公司中的华人附股对近代中国公司制度的建立产生了直接、间接的影响和示范效应。

首先,它不仅让国人看到而且亲身感受到了西方公司制度与传统企业相比的优越性。当西方商人进入中国时,他们几乎没有什么资本,全靠公司制度特有的从社会吸收资金的优越性创办和发展起来。例如,1861年3月,金能亨向旧金山购旧船"惊异号"时所需的4.5万元就是在他的"中国朋友与委托人"中筹得。后来,旗昌轮船公司开办时所需的100万元股本,也很快被中洋商人认购一空。该公司规模不断扩大,1867—1872年,旗昌轮船公司的船只由12艘(17388吨)增加到19艘(27769吨),资产总额从1961762两增加到3323901两③。这与中国传统企业创办资金少、企业规模小、资产增长速度慢形成了鲜明的对比。正如时人所指出的:"自通商以后,渐见西人经营事业皆极大,自顾不免赧然,于是试学其法,亦为股份

---

① 《筹海篇四》,载于《魏源集》下册,中华书局1983年版。
② 《海防档》,购买船炮(三),第873—875页。
③ 上海地方志办公室主编:《上海长江航运志》(http://www.shtong.cn/node2/node2245/node71341/node71350/ node71381/userobject1ai74907.html)。

之集。"① 中国人开始认识到股份制在资本筹集方面的优势，为近代中国公司制度的建立奠定了良好的基础。

其次，华商附股为近代中国培养了第一批懂得股份制公司运作的人才。一方面，较大的附股华商会出任董事以上职务，亲自参与公司的经营和管理活动。出于自身利益的考虑，他们会十分关心公司的经营状况，从而对公司资金的筹措方式、组织原则、运作机制、经营管理常识等方面逐渐有所认识。例如，中国第一家股份制公司——招商局的总办会办唐廷枢（唐景星）和徐润，就是从华商附股开始参与公司的经营与管理。在东海轮船公司最初招募的1650股中，唐廷枢一人占有400股，因此，被推选为股东代表、公司董事，甚至出任襄理。这都为他积累了丰富的、鲜活的经营管理经验，为以后管理招商局打下良好的基础。另一方面，洋商公司还招募了大量的中国普通员工，这也在相当程度上加速了股份制企业文化在中国的传播。

（二）对公司制度认识的主要方面及程度

从他们对公司制度的了解和介绍来看，对近代公司制度的认识主要集中在以下几个方面：

首先，关于公司制度的竞争优势与集资功能的感性认识。

魏源早在《海国图志》中就在区分"散商"与"公司"的基础上，肯定了公司制度的竞争优势。他指出"散商者，各出自货，自运自售，利害皆一人独当之，其势专而散。方其通商他国之始，造船炮、修河渠、占埠头、筑廛舍，费辄巨万，非一二商所能独任，故必众力易擎，甚至借国王资本以图之，故非公司不为功。及通市日久，垄断他商之路，挥霍公家之努，费愈重，利愈微，国计与民生两不利，则又惩公司流弊，而听散商自为之"②。

可见，公司制度与散商相比能够"数十商辏资营运"，即可以向社会发行等额股票，由公众根据自己的资产状况进行认购。富者多买，贫者少买，从而集中尽可能多的社会资本，扩大生产规模，提高

---

① 何立胜：《中外企业制度嬗变的比较研究》，中国财政经济出版社2004年版，第135页。
② 《筹海篇四》，载于《魏源集》下册，中华书局1983年版。

生产效率，赚取超额利润。

其次，关于公司制度争权分利之功能的认识。

中国官员和商人兴办公司的主要目的是"与洋商争衡"和"分洋商之利"。李鸿章曾以招商局为例指出："诚以商务应由商任之，不能由官任之，轮船商务牵涉洋务，更不便由官任之也。……惟因此举为收回中国权利起见，事体重大，有裨国计民生，故须官为扶持，并酌借官帑，以助商力之不足。"① 刘坤一也指出："该（招商）局本系奏办，在局员董由官派委，只以揽载贸易，未便由官出场与商争利。"② 可见，从公司制度兴办之初，它就承担了与洋商在华公司进行竞争，从而担负起富国救国的重任。

最后，公司治理结构包括股东、董事会和经理。虽然他们并不清楚治理结构中这三者的具体含义及其制约机制，但却对框架具有初步了解。

尽管在洋商公司的示范作用下，在华商附股的实践中，近代中国社会思想家首先形成了对公司集资的感性认识。但知识水平有限，实践经验不足，他们还没有认识到公司制度的实质，即法人地位、有限责任和公司治理。这必将影响他们对公司制度变迁路径的最优选择。

第四节　小结

中国传统的企业制度主要是业主制和合伙制。虽然不乏大型的百年老店，但是由于企业治理结构中的人合性以及集体第二方监督机制，企业规模相对较小。虽然有"股份"之称，但却没有股份之实，无法自发地产生公司制度。因此，近代中国公司制度是制度移植的结果。

鸦片战争中中国失败，清政府与外国列强签署了许多丧权辱国的条约。他们不仅得到大量土地和巨额赔款，而且还获得在华投资设

---

① 《李文忠公全书·奏稿》第36卷，第35—36页。转引自聂宝璋编《中国近代航运史资料》第1辑下册，上海人民出版社1983年版，第899页。

② 中国史学会编：《洋务运动》（六），上海人民出版社1988年版，第629页。

厂，并减免厘金的税收优惠政策。这种外生冲击一方面加剧了中国国内商品市场竞争，使中国传统产业破产，漕粮运输和豆石运输陷于困境，并危及京畿安全；而另一方面也向中国人展示了公司制度和技术进步所带来的潜在收益。这种原有制度收益下降，潜在制度收益上升，改变了原有的制度均衡状态，产生进行制度变迁的需求。

同时，公司制度在西方已经发展近二百年，并逐渐通过立法的形式确立下来。其筹集资本多、企业规模大、管理科学、经济效益好等优势在中西方交往中逐渐为中国商民所认识。他们通过翻译西方文献，或者通过华商附股等实践活动，认识和学习了公司制度知识和管理经验，产生进行制度移植的要求。

第四章　制度嫁接：官督商办特许公司制度的建立

"个体业主制—合伙制—公司制"是世界各国企业制度的共同发展趋势。公司制度起源和脱胎于传统合伙制，这是一个不争的事实。但是近代中国公司制度的发展不仅来自于中国传统的合伙制度，还受到外来公司制度的冲击和影响。这两股力量的合力作用促成了近代中国公司制度演进的鲜明特色。

第一节　华商的制度选择集合及其最优决策

一　华商的预期成本与预期收益概述

本书采取了较宽泛的商人[①]概念，既包括专门从事贸易活动的商人，如鸦片战争以后洋商企业和洋行中雇用的买办商人和一直存在的贩运商人，也包括那些在中国传统手工业、航运业、金融业从事经营活动的人，如晋商、徽商、盐商、漕运商等，还包括近代中国企业中的董事、总办、会办或经理等企业家。就航运业来讲，既包括专司轮船运输的船主，也包括专司商品买卖的货主，或者两者集为一身的商人，本书统称为航运商人。他们的目标都是追求预期净收益最大化，也就是预期收益与预期成本差额的最大化。

就预期成本而言，主要包括购买或租雇船只、购买货物以及雇用

[①] 《大清钦定商律》中规定，凡经营商务、贸易、买卖、贩运货物者均为商人。

工人等直接成本，各种捐税以及投资于其他行业所获得的机会成本。

（1）购买或租雇船只、购买货物以及雇用工人等直接成本。原来一条木船的价格为1.2万两至1.5万两，但由于外国轮船的冲击，到1866年只要800两①，到1881年，一条十全十美的好木船要9000元左右②。资本折旧也非常快，"半年不行，由朽而烂，一年不行，即化有为无矣。"③ 每年的修船费用大约200元；航行八年之后，一般都会更换船底，有时等同于重新建造。④ 每条船上的船员少则六七人，多则三四十人。他们在船上每天的吃喝用度，以及事前支付的一部分工资都是商船的主要成本。再加上商船还要向行会缴纳一定的会费（如每条船进入宁波港需要向行会缴纳100元⑤），用于赎救被海盗绑架的船员或给死于海盗之手的船员家人以抚恤金。至于购买货物的本金，由于豆石开禁，竞争增加，买入价普遍抬升。

（2）捐税，如以助饷捐输和捕盗银等交换官方的公正与保护。1862年，清政府规定，对中国商船除原定征收商税、船钞外，又增加"十四等捐输充饷，自三百担银二十五两起，其四百担以上之船，每二百担加捐银二十五两，以次递推，按等缴捐。捕盗银两，仍照等次，以四人核算，连年办理各在案。"⑥ 此外，木船每年还要缴纳注册费，16元至36元不等，缴纳一小笔年税来代替吨税。如果进行商品买卖，则还要在各内地口岸缴纳厘金和其他杂税。这就是说，"每一号沙船出洋，非先捐数百两或千两以外不可"⑦。

---

① 张后铨主编：《招商局史》（近代部分），人民交通出版社1988年版，第9页。
② Trade Reports, 1881年，淡水，第9—10页。转引自聂宝璋编《中国近代航运史资料》第1辑下册，上海人民出版社1983年版，第1261页。
③ 《筹办夷务始末》（同治朝）第28卷，第41页，故宫博物院影印1930年刊本。聂宝璋编：《中国近代航运史资料》第一辑下册，上海人民出版社1983年版，第1314页。
④ Trade Reports, 1881年，淡水，第9—10页。转引自聂宝璋编《中国近代航运史资料》第1辑下册，上海人民出版社1983年版，第1261页。
⑤ Trade Reports, 1869年，宁波，第69—70页。转引自聂宝璋编《中国近代航运史资料》第1辑下册，上海人民出版社1983年版，第1261页。
⑥ 《上海新报》1865年2月6日，第447号。转引自聂宝璋编《中国近代航运史资料》第1辑下册，上海人民出版社1983年版，第743页。
⑦ 《总理各国事务衙门清档》。转引自吕实强《中国早期的轮船经营》，"中央研究院"近代史研究所1962年版，第131页。

(3) 机会成本，即这些资本如果不用于投资沙船运输业，而是投资在高利贷、土地投资等方面可以获得的收益。一般当时高利贷的年利率可达到 10% 左右，土地收益虽然有些较低，但是也在 2.5% 以上。

而就预期收益而言，主要来自于运费收益和商品买卖差价等，即将其他货商或者客人送往某地的费用——运费，以及自身作为商人低买高卖所赚取的利润。

这在漕运中非常明显：南漕北运由政府支付给沙船每担近 10 钱银子的水脚费，同时允许他们从天津等地购买油豆饼运往南方销售。前者便是运费收益，而后者则是商品买卖收益。

根据第二章的理论框架，制度能够发生变迁的前提条件就是新制度所产生的预期收益净现值将大于现有制度的预期收益净现值，即 $PV_i > PV_0$。现在将预期净收益简单地等同于预期收益减去预期成本，如图 4—1 所示。

　　　预期收益：运费和买卖差额
－　预期成本：购买船只和支付工资的资金
　　　　　　　税收以及官府的维持费用
　　　　　　　机会成本（高利贷利息、土地地租
　　　　　　　或其他投资所得）
────────────────────
　　　预期净收益

图 4—1　华商的预期成本收益

由于中外航运业的激烈竞争，致使中国航运业现有制度的预期净收益现值急剧下降，甚至在某些地方趋近于零，或者负值。面对这种制度需求的变化，中国航运商人要么采取增加收益的制度，要么采取降低交易成本的制度，或者双管齐下，才能将潜在利润内在化。

二　增加收益的制度选择：垄断

对于商人而言，增加预期收益是其首选，即通过提高运费和商品价格来增加预期净收益现值。但由于在中国市场上除了中国航运商人以外，还有一个巨大的竞争对手——洋商轮船公司，因此，直接提高运费和商品售价几乎不可能。相反，洋商轮船公司凭借轮船的技术优势及其国家的侵略优势，通过抬高收购价降低售出价，抢占了华商的大部分货源，如山东的油豆饼运输、奉天的杂粮运输等。因此，中国商人增加收益的办法只剩下垄断。于是，华商和有些大臣纷纷上奏朝廷，请求给予华商以垄断某种贸易的特权。

1862年年初，船商王永盛等联名禀告江海关道吴煦，请求禁止洋商承运牛庄豆石，并将上海一埠的豆石运输，专归华商承办。1864年，沙船商人再次联名禀告江海关道丁日昌，再次请求"专将上海一口豆石，仍归内地商人运销"。① 李鸿章等大臣也表示赞同，并上奏朝廷："素悉奉天等处，杂粮米谷出产最多，进本较轻，现在江浙虽已肃清，开垦荒田，尚未一律成熟。米粮腾贵，民食维艰。拟请以杂粮米谷与油豆饼并行贩运，庶资本轻重均可营生，沙船不致全停，民食更资接济。惟奉天等处杂粮米谷，向不准华商贩运，而洋商转得装运，往来独占其利。伏查通商税则米谷杂粮，不拘内外土产，不分何处进口，皆不准运往外国，惟欲运往中华通商别口，则照铜钱一律办理等因。是米谷杂粮，既准外国商船装运，中国商船似可援照准办，亦系此口运至彼口，与例相符。"②

可见，清朝商人和大臣们已经认识到在豆石运输方面中国国民的不平等待遇，并提出了沿用旧法垄断经营的主张。然而，华商垄断经营的制度虽好，比较直接，见效也非常快，但是阻碍成本极大，受到了外国列强的无理反对和强烈阻挠。两次鸦片战争都是实施海禁，不允许外国商人染指中国贸易，华商自行垄断的结果。在领土完整和主权完整的清前期，垄断尚且遭此恶果，更何况清后期中国已经沦为半殖民地半封建社会，外国商人已经成为中国土地上一个非常重要的利

---

① 张后铨主编：《招商局史》（近代部分），人民交通出版社1988年版，第9—10页。
② 《李文忠公全书·奏稿》第8卷，第30页，转引自聂宝璋编《中国近代航运史资料》第1辑下册，上海人民出版社1983年版，第1268页。

益集团。而且在朝廷上洋商集团的游说实力往往大于中国商人集团，所以，损害洋商集团利益增加华商集团利益的垄断主张根本无法通过。

三 降低预期成本的制度选择：诡寄经营和华商附股

增加预期净收益现值的第二种制度变迁尝试就是降低交易成本。而在当时华商的预期成本中最大的两部分就是购买或租用船只的直接成本和政府税收。首先介绍税收不平等所造成的华商船运的高成本问题。

1853 年，清政府为了筹措镇压太平军的军饷开征厘金，到 1861 年，全国已有 19 个省份推行了厘金制度。最初，厘金分行厘（活厘）和坐厘（板厘），前者为通过税，征于转运中的货物，抽之于行商；后者为交易税，在产地或销地征收，抽之于坐商。后来名目逐渐增多，出现了指捐、借捐、亩捐、房捐、铺捐、船捐、饷捐、卡捐、炮船捐、堤工捐、草捐、芦荡捐、落地捐等。厘捐征收关卡也纷纷建立，如 19 世纪 60 年代初期，湖北省所设厘金局卡曾达 480 余处[1]，在苏州大运河上，几乎每隔 10 英里就有一个厘卡[2]。据推测，全国局卡在此期间可能达到 3000 左右。[3]《申报》评论道："厘卡之多，犹不止倍于税关之数，其司事巡丁之可畏，亦不止倍于税关之吏役。"

最初，厘金税率一般为值百抽一，但实际上，各地极不相同。从名义税率来看，有的省份名义税率只有 1%，如黑龙江、奉天等，有的省份税率则高达 10%，比如，浙江、江西、福建，而大多数省份税率维持在 2% 左右。但由于征收方式不同，有的遇卡完捐，有的只征收一次，还有的采取两起两验，因此，各地实际厘金税率差异更大。比如，江苏税率虽然只有 5%，但由于遇卡完捐，因此，实际厘

---

[1] 《光绪六年四月甲寅李瀚章折》，《东华续录》第 34 卷，第 12 页。转引自罗玉东《中国厘金史》，商务印书馆 2010 年版，第 37 页。

[2] 汪敬虞主编：《中国近代经济史（1895—1927）》下册，人民出版社 2000 年版，第 2166 页。

[3] 罗玉东：《中国厘金史》，商务印书馆 2010 年版，第 88 页。

金很少低于10%，是当时厘金税率最高的省份；其次是福建、浙江和江西，它们都采取两起两验，税率在10%以上；再次则是广东、安徽、湖北、广西、湖南、甘肃、云南等省，平均税率在5%—8%；只有个别省份低于4%。可见，当时厘金税率最高可高达20%以上，最低只有1%。① 因此，时人揭露说："各省厘捐章程不一，大约厘之正耗，较常税加重。"以福建茶叶运销茶厘税为例，从初征时期每百斤茶叶征收一钱四分八厘五毫，增至同治四年（1866），每百斤茶叶征收二两四分八厘五毫②，几乎增加13倍。

然而，洋商却享有殖民特权，洋货进入内地销售或洋商从内地收购土货出口，只需一次缴纳2.5%的子口税，即可通行全国，而不再征税。甚至后来演变成凡持有洋货的商人均申请子口税单。这种不平等致使华商的预期成本高出洋商数倍、数十倍。即使在相同货源、相同进价、相同技术手段的基础上，仅此一项华商商品就不具有竞争力，华商衰败破产的竞争结果也就是必然的了。

对此，商人的对策之一就是推动政府减免税收。如1895年商人曾提出："此时可以照完厘金，将来洋人小轮行驶时，亦欲比照一律，只完正半税。以免轩轾。……如不允，则彼亦不愿承办。"即按照对待洋商的办法：加收进口税的一半，即可免征厘金。然而，厘金收入是地方财政收入的重大进项，是地方大员直接可以调用之资本，是确定地方官员实力的标志。根据罗玉东先生的整理与推算，江苏、浙江、江西、福建、安徽、湖南、湖北、广东、广西、河南、山东、山西、陕西、甘肃14省，1869—1874年厘金收入基本保持在年均1500多万两，1875—1894年略有所下降，但也在1400万两，此后厘金收入再次增加，提高到1600万两以上，甚至在光绪末年增至1900万—2000万两以上。③ 如此巨大的财政收入，是湘淮军等各地军队军费、外债摊派以及国政费和省政费的主要来源。地方官员怎肯轻易放

---

① 罗玉东：《中国厘金史》，商务印书馆2010年版，第66—68页。
② 《福建财政说明书》，第325页。转引自郑学檬主编《中国赋役制度史》，上海人民出版社2000年版，第633页。
③ 罗玉东：《中国厘金史》，商务印书馆2010年版，第196页。

弃。如署理两江总督张之洞对商人减免厘金的要求便嗤之以鼻，指出"内河小轮比照洋轮完税一节，自系万不可行，岂有无故自弃厘金一半之理？……华商小轮运货……均应完厘……该商肯遵办，则准设。不遵，则不准也。"①

也就是说，根据华商集团的制度需求，裁撤厘金是解决问题的关键，但是由于地方官员是厘金制度的最大受益者，必然对厘金裁撤进行阻挠。而在中国传统的中央集权封建社会中，地方官员利益集团显然比华商集团拥有更大的谈判能力，所以，这种制度需求由于阻碍成本太大根本无法实行。

既然无法通过合法手段裁撤厘金，那么商人只有通过"非法"手段——诡寄经营，即借洋人名义绕过厘金来降低交易成本。诡寄经营就是华商作为主要投资者，或者通过雇用洋商轮船，或者通过自置轮船挂洋旗，借助外国人势力进行经营的活动。

第一种诡寄经营是租用外国商船。1865年，到达牛庄的274艘外籍船只中，有237艘是华商租雇的②，几乎占到外国船只的86.5%。其他地方也是如此。德国船主由于把大量船只租给华商经营，每条船一年就能赚到1.2万—1.5万塔莱尔的净利。③

第二种诡寄经营是在自有轮船或木船上悬挂租来的外国国旗或利用洋人护照假托为洋人所有。也就是华商将自有轮船或木船出售给洋人，再让洋人以高得多的价值抵押给华商。从而华商既能享有洋商所有带来的好处，又能真正掌握这艘船。早在1859年就有一艘中国轮船"美利号"，挂着美国国旗航行于香港澳门之间的航线。航行于长江线的"惇信号""洞庭号"和"汉阳号"大部分为华商所有。④ 19世纪70年代初，唐廷枢也购置了"满洲""永宁"等轮船，挂着洋

---

① 《张之洞全集》第八册，河北人民出版社1998年版，第6603、6608页。
② 《海关贸易报告》1865年，牛庄，第14页；烟台，第36页，转引自张后铨主编《招商局史》（近代部分），人民交通出版社1988年版，第16页。
③ 张后铨主编：《招商局史》（近代部分），人民交通出版社1988年版，第17页。
④ 聂宝璋编：《中国近代航运史资料》第1辑下册，上海人民出版社1983年版，第1351—1353页。

旗在长江航线开展轮运业务。

诡寄经营活动在木船运输中也大量存在，如"亚罗号事件"中的肇事船只就是悬挂英国国旗的中国船。1861年下半年，在上海关册中登记的"宁波小船与汉口沙船中有193只悬挂英国国旗，129只悬挂美国国旗，有50只悬挂其他国国旗"。① 1865年，离开汉口的木船中有103艘，其中，持有英国护照的船只有32艘，持美国护照的51艘，其他登记为其他国籍。② 而这些船绝大部分都是中国商人所有，并不是外国商船。

而进行诡寄经营的成本就是支付给洋人的租旗和租照费用。就划艇而言，一个洋人通常都是接受约100元钱来宣誓该船为其所有，或者每月接受40—50元作为充当名义船长的代价，或者每次航行接受10元来办理装货和卸货手续，与海关发生纠纷时由他出面。③ 就帆船而言，中国船主一般付给某一洋人38—80元④，要他伪称租赁了这只船，从而得到一个类似洋人船只的待遇。就长江的木船来讲，一般每条船为一面外国国旗和一份外国护照支付50—200两白银。⑤

华商的诡寄经营活动给清政府的财政收入造成了巨大的损失，一些华商"冒充洋商，拒不交税纳厘，并于购买土货后沿途销售，任意偷漏税饷，各关口无从稽查，殊于内地税课有碍"⑥。19世纪60年代初，华商的诡寄经营活动引起了清政府的注意和重视，一些洋务派官僚对此更是极为关注。

---

① ［美］马士：《中华帝国对外关系史》第1卷，张汇文等译，上海书店出版社2000年版，第460—462页。

② Commercial Reports, 1865年，汉口，第132—133页。转引自聂宝璋编《中国近代航运史资料》第1辑下册，上海人民出版社1983年版，第1329—1330页。

③ Commercial Reports, 1881年，汉口，第20页。转引自聂宝璋编《中国近代航运史资料》第1辑下册，上海人民出版社1983年版，第1331页。

④ 同上。

⑤ ［美］马士：《中华帝国对外关系史》第1卷，张汇文等译，上海书店出版社2000年版，第460—462页。

⑥ 《通商章程成案汇编》第8卷，第15页。转引自张后铨主编《招商局史》（近代部分），人民交通出版社1988年版，第17页。

就购买和租用船只的直接成本而言，中国传统木船虽然初始购船成本较低，但资本折旧率较高，单位运输成本也较高。与中国传统木船相比，外国轮船由于船只较大，技术性能较高，因此，单位运输成本较低。比如，1865年中国轮船和木船共有547只，总吨位为39548吨，平均每船只有72.3吨；而外国轮船和木船总量达16054只，总吨位为7096753吨，平均每船有442.1吨。[①] 中国船运业中能够抗御风浪的轮船也较少。直到1872年海关登记的进出口船只中还没有一艘轮船是中国轮船，而外国轮船已经有9711艘。[②] 轮船运输方便快捷，具有规模经济，可以降低单位运输成本，于是中国商人降低运输成本的办法之二便是购买轮船进行沿江和沿海运输。

然而，轮船运输初始资本投入较大，开办轮船公司少则几十万两白银，多则上百万两白银[③]，因此，必须采取商人集资法、风险共担的办法。于是1868年，沙船商人赵立诚、华商吴南记等都向曾国藩、丁日昌等地方大员申请"集资购办轮船试行漕运"，创办新式轮运企业。吴南记指出，可以"集资购买轮船四只，试行漕运，以补沙船之不足，其水脚一切，悉照海运定章，无需增加"。[④] 这一计划遭到曾国藩的批驳，未获批准。与此同时，前任常镇道许道身也向曾国藩递说帖："亦系招商集资购买轮船，其说以春夏承允海漕，秋冬揽装客货。"但也被曾国藩拒绝了，他说："海漕仍需先尽沙船，其次或用轮船或用夹板，并未许以全漕概用轮船。"[⑤] 可见，这一时期中国政府和地方官员还没有认识到集资购买轮船的重要，或者迫于传统漕粮运输业的压力，堵住了商人自身集资开办轮船公司的可能性。

[①] 参见聂宝璋编《中国近代航运史资料》第1辑上册，上海人民出版社1983年版，第323—325页，转引自许涤新、吴承明主编《中国资本主义发展史》第2卷，人民出版社1990年版，第66页。

[②] 聂宝璋：《中国近代航运史资料》第1辑下册，上海人民出版社1983年版，第1302—1303页。

[③] 参见许涤新、吴承明主编《中国资本主义发展史》，人民出版社2007年版，第108页表格。

[④] 张后铨主编：《招商局史》（近代部分），人民交通出版社1988年版，第22页。

[⑤]《曾文正公全集》批牍卷六，第75页。转引自张后铨主编《招商局史》（近代部分），人民交通出版社1988年版，第21页。

既然自己开办公司行不通，华商只好将资本投入在华洋商公司，攫取新制度形式所带来的潜在利润。早在19世纪50年代末，就有少量买办商人在外资轮运企业中附股。参见表4—1，1859年，琼记洋行订购的"火箭号"轮船的造价中就有10%的资金来自中国商人。19世纪60年代以后这一现象更为普遍。

表4—1　　1859—1872年华商附股洋商轮船公司情况

时间	洋行或公司名称	轮船与资本额	华商与投资额	备注
1859年	琼记洋行	"火箭号"10万元	1万元	
1860年	清美洋行 Holmes and Co.	"天龙号"63750两	李振玉、高顾三	
1862年	旗昌轮船公司 Shanghai Steam Navigation Co.	"惊异号"4.5万元 增至32万元 增至100万元	17万元 50多万元	1864年股东大会中有9名华商，如陈怡春、顾春池
1864年	琼记洋行 A. Heard and Co.	"金山号"17万元 "江龙号" "休王那达号"	7个华商，4.5万元 2个华商 10个华商	
1865年	省港澳轮船公司 Hongkong, Canton and Macao Steam Boat Co.	75万元	郭甘章、李新（译音）、彭鹏（译音）、邢泰蕃	郭甘章、李新和彭鹏都出任过董事
1867年	公正轮船公司 Union Steam Navigation Co.	开办资本17万两 "椁信号"、"罗拿号"	郭甘章、唐廷枢、李松云和郑观应等	1869年股东大会5名中国股东代表
1868年	北清轮船公司 North China Steamer Co.	额定资本30万两，实收19.4万两	1/3为华商认购	唐廷枢是华股代表，董事
1871年	美记洋行 Hüller, H. and Co.	"洞庭号"	主要是中国人所有	唐廷枢有股份
1871年	马立师洋行 Morris, Lewis Co.	"汉阳号"、"富沙白里号"	主要是中国人所有	唐廷枢有股份
1872年	东海轮船公司 China Coast Steam Navigation Co.	"天龙号"、"南浔号"、"罗拿号"，第一批入股的1650股	唐廷枢700股（自有400股）、阿魏（译音）有235股	唐廷枢、唐茂枝为华股董事，唐廷枢曾出任襄理

资料来源：根据汪敬虞《十九世纪外国侵华企业中华商附股活动》，《历史研究》1965年第4期，第39—45页内容归纳而得。

从表4—1可以看出，在洋商的轮船公司中，华商是比较活跃和坚定的组成部分，甚至形成"有华商兴，无华商亡"的投资局面。例如，英国天长洋行（W. R. Adamson and Co.）于1862年组建中日轮船公司时就因为无华商响应，而宣告破产。[①] 而在投资华商中买办商人和外贸商人较多，如陈怡春和顾春池都是旗昌洋行的买办，郭甘章是广东大买办商人，唐廷枢是怡和洋行买办，李松云是公正轮船公司买办，郑观应是宝顺洋行买办。而从事传统沙船运输的商人附股洋商轮船公司的较少。这可能是因为沙船商人本小利薄，即使投资，资本较少，在统计数据中也不明显，也可能是沙船商人受到了转换成本的阻碍，即这些商人已经购置了木船，改为轮船运输将增加其转换成本，因此，进行集资购买轮船的动力不足。

四 华商的最优选择

政府（中央、地方）、华商和洋商的多边博弈最终确立了华商的市场边界。现在假设需求变动前买办商人遵守现有制度的预期净现值为 PV_{mai}^{0}，而传统商人（尤其是指沙船商人）遵守现有制度的预期净现值为 PV_{sha}^{0}。

当需求变动，制度失衡之后，如果现有制度不变，且商人遵守现有制度的净收益现值为：买办商人继续维持与外国人关系，实施收益与实施成本和维持成本都没有发生变化，因此，其遵守现有制度的净收益现值继续为 $PV_{mai}^{zun} = PV_{mai}^{0}$。但对于传统商人，特别是沙船商人来说，继续遵守现有制度的净收益现值却因沙船行业的凋敝而减少，虽然维持与调整成本不变，甚至中央曾经有一阶段增加沙船运费和降低费率，对维持原有净值作用都十分有限。因此，这意味着不进行改革他们本身的净收益现值就会减少，即 $PV_{sha}^{zun} < PV_{sha}^{0}$。

如果现有制度不变，而商人不遵守现有制度，购买轮船诡寄经营在洋商之下，或者投资在洋商公司中。那么，商人能够得到技术变革

---

① Liu Kwang Ching, *Anglo – American Steamship Rivalry in China*, 1862 – 1874, Cambridge, Mass. : Harvard University Press, 1962, p. 25.

和规模经济所带来的超额利润，即 $Rs^{buzun} > Rs^0$。同时，由于得到洋商的庇护，只需要他们支付给洋商一定的租旗费或者投资于其公司，他们享有与洋商同样的权力，即用一次支付 2.5% 的子口税替代了内陆各种厘金、杂役和封建官僚的各种盘剥，$Csw^{buzun} < Csw^0$，因此，商人（买办商人和传统商人）的净收益现值为：$PV^{buzun} > PV^0$。正因为如此，商人诡寄经营和华商附股才会屡禁不止。

如果现有制度改变，但只是边际调整，即允许商人成立私人股份公司，但其他制度不变。商人遵守新制度，便会享有新技术带来的规模经济的超额利润，即 $Rs^{zun}_{xin} = Rs^{buzun} > Rs^0$，但是要继续忍受内陆各口岸厘金的层层盘剥，各种杂役和封建官僚的盘剥，则 $Csw^{buzun} < Csw^0 = Csw^{zun}_{xin}$。也就是说，商人遵守新制度的净收益现值大于需求变动以前的净收益现值，但小于现有制度下不遵守的预期净收益现值，即 $PV^{buzun} > PV^{zun}_{xin} > PV^0$。若商人不遵守新制度，则会与现有制度下不遵守情况一样，即 $PV^{buzun}_{xin} = PV^{buzun} > PV^0$。

所以，得出 $PV^{buzun} > PV^{zun}_{xin} > PV^0$，商人最佳选择就是在现有制度中进行诡寄经营或华商附股。除非政府能够给商人提供一种至少和洋人所提供的一样的环境，否则即使政府进行了制度改革，商人也不会遵守。

从制度变迁的角度来说，商人认识到了轮船这种新技术的规模收益优势，有建立新制度——集资购买轮船、组织公司的需求，但是这种制度模仿的引入成本高（需要不断说服政府官员，得到他们的许可），因此，他们虽然可能是制度变迁的最大受益者，但却不是制度的供给者。

第二节　政府主导型的制度嫁接

政府是制度的主要供给者。根据第二章的理论分析可知，只有新制度的预期净收益现值超过了现有制度的净收益现值，即 $PV > PV^0$，才会产生新制度供给。当然符合这个条件的制度很多，最终会选择什么制度，则完全取决于预期净收益现值的最大化，即 $PV^k =$

max($PV^0, PV^1, PV^2, \cdots, PV^n$)。

一 清政府实施制度嫁接的预期收益分析

根据广义经济人①假设,由于国家政府的预期收益是多方面的,因此,最大化目标也是双重的。一方面表现为争取更多更稳固的政治支持,实现政治目标最大化。政府,无论是中央政府还是地方政府都期望新的制度安排能够赢得更加广泛的支持,保持其统治集团在权力较量中始终处于核心支配地位,有效地排斥对其统治权力构成潜在或现实威胁的国内外政治竞争势力。另一方面则表现为追求最大的经济利益,即通过确定增加经济利益的产权结构或减少交易成本,促进经济增长,实现财政收入最大化。财政收入是作为公民对政府所提供的产权设计和公共服务(保护、公正)的报酬。②当然,由于存在着竞争约束和交易费用约束,"在统治者最大限度增加其租金的所有制结构同减少交易费用和鼓励经济增长的有效率的制度之间,一直存在着紧张关系。这一基本的二元结构,是社会未能经历持久的经济增长的根本原因。"③

鸦片战争的失败与洋商在华企业的开办,不仅增加了与中国商人之间的竞争,而且也加剧了外国列强和中央政府之间的竞争,给清政府带来了诸多的负效用。

首先,漕粮运输受到威胁。漕粮运输是"天庚正供",关系到京畿皇室、官员以及士兵的温饱问题,因此被中央政府视为头等大事。然而,由于豆石运输为外国商人所抢夺,中国传统沙船业凋敝,使得传统漕粮运输成本陡然增加,但又不能租雇外国轮船运输漕粮,因

---

① 广义经济人假设是由张旭昆提出,并详加解释。他认为广义经济人所追求的不单纯是货币收益(或可用货币计量的收益)的最大化,而是若干目标的加权平均值的最大化。在这若干目标当中,包括货币收益、社会政治地位、个人的声望名誉、由利他行为带来的快乐,等等。各目标的权重,不同人往往有不一样的选择,取决于个人的偏好,参见张旭昆《制度演化分析导论》,浙江大学出版社2007年版,第180页。

② 杨瑞龙:《论制度供给》,《经济研究》1993年第8期。

③ [美]道格拉斯·C. 诺思:《经济史上的结构和变革》,厉以平译,商务印书馆1992年版,第25页。

此，漕粮几乎无船可运。这直接威胁到中央政府的统治安全。

其次，政治支持最大化的目标也受到了极大的威胁与挑战。鸦片战争使中国沦为半殖民半封建社会，虽然在形式上中国还是一个中央集权制国家，只有一个中央政府，但却存在两个潜在的竞争集团，即统治长江达 14 年之久的太平天国，和一直挥之不去的外国列强，特别是后者直接威胁到了中央政府的权力中心地位。它们迫使清政府签订了丧权辱国的条约，出卖国家权力，与清政府分享国家的统治权。清政府在制定国内经济政策时，无不要考虑到外国列强在华的利益，如商人对垄断权的谋求就因遭到外国列强的反对而中途破产了。

最后，由于外国商品倾销和外商企业竞争，中国民族产业凋敝，清政府的财政收入锐减。政府本是用公平、安全和保护交换财政收入的，然而，19 世纪五六十年代，清政府遭遇了内外双重打击，既无法为国民提供安全，获得充足的田赋收入，也无法保护本国商民免受外国商人的竞争，获得更加灵活的商业税收。当它给予外国商人子口税的优惠而使本国商民处于非国民待遇时，中国商民便只有通过华商附股或诡计经营逃避厘税。由于进出口关税和子口税总量与厘金总量受多重因素的影响，比较起来相对困难，我们以镇江砂糖进入情况来说明子口税的影响，希望窥一斑而见全豹。1866—1870 年，外国砂糖在镇江砂糖市场的份额从 11.9% 提高到 75%，这种迅速倒转并非因为外国砂糖产量的增加，而是中国砂糖经香港转口而造成的。这是因为中国砂糖出口到香港再作为外国砂糖进口时只需要缴纳两次正税和一次子口半税共计 12.5%，再加上一些运输成本。而镇江的砂糖厘税为 13.5%，南京的为 7.8%，还有无数其他厘卡的征收，相比之下厘金税率几乎是子口半税的 2—6 倍。[①] 虽然厘金和子口税分属于地方和中央财政收入，有所抵减，但由于税率的 1—5 倍之差还是严重损害了中国的总体财政收入。"中国商品独不得私造轮船，至假托外洋旗帜，每年阴缴旗费若干金，是洋商报效于其国，而华商又附股

---

① ［日］滨下武志：《中国近代经济史研究》，高淑娟、孙彬译，江苏人民出版社 2006 年版，第 393 页。

于洋商。自有之利,授之他人,未免可惜。"①

由此看来,原有的制度形式已经无法给清政府带来足够的现金流,清政府的政治目标和经济目标都受到了极大的威胁。现有制度实际收益的减少,无疑增加了进行制度变迁的预期收益。但新制度安排会不会出台,还取决于制度供给的预期成本。

二 清政府实施制度嫁接的预期成本分析

对于清政府来说,解决上述问题主要有以下几种办法。

其一,直接全面裁撤厘金,使华商与洋商享有相同的子口税待遇。这种办法将从根本上消除华商诡寄经营的理由,减少华商的经营成本,彻底解决华商诡寄经营的问题。但裁撤厘金大幅度消减了地方的财政收入,这必然遭到地方大员们和各省官员们的强烈反对,阻碍成本极高。而且从总税收收入来看,用 2.5% 子口税代替累计超过 10% 的厘金税无疑也会减少财政总收入。更何况这些厘金税本是帮助地方维持军队、保护国家安全的,一旦裁撤,中央政府不得不再从国库中抽取一定份额给地方养兵。因此,这种办法非但不能增加中央政府的预期收益,反而会减少预期收益。这就是厘金税一直到民国后期也没能取消的真正原因。因此,这种办法不可行。

其二,由政府组建国营轮船公司,经营漕运等运输业务。国营企业固然可以解决漕运问题,保证京畿安全,但创立成本过高,前期投入太大。特别是当洋务派所建立的国营兵工厂效率低下,运营成本高昂引起争议后,提出这一想法必然激化矛盾,阻碍成本太高。例如,江南制造总局和福州船政局便因自身耗费巨大,船成之后还要负担保养、训练费以及在船官兵的薪饷,再加上管理不善等原因,开支巨大,单靠政府拨给的经费已不敷维持。这引起内阁大学士宋晋等人的强烈不满,奏请裁撤两局。他指出:"闽省连年制造轮船,闻经费已拨用至四五百万,未免靡费太重。此项轮船,将

---

① 《招商局档案》,参见《新辑时务汇通》第 16 卷,第 7 页,转引自聂宝璋编《中国近代航运史资料》第 1 辑下册,上海人民出版社 1983 年版,第 1381—1382 页。

谓用以制夷，则早经议和，不必为此猜嫌之举，且用之外洋交锋，断不能如各国轮船之利便，名为远谋，实同虚耗；将谓用于巡捕洋盗，则外海本设有水师船只……将欲用以运粮，而核其水脚数目，更比沙船倍费。每年闽关及厘捐，拨至百万，是以有用之帑金，为可缓可无之经费，以示直隶大灾赈需，及京城部中用款，其缓急实有天渊之判。……江苏上海制造轮船局，亦同此情形。应请旨饬下闽浙两江督臣，将两处轮船局，暂行停止。"① 因此，再建国营轮船公司必然会遭到激烈的反对。

不仅如此，国营轮船公司垄断漕粮等运输，必将与华商争利、与洋商争利，遭到国内外商人的联合反对。由此可见，官办轮运公司阻碍成本太大，几无可行。

其三，允许商人筹资购买轮船兴办轮运业务，即创办轮运公司。这是中国以前没有的制度形式，因此，清政府只能通过模仿和引入进行制度移植。

根据第二章的分析，清政府实施制度移植的预期成本将包括：引入成本 Cy，引入规则的调整成本 Ct，以及引入规则的实施和维持成本 Csw。其中，引入成本中既包括对有关制度的搜寻、宣传和组织费用，因制度引入而造成补偿、对抗费用和操作费用，又包括失益成本等机会成本。这里对于操作和失益成本各种制度变革几乎无差异，因此，最重要的就是搜寻、宣传费用和对抗阻碍费用。

清末洋商在华办厂，争夺华商的利益，但从客观上也起到了免费宣传公司制度的优势，提高公众对公司制度认识的作用。洋商公司的开办以及华商附股的逐渐流行，使得近代中国有识之士开始了解和认识公司制度，提高了对这种制度的预期收益评价。例如，时人陈炽就曾对公司制度的巨大作用作出这样的评价："二百年来，英商之所以横行四海，独擅利权者也，西班牙、法兰西、德意志诸国亦尝出全力以与之争，然而不能胜者，公司一也。"他认为公司可使"贫者骤

---

① 《筹办夷务始末》（同治朝）第84卷，第35页，故宫博物院影印1930年刊本。转引自聂宝璋编《中国近代航运史资料》第1辑下册，上海人民出版社1983年版，第757页。

富,弱者骤强,不惟自擅利权,并可通行海国",因此,"公司一事,乃富国强兵之实际,亦长驾远驭之宏规也"①。另外,华商附股还为中国商人深入了解公司制度提供了方便之门。这为清政府进行制度移植节省了大笔的搜寻和宣传费用。

其四,清政府进行公司制度移植的最大成本便是补偿和对抗费用,这主要来自统治集团内部不同利益集团之间的冲突与对抗。这在当时主要反映在洋务派与顽固派之间的论争与冲突。洋务派主要是以奕䜣、曾国藩、李鸿章、左宗棠等为代表,主张"师夷长技以制夷",即学习西方的先进技术,制船造炮,以资"求强",从而达到抵御外侮的目的。而顽固派则以倭仁等为代表,反对学习西法,提出学习西方就是"用夷变夏",破坏了"夷夏之大防",违反了"祖宗成法"和"立国之道",对各种洋务活动坚决抵制。可以说,即使没有招商局一事,它们之间的斗争也不会减弱(如裁撤两局一事)。因此,从边际方面来看,来自顽固派方面的新增阻碍成本并不是很大。相反,宋晋对两局的攻击改变了洋务大员们筹办轮船公司的预期收益。因为他们看到从政府拨款继续维持军工企业现状几乎不可能了,如果筹措不到新的资金来源,以两局为首的洋务企业将不得不破产。皮之不存,毛将焉附,他们立足官场的生存之本一旦垮台,其政治、经济地位也将无法保留。因此,他们对创办招商局的预期收益不但没有因为顽固派的反对而减少,反而有所增加。

其五,以前反对裁停两局且对招商兴办轮运公司无异议的江南官员何璟、沈秉成等对筹创招商局百般阻挠。如沈秉成担心"华商轮船畅行"会使"老关税项大减";何璟对轮船招商一事始终采取敷衍塞责的态度,他在对吴大廷禀呈的批复中,以"沪局已成四船,既称不敷周转"为借口,认为"招商之说,似可从缓";冯焌光也逐渐采取消极态度。他们对李鸿章兴办轮运业的活动,不仅不予支持,反而时时掣肘。"朱其昂添购华商轮船运漕,已成成议,子敬乐山极力

---

① 陈炽:《纠集公司说》,《续富国策》第4卷。

悉患，几为沈道通禀，阻格不行。"① 但时任直隶总督的曾国藩、李鸿章、左宗棠等人为朝堂重臣，能够取得总理衙门的大力支持，所以可以利用手中职权，减少阻碍成本。

综上所述，近代中国政府进行制度移植的预期收益显著增加，而相应的预期成本保持不变或下降，制度变迁的预期净收益大幅度增加，于是政府成为制度变迁的主体，推动着公司制度的移植。

三 政府主导的制度嫁接

制度 $I(i_x, i_y, i_s, i_q)$ 是显性规则 i_x、隐性规则 i_y、实施机制 i_s 以及与其他互补性制度 i_q 的函数。在既定知识存量、认知水平和互补性制度结构的前提下，很难将其他制度系统中的某一项制度安排全部引入，特别是隐性规则和实施机制。因此，当存在制度变迁的需求和制度距离时，制度变迁主体（包括个人、组织和政府）便会在原有的既定的知识存量和制度结构的基础上进行制度搜寻、比对和组合，从而产生制度预案 $\alpha a_x + \beta b_x + \gamma i_x$。

清末由于外敌入侵，洋商在华建厂开矿，冲击了中国传统产业和经营方式，打破了原有的制度均衡。华商的利益遭受巨大损失，清政府的财政收入大幅度下降，统治权威受到极大冲击，从而产生制度变迁要求。然而，由于清政府的制度结构特点和对公司制度的认知水平局限，清政府并没有引入当时最先进的准则主义公司制度，而是选择了以英国东印度公司为代表的特许公司制度，并辅之以中国传统的官督商卖形式，创设官督商办特许公司制度，这种中国特有的公司制度类型。

（一）特许公司制度与准则主义公司制度的对弈及清政府的抉择

特许公司制度是公司法颁布以前，政府采取一事一议的方式通过授权建立的公司制度模式。从严格意义上讲，它并不具有现代公司制度的法人地位和有限责任特征。只不过得到国家的正式授权与认可，

---

① 《李文忠公全书·朋僚函稿》第12卷，第31页。转引自聂宝璋编《中国近代航运史资料》第1辑下册，上海人民出版社1983年版，第784页。

通过发行股票筹集资金，建立了股东大会、董事会、经理等公司治理结构而已。因此，就公司制度来讲，准则主义公司制度显然要比特许公司制度高级。

清朝末年，世界各大国家已经基本通过了公司法，确立了准则主义公司制度形态，如1844年英国的《股份公司法》、1837年美国康涅狄格州的《一般公司法》、1870年的《法国商法典》以及1892年德国的《有限责任公司法》等。在华洋商公司或者在本国或者在香港进行注册，获得合法地位，受到本国或香港法律的保护。

然而，清末的中国还是一个专制国家，不知法制为何物。虽然有一部《大清律》，但它所涉及的内容主要是针对刑事案件，而对民事诉讼和商事争端却没有专门法律可供依循。因此，清朝官员对其他国家的法制还不能有较为清楚地认识和理解。所以，他们虽然对洋商公司的集资办厂非常认同，但却不知道这些公司需要在本国或香港进行注册，也没有认识到公司注册所具有的实质性内涵——法律认可和法人地位。

当然，即使当时他们认识到法律的重要作用，要在短期内建立一整套完整的法律制度远比开办一家公司难得多，阻碍成本非常高。因此，从预期成本收益分析方面来看，准则主义公司制度也不是这一时期的最优制度选择。

（二）清末盐政中的"官督商卖"制度及路径依赖

清政府进行制度改革的目的非常简单，即解决财政收入减少和政治统治不稳定等问题。而洋务派大员积极推动制度变迁的动力更是增加可支配收入，满足军事企业的资金需求。然而，清末中国仍然是中央集权的宗法等级制社会，皇权高于一切，税种单一且有"永不加赋"的古训，不能通过正常的税收渠道增加财政收入和解决军工企业的资金要求。因此，新的制度形式也必须使政府有所控制，用垄断权换取报效，而这在中国传统制度结构中有很好的例证——如盐政中的"官督商卖"制度。

所谓"官督商卖"制度就是政府退出食盐的生产、运输和销售环节，将食盐这种极为有利可图的特殊商品的经营权即"引权"给予商人，并通过严格监管和优待政策（如"加价""加耗"）等办法，确保盐商的权利和义务，而盐商则必须上缴所包税额，并通过适当"报销"和"捐款"来维持和巩固这种垄断经营权。

具体来说，政府的官督主要表现在以下几个方面：

其一，由政府划分盐销区，颁发盐引。清政府根据行政区划和产盐区来划分盐销区，并规定每个盐区盐场的数量、产量的大小以及销售数量与销售区域等。在此基础上，选择家道殷实并在政府注册的商人颁发"引票"，在包缴固定税额后，持"盐引"到指定盐场，按规定数量购盐。"官商运盐，领引为先，盐无引而出场或有引而数不合，法必随之。"[①] 起运需要检验，起运后所经关津更须严格盘查，只有当盐引与所运之盐相符时才能通行。到达目的地后才允许卖给当地商贩，或自设子店零售。[②]其二，政府明确规定食盐的产销量和价格，即"仍岁有定额，场价岸价例由官定"。其三，任命总商管理盐务。为便于纳税与管理，政府任命那些认领盐引较多的商人承办盐务，称为"总商"或"纲商"，由其组织、监督其他引商完成食盐起运销售、完税等工作。其四，政府还设立监督机构，派驻缉私官兵，监督食盐的生产与销售，同时允许总商招募巡逻兵勇，协查食盐走私以保障盐商的特权。

盐商在政府认可的"总商"（两淮、两广）、"甲商"（两浙）、"纲头"（山东）以及"纲总"（河东）的主持下组织起盐商组织，办理盐务。其中，较为著名的盐商组织有山东的"商司"、河东的"商厅"、两广的"盐商总局"、两淮的"盐商公所"等。它们在政府的扶持下，自我主持食盐的运输、销售以及缴纳税收，杜绝私运等。

不难看出，"官督商销"的专卖制度，实质上就是清政府用食盐专卖的垄断权交换盐商们的包税、捐输和报效。

当然，官督商办也有其历史的必然性。在当时的历史环境中，

---

① 周庆云：《盐法通志》第 42 卷，引目一。
② 刘经华：《从诺思悖论看清代官督商销制——兼议中国传统盐务管理体制的基本特征》，《盐业史研究》2006 年第 1 期。

"全恃官力，则巨费难筹；兼及商资，则众擎易举。然全归商办，则土棍或至阻挠，兼依官威，则吏役又多需索。必官督商办，各有责成。商招股以兴工，不得有心隐漏；官稽查以征税，亦不得分外诛求。则上下相维，二弊俱去。"[1] 即在健全的法制社会中，地痞流氓的威胁和官员的需索均可以依靠法律的力量加以解决和规范；但在近代中国，由于法律法规的缺失以及法制观念的淡薄，这些问题只有靠引入政府强权来解决和维持。

由于历史的路径依赖特色，中国传统的知识存量和制度结构难免会在新的制度形式中留有某种制度特色。

（三）招商局的建立及官督商办特许公司制度的产生

近代中国公司制度的建立开始于航运业。这主要有以下几个原因：第一，第二次鸦片战争后，外国资本主义夺去了关东与东南沿海贸易以及长江贸易运输的特权，中国传统航运业受到致命打击，关乎京畿命运的漕粮北运便成为迫切需要解决的问题；第二，洋务派于19世纪60年代开始兴建的近代军工企业已经粗具规模，因而对相关燃料工业、采掘工业和交通运输业等产业发展以及资金与技术等提出了新的要求；第三，英国东印度公司的辉煌业绩以及外国轮船公司在中国所攫取的高额垄断利润，也激发了中国商人和部分官员的投资兴趣。

1867年，中国留美第一人、著名的买办商人容闳提出《联设新轮船公司章程》，建议"组织一合资汽船公司"，对公司的经营方针、经营范围、经营规模、股票的发行、股息的分配、股东权利以及经营人员的产生等都作了明确的规定。但曾国藩和总理衙门对此表示较大的怀疑，因此，该倡议被束之高阁。此后，沙船商人赵立诚、前任常镇道许道身先后提出了兴办轮船的建议，但都未获批准。

直到1872年，内阁大学士宋晋奏请裁撤江南制造局和福州船政局，引发朝廷对洋务运动和中国造船业的重大质疑和争论时，李

---

[1] 郑观应：《盛世危言·开矿上》。转引自夏东元编《郑观应集》上册，上海人民出版社1982年版，第704页。

鸿章、曾国藩等中兴名臣才改变以往的看法。李鸿章在《筹议制造轮船未可裁撤折》中，对宋晋的主张进行了猛烈抨击，指出"国家诸费皆可省，惟养兵设防、练习枪炮、制造兵轮船之费万不可省"，如两船局"苟或停止，则前功尽弃，后效难图，而所费之项，转为虚糜，不独贻笑外人，亦且浸长寇志"。[1] 李鸿章、曾国藩、左宗棠等人坚决反对裁汰船局，并主张兴办轮船公司以进一步发展中国船运业。但由于曾国藩病死，南洋大臣何璟、江海关机器局道员吴大廷等人虽表面支持兴办轮船公司，但因担心其会减少"老关税项"而时时掣肘。于是，李鸿章独立承担起兴办中国新式船运业的责任。

1872年，李鸿章委托朱其昂"仿西国公司之例"创办招商局。1872年12月23日，李鸿章向总理衙门转呈了朱其昂所拟定的《招商局条规》（简称《条规》），强调轮船招商局的主要目的是解决漕运困难及与外国航运公司争利，挽回部分航运利权。同时，向朝廷奏呈《试办招商轮船折》，报告了招商局的筹办情况，以及该局领用官船张本解决闽沪两局生存问题和搭运漕粮解决漕粮运输困局的目标。"若从此中外轮船畅行，闽沪各厂造成商船，亦得随时租领，庶使我内江外海之利，不致为洋人占尽，其关系于国计民生者，实非浅鲜"[2]。该局获得了中央政府的应允与支持。招商局开办之初，北洋大臣奏准拨借直隶练饷局存款制钱20万串（实领18.8万串，相当于12.3万两）作为官本。虽为官本，但不负有盈亏责任，只取官利（年息7%）。不过，由于朱其昂招股集资不力，所收股份半年累计只有18万两。李鸿章担心招商局因股本筹措不到位而半途而废，于是改派唐廷枢为总办招商局事务。1873年，唐廷枢拟定《轮船招商局规》（简称《局规》）和招商局章程，招股47.6万两，创办了中国第

---

[1] 《李文忠公全书·奏稿》第19卷，第46页。转引自聂宝璋编《中国近代航运史资料》第1辑下册，上海人民出版社1983年版，第766页。

[2] 《李文忠公全书·奏稿》第20卷，第32—33页；另见《海防档》甲，购买船炮（三），第917页。转引自聂宝璋编《中国近代航运史资料》第1辑下册，上海人民出版社1983年版，第782页。

第四章 制度嫁接：官督商办特许公司制度的建立

一家官督商办特许公司[①]——招商局。

正如招商局创办章程所表明的："轮船之有商局犹洋商之有公司也，原系仿照西商贸易章程集股办理，"[②] 该企业的组织模式是对西方特许公司制度的借鉴。这主要表现在以下几个方面：

（1）公司成立需要得到国家的特许，即在公司法颁布以前，由国家机构颁布特许状，并给予一定的垄断权，通过销售股份来筹集资本。特许公司区别于前近代业主制和合伙制的关键是国家机构的特许与垄断权力的授予。因此，特许公司成立程序的第一步是洋务大宪或地方官僚认为在有成立股份公司必要的情况下，向中央政府请准，朝廷考虑是否给予特许权[③]。例如，在招商局创立之初，由李鸿章委派朱其昂草拟招商局章程与局规，并奏请总理衙门和国家政府批准，并由总理衙门授予招商局垄断漕运及官物运输的特权等，才能向商人招募商股组建公司。再比如，开平煤矿"所有开工办事章程，先由直督认可，然后实行，其尤关重要者，须经直督奏准，方能开办。"[④]

（2）向社会公开募股筹资。最初招商局和开平煤矿等都是承办人"因友及友，辗转邀集"，后经元善在《申报》上刊登《上海机器织布局集股启示》，首开近代中国公司登报向社会公开招股的先例，公开募股筹资在近代中国蔚然成风。据《招商局条规》（以下简称《条规》），这些股票每股资本相同（每股100—1000两），投资份额以股为单位，按股分红，股份可以在华商之间自由转让。

（3）特许公司还建立了公司治理结构。这些公司在招股章程中都规定了定期召开股东会议，股东有对重大事项投票决策的权力。由

[①] 关于这些官督商办企业是不是公司，还存在许多争论。张忠民（2002）认为它们是准公司，一方面没有公司法可依，不是法人，另一方面却又发行股票筹集资金，建立了股东大会、董事会、总经理等现代治理结构等；而杨在军（2006）则将其认定为公司，因为虽没有公司法，但它类似于西方公司法颁布之前的特许股份公司制度。

[②] 聂宝璋编：《中国近代航运史资料》第1辑下册，上海人民出版社1983年版，第629页。

[③] 杨在军：《晚清公司与公司治理》，商务印书馆2006年版，第110页。

[④] （台北）"中央研究院"近代史研究所：《矿务档》，台湾艺文印书馆1960年版，第339页。转引自杨在军《晚清公司与公司治理》，商务印书馆2006年版，第142页。

洋务大宪任命和委派商总，商总倘不胜任，亦应由各董联名禀请更换。每百股可推举一商董，在众商董之中推举一总董，分派总局各局办事，且须禀请大宪存查。但从实际执行情况来看，股东会议和股东权力并没有得到彰显和合理合法运用。

招商局建立之初便采取了官督商办的形式，"按西例，由官设立者谓之局，由商民设立者谓之公司。"① 招商局以"局"为名，表明了其"官督商办"的性质，即"由官总其大纲，察其利病，而听众商董自立条议，悦服众商"，"所有盈亏，全归商认，与官无涉"，"赖商为承办，尤赖官为维持"。② 对此郑观应解释说："全恃官力，则巨费难筹；兼及商资，则众擎易举。然全归商办，则土棍或至阻挠，兼依官威，则吏役又多需索。必官督商办，各有责成。商招股以兴工，不得有心隐漏；官稽查以征税，亦不得分外诛求。则上下相维，二弊俱去。"③

政府作为公司外部的最重要的利益相关者，除给予特许公司创立的特许、垄断和保护外，还通过官款垫付等手段给公司提供信用担保。具体来说：

（1）早期清政府对于新式公司成立并没有相应的准则，主要采取"一事一议"的方式，即采取特许的方式。同时政府还给予这些特许公司行业垄断"专利权"。如1882年李鸿章在《试办织布局折》中建议"该局用机器织布，事属创举，自应酌定十年以内只准华商附股搭办，不能另行设局。"④ 从而使上海机器织布局在全国范围内获得专利权。

---

① 郑观应：《盛世危言·商务二》。转引自夏东元编《郑观应集》上册，上海人民出版社1982年版，第611页。

② 《李文忠公全书·奏稿》《试办招商轮船折》第20卷，第32—33页；《整顿招商局事宜折》第30卷，第29—32页。转引自聂宝璋编《中国近代航运史资料》第一辑下册，上海人民出版社1983年版，第782、898页。

③ 郑观应：《盛世危言·开矿上》。转引自夏东元编《郑观应集》上册，上海人民出版社1982年版，第704页。

④ 《李文忠公全书·奏稿》第43卷，第43—44页。转引自聂宝璋编《中国近代航运史资料》第一辑下册，上海人民出版社1983年版，第1128页。

第四章 制度嫁接：官督商办特许公司制度的建立

（2）给特许公司提供庇护和保障。由于缺乏商法保护，中国近代特许公司不仅受到传统观念的抵触，而且还与西方资本主义国家在华利益发生冲突。在此情况下，中央和地方政府的庇护，是官督商办股份公司能否存在的关键一环。直到1897年，盛宣怀在筹办官督商办中国通商银行时还深有感触地说："银行若使不比嫌怨，收中饱而归诸公中……确于筹饷有益，但积弊太深，朝廷不为力，外间断办不动。"①

（3）政府给予他们直接的资金支持，主要是政府垫款、借款，以及19世纪80年代后期开始的公司以政府名义向外国借款。这些往往是传统企业、纯商办企业无法企及的。官方资金支持可以从津沪电报局的章程中略见一斑，盛宣怀拟定的津沪《电报局招商章程》中规定津沪电报局股本30万两，官方垫款20万两，拟集商股10万两。其中，官款不仅10年内不享受红利，而且10年之内不提官利，10年以后虽算股息，但官方却不能从公司支取股息，只能作为股金继续留在局中。实际上，政府的20万两经费无偿地成为商人获利的公司资本。

但关于官款的性质，存在着诸多的争论。有的人认为这是政府对公司的投资，因此，这种公司是官营或者官有性质；有的人认为这纯属借款，因此，这些公司属于商办。从表4—2中我们可以看到，官方给予招商局的借款主要有四笔：其一，1872年，李鸿章将直隶练饷20万串以7%的利息借给招商局，实际折银为12.3万两②，积为官本；其二，1876年，由李鸿章从直隶、江苏、浙江和天津海关调拨，以援助该局应对因八月风潮和接着发生的国际危机而带来的业务损失45万两；其三，1876年，由李鸿章借给的用于购买江轮20万两左右；其四，1877年，招商局收购美国旗昌轮船公司时，由沈葆桢担保再借100万两白银。③ 从订立还本付息契约看，官款是借贷资

---

① 夏东元：《盛宣怀传》，四川人民出版社1988年版，第257页。
② 费维凯先生认为折银13.5万两，而许涤新和吴承明《中国资本主义史》则认为由于官款20万串，实收18.8万串，所以应该折银12.3万两。
③ 张后铨主编：《招商局史》（近代部分），人民交通出版社1988年版，第51页。

产，不承担投资风险。虽然官款有的时候缓本缓息，但这纯属于政府对公司的支持政策，并不是真正与商股共担风险。特别是1880年开始缴还每年一期的官款35万两，直至1891年全部缴清官款。由此可见，官款属于借款性质，并不是国家对公司的投资。

表4—2　　　　　1873—1893年招商局的资本构成　　　　单位：两、%

年度	资本总额	股本 数额	股本 占总资本比例	借款 官款 数额	借款 官款 占总资本比例	借款 其他借款 数额	借款 其他借款 占总资本比例
1873—1874	599023	476000	79.5	123023	20.5	0	0
1874—1875	1251995	602400	48.2	136957	10.9	512638	40.9
1875—1876	2123457	685100	32.3	353499	16.6	1084858	51.1
1876—1877	3964288	730200	18.4	1866979	47.1	1367109	34.5
1877—1878	4570702	751000	16.4	1928868	42.2	1890834	41.4
1878—1879	3936188	800600	20.3	1928868	49.0	1206720	30.7
1879—1880	3887046	830300	21.4	1903868	48.9	1152878	29.7
1880—1881	3620529	1000000	27.7	1518867	41.9	1101662	30.4
1881—1882	4537512	1000000	22.1	1217967	26.8	2319545	51.1
1882—1883	5334637	2000000	37.5	964292	18.1	2370345	44.4
1883—1884	4270852	2000000	46.9	1192565	27.9	1078287	25.2
1886	4169690	2000000	48.0	1170222	28.1	999468	23.9
1887	3882232	2000000	51.5	1065254	27.4	816976	21.1
1888	3418016	2000000	58.5	793715	23.2	624301	18.3
1889	3260535	2000000	61.3	688241	21.1	572294	17.6
1890	2750559	2000000	72.7	90241	3.3	660318	24.0
1891	2685490	2000000	74.5	—		685490	25.5
1892	2664825	2000000	75.1	—		664825	24.9
1893	2345735	2000000	85.3	—		345735	14.7

资料来源：根据招商局第1—17届帐略，转引自张国辉《洋务运动与中国近代企业》，中国社会科学出版社1979年版，第168—169页数据编制。

第四章 制度嫁接：官督商办特许公司制度的建立

（4）官督商办股份公司普遍享有税收优惠，这对普通华资企业来说是可望而不可即的。在当时普通商人缺乏投资风险意识，买办又对官督商办心存疑虑的情况下，政府的经济支持成为官督商办股份公司能否发展的关键，也是政府对官督商办股份公司支持的重点。

同时，政府作为相关利益者也会从公司经营中得到好处。

（1）官方作为倡办方，从选项、公司最初规模、公司章程到经营决策等重大事项的决定，甚至公司的裁撤，都有最终决定权。比如，开平煤矿"所有开工办事章程，先由直督认可，然后施行，其尤关重要者，须经直督奏准，方能开办"。[①]

（2）官方还有遴选、任用、监督、奖惩官督商办股份公司总办（督办）等核心决策者的权力。当时公司的日常经营决策大权基本上掌握在商总手中，而商总的任免并不来自股东，而是来自官方。比如，19世纪80年代，由官方札委的上海机器织布局总办郑观应"竟借众商之资本，便一己之私图，不数年间，所有股本五十万，除付机器、基地、栈房、码头价值银两，其余尽变为各项股票及借纸押据"。结果在上海金融风潮中亏折惨重，郑被迫离任，在前往广东任职时，时任两江总督的曾国荃还转咨两广督臣"严饬郑观应到沪，勒限究追，以重商本而儆效尤"[②]。可见实践中，股东、商董并没有权力选择总办，他们一律由官方遴选、委派。这是中国近代公司制度的一大特色。

（3）官方还从官督商办股份公司获得大量的政治经济利益。除完税以外，一些官督商办股份公司还要给予政府军需后勤、赈灾以及各种名目的报效。1884—1911年，轮船招商局仅有据可查的报效额就有168万余两，相当于同期资本总额的42%以上；电报局报效数额即使按低限算也有129万余墨西哥银元，是该局1895年资本总额的1.5倍；漠河金矿提供114万余两报效，是其1889年创办资本的6

[①] （台北）"中央研究院"近代史研究所：《矿务档》，台湾艺文印书馆1960年版，第339页。

[②] 孙毓棠编：《中国近代工业史资料》第一辑下册，中华书局1962年版，第1057、1059页。

倍左右,是清政府垫借官本的9倍;如按照每生产一吨生铁抽银一两计算,汉冶萍煤铁厂矿公司的报效数额则达到800万两。[①] 这些报效数额巨大,对企业发展造成了严重影响。

由此可见,招商局是西方公司制度中的特许主义、募股集资与中国传统的"官督商卖"相嫁接的产物。

第三节 制度嫁接结果分析

一 官督商办特许公司制度得到中国商界的普遍认可

在制度嫁接以前,由于近代中国企业缺乏商法保护,不仅要受到传统观念的抵触,地痞流氓和官员胥吏的围攻,而且还要与在华洋商企业展开不平等竞争,因此,创办者甚少,经营时间较短,企业规模较小。然而,官督商办特许公司制度的建立给近代中国企业发展带来了不一样的结果。

首先,在唐廷枢和徐润的带领下,招商局以及中国航运业状况有所好转。招商局到1876年已经有船11艘,并相继开辟了沿海航线、长江航线和日本及东南亚航线等,并购置了上海、天津、汉口等多处码头、栈房等固定资产,企业规模和利润都有所增加。从表4—3可知,除个别年份以外,招商局在支付官息和折旧以后仍然存在大量的盈余。

就重振航运业、解决漕粮运输问题而言,招商局创立伊始便承担了漕运任务,1873—1884年,招商局共承运漕粮482万余石,所承运的漕粮占江浙和南方各省漕粮总额的一半左右[②]。就增加利润、与外国航运公司争利而言,招商局的利润主要来源于运费收入以及货站码头净收入,且从招商局创办的第六年(1878—1879)开始扣除折旧,折旧率一般高达50%以上,即大部分净收入转化为折旧基金。即便如此,利润率在1872—1884年也达到了5%以上,甚至有的时

[①] 朱荫贵:《论晚清中国新式工商企业对清朝政府的报效》,《中国经济史研究》1997年第4期。

[②] 张后铨主编:《招商局史》(近代部分),人民交通出版社1988年版,第70页。

期还高达 13.62%，详见表 4—4。这不仅扭转外国航运公司独霸中国航运的局面，与美国旗昌公司和英国的太古公司形成了三足鼎立的局势，甚至最终吞并了旗昌公司，收回了中国航运业的绝大部分利权。招商局的创办目标基本得以实现。

表 4—3　1872—1900 年招商局轮船只吨、资本额及盈亏统计

年份	江海轮船 只	江海轮船 吨	资本额 两	盈亏 两	附注
1872	1	619	60000		
1873	4	2319	476000	2100	官息一分，盈亏计算，始自本年七月至次年六月，此为第一届
1874	6	4088	602000	24000	付官息后盈余数
1875	9	7834	685000	-35200	发息后净亏数
1876	11	11854	730200	11300	付息后并抵销上届结亏尚存数
1877	29	30526	751000	-19988	付息后净亏数
1878	25	26916	800600	2100	同业履行和价，本届发息后盈余
1879	25	26916	830300	17990	本届净余数，本年起开始折旧
1880	26	28255	1000000	30000	付官息一分后尚盈 480000 两，除拨付折旧 450000 两，余留漆船之用，凡 30000 两
1881	26	27827	1000000	130527	付官息一分，拨付折旧 256849 两后净余数
1882	26	29474	2000000	77636	付官息一分，折旧 156278 两
1883	26	33378	2000000	8440	付官息一分，折旧 803027 两，重订同业齐价合同
1884	26	33378	2000000	115000	自本年六月至次年六月，因中法战争暂归旗昌代理
1885	24	31420	2000000		
1886	24	31420	2000000	201000	自 1886 年起，结账期改从一月一日起至十二月卅一日止
1887	25	31900	2000000	193100	
1888	26	33063	2000000	209500	
1889	27	34090	2000000	162300	齐价合同满期

续表

年份	江海轮船 只	江海轮船 吨	资本额 两	盈亏 两	附注
1890	26	32789	2000000	20830	
1891	28	36481	2000000	17300	拨折旧 239000 两，股利 80000 两，奖金 1900 两后盈余
1892	27	35318	2000000	47100	包括其他余款在内
1893	26	35457	2000000	276400	重订齐价合同
1894	26	35457	2000000	74900	甲午战争发生，业务因船只出售而锐减
1895	24	34531	2000000	227400	
1896*		33807		117680	
1897*		39632		-408360	
1898*		41171		129340	
1900*		43949		-60997	

资料来源：聂宝璋编：《中国近代航运史资料》第一辑下册，上海人民出版社1983年版，第1000—1001页。

注：*年份的盈亏数据为净盈亏数据，与其他年份有些出入。

表4—4　　　1873—1884年招商局资本利润率

年度	资本（两）	利润（两）	利润率（%）
1873—1874	599023	81608	13.62
1874—1875	1251995	156144	12.47
1875—1876	2123457	161384	7.60
1876—1877	3964288	359162	9.06
1877—1878	4570702	442418	9.68
1878—1879	3936188	353545	8.98
1879—1880	3887046	268751	6.91
1880—1881	3620529	292799	8.09
1881—1882	4537512	347757	7.66
1882—1883	5334637	308095	5.78
1883—1884	4270852	155002	3.63

资料来源：中国第二历史档案馆藏，轮船招商局第1—11年帐略。转引自张后铨主编《招商局史》（近代部分），人民交通出版社1988年版，第88页。

第四章　制度嫁接：官督商办特许公司制度的建立

其次，引发其他行业的仿效和股票认购高潮。资本供给不足曾是中国近代工业化发展的主要瓶颈。招商局通过发行股票募集资本所取得的成功打破了这种资本瓶颈限制，为企业短期聚集资本开创了新的渠道和路径，从而引发了社会上的股票认购热潮。"自泰西通商以来，华人见西人数万里而来，道路之远，风涛之险，皆所不顾，而挟巨资以往来营运，规模气象与中国判若天渊。于是乎遂思其故，知西人之经营恢廓、资本巨万者，大都皆系集公司、纠股份而成，以千万之财力聚于一处，经之营之，自与一人一家之力大相径庭。华人见而羡之，遂从而效法之，一人为倡，众人为和。"[①]"人见轮船招商与开平矿务获利无数，于是风气打开，群情若鹜，期年之内效法者十数起，每一新公司出，千百人争购之，以得股为幸。"[②] 于是，按照同样的方式还创办了开平煤矿（1877年）、上海机器织布局（最初建于1878年，后改为华盛纺织总厂）、电报局（1880年）、漠河金矿（1887年）等40多家公司[③]，遍及交通运输、采掘、冶炼、纺织、通信等几个行业，为中国近代工业发展奠定了基础。官督商办成为这一时期最重要的企业组织形式，其中，最著名的公司见表4—5。

表4—5　　　　　　　1872—1894年官督商办企业的基本情况

编号	开办年	单位名称	创办人	经费（两）
1	1872	招商局	李鸿章	2780000
2	1878	直隶开平煤矿	李鸿章、唐廷枢	2055944
3	1879	上海机器织布局	李鸿章	1418203
4	1880	上海电报总局	李鸿章	2247352

---

① 《中西公司异同续说》，见《申报》1883年12月31日。
② 《申报》1882年9月27日。
③ 根据杜恂诚《民族资本主义与旧中国政府》中的统计，至1903年，在航运、采掘、纺纱、保险等行业中，总共出现了38家官督商办企业，其中不包括港澳台地区和国家电报局；然而根据许涤新、吴承明主编《中国资本主义发展史》的统计，官督商办企业只有10家；根据（美）费维凯《中国早期工业化盛宣怀和官督商办企业》第11页统计，官督商办的大型企业也只有12家。这可能有统计口径不一致的地方，或者对官督商办企业的认定的不同。

续表

编号	开办年	单位名称	创办人	经费（两）
5	1881	承德平泉铜矿	李鸿章	333600
6	1886	贵州青溪铁矿	潘露兄弟	417000
7	1887	云南铜矿	唐炯	不详
8	1887	中国铁路公司	李鸿章	1868855
9	1889	黑龙江漠河金矿	李鸿章、荣镗	278000
10	1894	华盛纺织总厂	李鸿章、盛宣怀	1118900

资料来源：许涤新、吴承明：《中国资本主义发展史》第2卷，人民出版社1990年版，表3—11改编。

关于这一点，盛宣怀在1897年筹办官督商办中国通商银行时还深有感触地说："银行若使不比嫌怨，收中饱而归诸公中……确于筹饷有益，但积弊太深，朝廷不为力，外间断办不动。"① 实际上，甲午战争前，9家官督商办的近代煤矿中，除开平煤矿是名副其实的官督商办外，其余8家全是假借官督商办之名对付地方保守势力。② 这其实不难理解，煤矿分布的地方地处偏远，传统保守势力根深蒂固。新式煤矿业不仅以前所未有的速度钻山挖洞，破坏所谓风水，先进的机器生产也严重威胁传统采煤业，若商办民营必然招致围攻。在此情况下，假借官督商办之名无疑是商人的理性选择。这也是怡和洋行1877年和1878年曾企图在上海建立"官督商办"的"英中棉纺织公司"的重要原因。③

可见，官督商办特许公司制度已经为人们所普遍接受，并已经繁荣发展起来。

二 互补性与绩效评价

（一）引入规则与其他制度要素之间缺乏互补性

在西方，特许公司制度虽然是国家根据一事一议的办法确立的，

---

① 夏东元：《盛宣怀传》，四川人民出版社1988年版，第257页。
② 许涤新、吴承明主编：《中国资本主义发展史》第2卷，人民出版社1990年版，第382页。
③ 张国辉：《洋务运动与中国近代企业》，中国社会科学出版社1979年版，第271页。

但是一旦得到国家批准与认可，便具有自主经营的独立性，国家不得再行干预。虽然这时没有一部完整的公司法，但却拥有许多相关的管理办法或判例，有一个比较公平的法律环境，因此，该公司制度可以充分发挥其功能。在外部治理结构中，股东可以通过资本市场用脚投票的方式监督企业的运行；在内部治理结构中，通过股东大会选举董事会和经理，用手投票监督企业的经营与管理。

然而，当时统治中国的是一个没落的封建王朝，一直秉承着"重农抑商"的传统政策，没有专门的商律或者公司法，更谈不上实行法制；没有资本市场和现代银行等正常的资本融资渠道；高利贷利率大致为10%，投资机会成本较高；同时，中国传统文化中的官本位和关系型社会结构等特点，使得嫁接过来的官督商办特许公司制度与原有其他制度要素之间无法互补，产生冲突，从而严重影响制度效率的发挥。

（二）制度效率评估

根据第二章第二节中关于制度移植结果的评价标准，假定制度选择的净成本为常数NC，通过关于制度功能的讨论来分析原有制度收益R_{origin}与引入目标制度收益R_{object}。

鸦片战争以前，中国企业主要是业主制和合伙制。它们或者是靠自己积累的资本或者靠几个友人的合伙投资，因此，经营资本相对较少，规模较小。它们主要采用原始的手工劳作方式，很难从事投资资本较大、风险较高、回报较慢的近代机器大工业。资本所有者与经营者的委托代理问题不是靠制度，而是靠血缘、族缘、地缘等人际关系与口碑，靠着无限信任交换无限忠诚来解决。我们并不否认，确实有重信守诺的经营者，但数目极少，且培养成本相当高，因此，完全依赖这种机制无疑会限制企业的经营规模以及经营时间。

而西方的特许公司制度则是充分发挥了资本的作用，它们通过向社会公众发行股份筹集巨额资金，因此，可以从事风险较大的远洋殖民事业以及近代大机器工业。它们通过股份分红，以及股票市场来分担大部分风险。为了解决资本分散所造成的委托代理问题，它们还创造了公司治理结构来实现委托人对代理人的监督。这便是由股东组成股东大会，再由股东大会选举产生董事会和经理，并通过重大决策的表决和定期查账，以及在外部资本市场上用脚投票的方式监督代理人的经营活动。在此制度保障之下，无论是所有人换人，还是经理换人都不能导致公司的毁灭，从而保障了公司的长远发展。

至于引入的官督商办特许公司制度的制度收益，设为 R_1。由于官督商办特许公司的建立，近代中国建立起用机器进行生产，靠雇佣劳动力生产的大型企业，如招商局、开平煤矿、上海机器织布局等，基本实现了从社会筹集资本，建设大型企业的目标。而且从受到人们追捧来看，这些企业的经济绩效基本不错。可见，引进规则的收益明显大于原有制度收益，即 $R_1 > R_{origin}$，从此可以断定，引进规则的制度效率明显大于原有制度效率，即 $E_1 > E_{origin}$。

当然，制度移植是否成功还要取决于引入制度与目标制度效率的比较。引入制度与目标制度效率的比较主要是看公司的委托代理问题是否解决，经营管理机制是否完善以及股东利益是否能够保障等。为了分析这一点，需要考察一下官督商办特许公司的治理结构（如图4—2所示）。

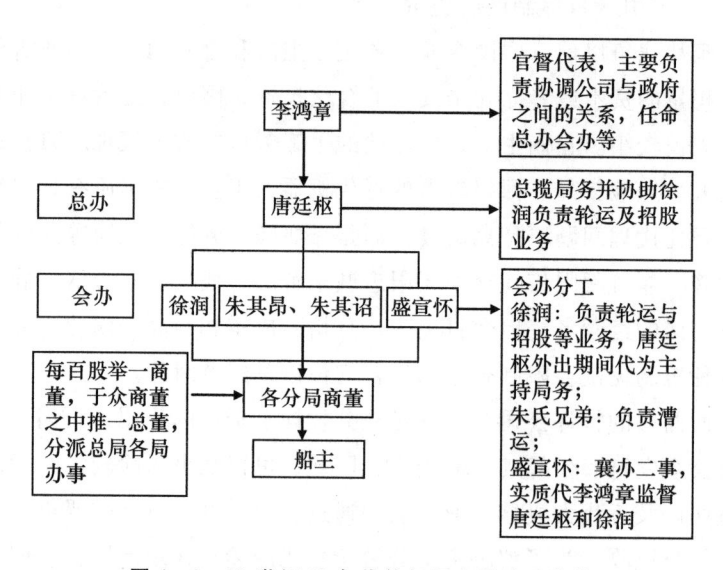

图4—2 19世纪70年代轮船招商局治理结构

1. "官督"侵占了资本的监督作用

公司的外部治理一般主要是通过资本市场上股东用脚投票以及外部银行的监管来完成。但由于19世纪末近代中国银行制度还没有建立起来,股票市场才刚刚发展,非常不完善。虽然《条规》《局规》都规定股东可以出售股票,但由于这些股票采取记名制,需要到总局进行登记,因此,交易成本较大,交易频率不高。

与自由市场经济外部治理不同的是,官督商办特许公司在外部存在超资本的监督者——洋务大员(图4—2中的李鸿章)。他们拥有公司总办会办的直接任免权,因此,总办会办必须对洋务大员负责。由于洋务大员的目标函数是谋求权力和职位升迁,因此,他们考察总办办事能力的标准不是公司是否盈利或者盈利多寡,而是公司是否能够给国家提供报效以及报效的多少。这种目标函数偏离了公司营运的初衷和股东利益最大的目标,因此,严重干扰了公司的正常发展和经营。而图4—2中的盛宣怀实质上是替李鸿章监督唐廷枢和徐润二人,对总办和会办的具体事务掣肘。

2. 委托代理中突出了用无限信任交换无限忠诚

在被引入国的公司内部治理结构中,股东大会是股份公司股东行使股权的重要场所。股东可以通过股东大会来选举董事会和总经理,确定公司发展的大政方针以及监督、审核往来账目等。

在中国近代公司内部章程中已明确包含了股东大会和董事条款。例如,《条规》第21条规定"本局凡入股者,定于每年二月十五日午前,赴总局会议,风雨不改。"[①] 唐廷枢所修改的《局规》也规定每年股东于八月初一在总局举行会议,此外,"遇有紧要事件,有关局务,以及更改定章,或添置船只,兴造码头栈房诸大端,须要在股众人集议"。[②] 此时,董事的产生大多以招股多寡而论。如《条规》规定:"有能代本局招商至300股者,准充局董,每月给薪水规银十

---

① 关于《招商局条规》的具体条款可见聂宝璋编《中国近代航运史资料》第1辑下册,上海人民出版社1983年版,第775—778页。
② 关于《轮船招商局规》的具体条款可见聂宝璋编《中国近代航运史资料》第1辑下册,上海人民出版社1983年版,第844—846页。

五两。"而《局规》第3条规定:"选举董事,每百股举一商董,于众董之中推一总董"。可见,董事无须股东大会选举,一般都由大股东担任,即所有权与经营权只是部分分离。同时,股东还可以选举查账董事,"查账董事,拟就大股商人公举数人"。

然而,在近代中国的官督商办特许公司中,股东大会和董事会被虚置。虽然公司章程规定召开股东大会,但实际上要么十年间未开一会,要么开会也只是敷衍塞责。比如,招商局在唐廷枢担任总办的十余年就没有召开过股东大会;而安徽池州煤矿只是在资本告罄之时,才"邀请有股诸君来局集议"对策①。股东大会不仅没有董事会和总经理的人事任免权(该权力由洋务大员所有),甚至对重大问题的决策也无权过问。比如,招商局1876年兼并旗昌轮船公司②和1884年暂时售卖于旗昌洋行③,事前均未令众股东知悉。当此事被披露后,商局股东"无不心惊发指,各抱不平"④。

股东只能依赖传统的以血缘、族缘和地缘为纽带的"无限信任交换无限忠诚",即靠股东与总办个人之间以血缘、族缘和地缘关系所形成第二方集体监督机制。例如,徐润"招徕各亲友之人入股者亦不下五六十万"⑤,唐廷枢也用同样的方式筹集商股数十万。同时,招商局"除广东、江苏、安徽及南洋华侨认股占多数外,其余各省绅商入股者寥若晨星。盖因盛宣怀、朱其昂二君乃江苏人,唐廷枢、徐润、陈树棠三君乃广东人,北洋大臣乃安徽人故也。"⑥然而,这种关系因外部洋务大员的存在而变得相当脆弱,一旦总办被调离,股东(或者资本)便无法对总办实施监督。总办的权力不受限制,股

---

① 孙毓棠编:《中国近代工业史资料》第一辑下册,中华书局1962年版,第1086页。
② 由该局会办徐润和叶廷眷"通宵筹计"后做出的。
③ 由会办马建忠在李鸿章支持下策划完成的。
④ 《论专售商局之非》,《申报》1884年8月22日。
⑤ 徐润:《徐愚斋自叙年谱》,第31页。转引自聂宝璋编《中国近代航运史资料》第一辑下册,上海人民出版社1983年版,第840页。
⑥ 郑观应:《轮船招商局股东大会演说》,载于《盛世危言后编·船务》。转引自夏东元编《郑观应集》下册,上海人民出版社1988年版,第882页。

东利益将遭到损失。

股东大会和董事会虚置，股票市场和股票交易成本较大必然使得特许公司总办独揽大权。公司创办伊始便形成了以总办为核心的双重代理机制，即中央政府委任总办和会办，总办和会办向政府及其代理人负责；总办和会办负责募集商股，又对自己募集到的股东负责。在两种代理关系中，经理层（总办和会办）处于核心地位。在政府（委托人）与经理层（代理人）的委托代理关系中，政府虽然拥有任命总办会办的职权，但是并不直接参与公司经营。特别是李鸿章等洋务大员，业务繁忙，更无暇顾及公司事务，公司经营大权都落在了总办手中。而在股东（委托人）与经理人（代理人）的委托代理关系中，股东是这些经理"因友及友，辗转邀集"而来，与具体某位经理人具有地缘、血缘和业缘等关系，形成用绝对的信任交换绝对的忠诚关系。再加上股东大会和董事会被虚置，这难免使经理人员成为不受监督的公司负责人。早期的总办会办唐廷枢和徐润等在公司的权力，还要受到来自李鸿章所委派的盛宣怀的节制，而到盛宣怀担任总办（督办）时便是只手遮天了。

综上所述，在官督商办特许公司制度中，由于作为主要出资人、委托人的股东根本就无权过问公司经营状况，代理人、经营者的权力不受到监督，因此，委托代理问题突出，资本投资者的利益难以保障，公司制度功能并没有如目标制度那样真正发挥出来。因此，$R_1 < R_{object}$，由于净成本假定为常数，因此，官督商办特许公司的制度效率明显低于目标效率，即 $E_1 < E_{object}$，制度移植没有成功，需要进一步调整。

第四节 小结

鸦片战争后，洋商公司抢走豆石运输和内河航运，漕粮运输也陷入凋敝，华商企业预期收益下降。而洋商公司与华商企业在税收方面的不公正待遇（洋商子口半税），使得华商企业经营成本相对上升。于是，华商企业的净收益现值大幅度下降，产生制度变迁需求。在华商的制度选择集合中，有通过垄断增加预期收益的办法，也有通过新的税收政策降低成本的办法，但因洋商集团和地方统治集团的阻碍成本太大，所以并没有成功。于是，华商根据成本收益分析做出最优的选择——诡寄经营和华商附股。

然而，商人的最优决策并不是政府的最优决策。为了解决漕粮运输凋敝所造成的京畿安全问题，为了解决因传统企业破产、华商附股和诡计经营所带来的财政收入下降问题，清政府自上而下推行了此次制度嫁接。他们将西方特许公司制度与中国传统盐业中的"官督商卖"相结合，产生了官督商办特许公司制度，建立了近代中国第一家股份公司——轮船招商局。此后，其他企业纷纷仿效，从而形成官督商办特许公司制度时期（1873—1904）。

这次制度嫁接引入了西方的特许公司制度，但该显性规则与中国原有制度要素之间缺乏互补性，影响了制度功能的发挥。从制度效率来看，一方面，中国创立了一些大型公司企业，并得到人们的追捧，可见引进规则的收益明显大于原有制度的收益，其制度效率明显大于原有制度效率。但是，由于从外部治理结构来说，"官督"侵占了资本的监督作用，而内部治理结构又是用无限信任交换无限忠诚，因此，制度效率明显不如西方的特许公司，制度移植还没有成功，有待进一步调整。

第五章　制度调整：向商办准则主义公司制度的过渡

官督商办特许公司制度的建立，近代中国公司的迅猛发展，增加了其他相关制度要素的相关参数或预期收益，从而促进了知识的适应性学习和积累，推动了互补性制度的适应性变迁。反过来，这些隐性规则、实施机制以及互补性制度要素的变迁又进一步改变了公司制度存在的环境，促进了公司制度的进一步调整与适应。

第一节　清末民初其他制度要素相继调整

一　适应性学习与对公司制度认识的提高

随着官督商办特许公司制度的不断发展，以及对公司经营活动的不断参与，人们开始不断学习公司的经营和管理方面的知识，增加对公司制度方面的人力资本投资。一些从国外留学回来的学者和企业家，进一步加强了这方面的社会知识储备，人们对公司制度的认识逐渐加深。

（一）对准则主义公司的认识

法律制度环境是准则主义公司制度存在的前提，是现代公司制度运行的基础。法律制度不健全、法律体系不完备以及法律强制力量不足等，都会改变经济主体的预期净收益，令其改变经济决策，从而对经济效率和整体长远发展造成巨大损害。道格拉斯·C.诺思通过对西方世界的兴起过程的深入研究，指出"市场是有保证的产权，它需要政府和司法体系为其降低交易成本",从而论证了有效的法律制度是高度发达的劳动分工和市场经济的必要条件。清朝末年,中国只有一部法典——《大清律》,而该法典的主要内容属于刑法,即使它的某些条款可以扩展到商事,但也主要是惩罚经济活动中的贿赂行为(William C. Kirby, 1995)。也就是说,当时中国既无民法又无商法,或者说基本上没有维持市场经济秩序的法律规定,经济活动处于无"法"可依的状况。

有关公司法律制度的缺失,虽有政府许以的特许和特权作为弥补,但无疑交易费用巨大,而且时常受到政府强权的威胁,很难形成长期公平交易的市场环境。正如电报局招股时郑观应提出:"愚见中国电报乃独市生意,招股不难,难于当道始终不变。虽目下所收电费入不敷出,将来风气日开,线路日多,获利必日厚。查外国电线铁路均属如是。惟恐当道见其利日厚之时,动须报效,免费之官报愈多,稍不如意借端抑勒,中国尚无商律,亦无宪法,专制之下,各股东无如之何!华商相信洋商,不信官督商办之局,职此故也。"① 张謇也评论道,"无公司法,则无以集厚资,而公司业为之不举"②。梁启超更是高屋建瓴地指出:"股份有限公司必在强有力之法治国之下乃能生存",然而,"今中国者,无法之国也。寻常私人营业,有数千年习惯以维持之,虽无法犹粗足自存。此种新式企业,专恃法律之监督、保障以为性命,纪纲颓紊如中国者,彼在势固无道以发荣也。"③

于是,郑观应建议朝廷"仿照西例,速定商律",尤其是英国公司法,"择其善者编定若干条,颁行天下。"④ 并提出了关于董事姓名、股本和工作进行注册的主张。甚至连巧取豪夺招商局大权的盛宣怀也认

---

① 郑观应:《致总办津沪电线盛观察论招商办电报书》,载于《盛世危言后编·电报》,转引自夏东元编《郑观应集》下册,上海人民出版社1988年版,第1003页。
② 《实业政见宣言书》,载《张季子九录·政文录》第7卷。
③ 梁启超:《敬告国中之谈实业者》,载《饮冰室合集》文集第三册,中华书局1989年版,第113页。
④ 夏东元:《郑观应集》上册,上海人民出版社1982年版,第613页。

为没有商法不行，要求"酌定商务律例"①，令华商有法可依、有途可循，从而不至于受制于官吏们的"需索"，依附于洋商。由此可见，社会各界已经普遍认识到颁行公司法是公司进一步发展的必要条件。

（二）对公司法人的认识

公司法人是依照公司法及相关程序成立的，具有独立公司财产，能够按照自己的意志，以自己的名义进行经济活动，相应地享有民事权利和承担民事责任的企业组织。现代公司法人的核心目的就是区分投资人和公司两个独立主体，以及他们所拥有的两种权利和所承担的两种责任，即投资人让渡对财产的直接支配权来获得股权，而公司通过出售股权来获得对财产的独立支配权，并通过股东大会、董事会形成公司独立意志，从而使其自我发展成为可能。

由于公司法人是通过法律技术将自然人的人格赋予公司，因此，它也和自然人一样具有以下几个特征：其一，公司作为独立主体，必须拥有独立主体的标志，即有自己的名称、场所，以及相对稳定的组织机构和职能部门。其二，公司作为独立主体，必须拥有独立支配和管理的财产，这是公司法人意义的根本所在。其三，公司作为独立主体，必然是该组织经济法律关系上权利与义务的直接承担者。② 正是公司法人的这些特征才使得现代公司用资本关系替代了原有的血缘和地缘关系，促进了陌生人之间的合作，从而使公司资本无限扩张成为可能。同时，由股东大会和董事会形成的独立意志，突破了自然人的生理限期和思维局限，使得公司长久持续发展成为可能，公司真正的意义才得以显现。

西方对公司法人的认识并不是与生俱来，直到1897年，《萨洛蒙诉萨洛蒙公司案》才奠定了现代公司法人的法理基础。因此，1914年以前，中国对公司法人认识不到位，没有明确法律规定也不足为奇。此时，中国公司治理关系便沿袭了传统的人财不分，即股东在公

---

① 《遵旨具陈练兵筹饷商务各事宜折》，载盛宣怀《愚斋存稿》第3卷，文海出版社1975年版。

② 杨勇：《近代中国公司治理：思想演变与制度变迁》，上海人民出版社2007年版，第72—73页。

司的投资仍属于股东个人所有和支配,股东可以通过退股,拿回投资份额。甚至一些与公司没有投资关系只有借贷关系的人,也可以随时调动公司资金。例如,身兼招商局股东和洋务大员双重身份的李鸿章于 1885 年和 1896 年,分别从招商局提款 10 万两和 80 万两充作上海织布局和通商银行股份。[①]可见,公司建立 20 余年,投资人和公司这两个独立主体之间的资金管理仍旧混乱,权责不清,这严重影响公司本身的经营与发展。

随着公司的开办与发展,近代中国学者逐渐认识到公司法人的本质。1910 年,梁启超在《敬告国中之谈实业者》中提出投资人与公司财产区分,即"其在股份有限公司,则公司自为一人格,自为一权利义务之主体,而立夫股东与各职员之外者也",即公司获得了完全区别于投资人的独立主体地位,公司的权利与义务与投资人和债务人权利义务有着明确的界限。而且提出了"股东除交纳股银外,无复责任;其各职员等亦不过为公司之机关,并非以其身代公司全负债务上之责任。……惟以公司之财产,处理公司之债务,而外此一无所问"[②],即初步形成公司财产承担公司债务,投资人对公司债务的承担仅以出资为限的有限责任理念。

(三)对公司治理的认识

公司治理实际上是一种以资本为纽带的公司决策权、执行权和监督权的分权与制衡机制。公司经营好坏、股东权利能否得到保障几乎都要取决于公司治理结构是否合理。官督商办特许公司制度中的双重委托代理关系,难免造成总办、会办权力过大,且无有约束,从而危害公司所有者的基本利益。1883 年,上海金融风潮,公司纷纷破产便是一个典型的例证。于是,近代中国社会开始反思中国公司制度在实践过程中存在的问题。

1883 年,从事翻译工作、比较熟悉西学的钟天纬认为,华商只学到西方公司制度的皮毛,而对公司制度之实质还没有真正领悟。他指

---

① 《招商局总管理处汇报》,第 1、166 页。
② 梁启超:《敬告国中之谈实业者》,载《饮冰室合集》文集第三册,中华书局 1989 年版,第 113 页。

出，西方各国每建立一家公司，都必须到国家注册，政府需要派专门人员进行核查，仅当事实真实准确时才准许开办。且股东需要选举12名董事，董事再推举总办，这样"总办受成于各董，各董受成于各股东。上下箝制，耳目昭著，自然弊无由生"[1]，也就是说，公司制度的核心便是股东与董事会以及总办之间所形成的相互制衡的治理关系。

可见，随着近代中国公司的创立与发展，社会民众对公司制度的认识普遍提高，已经不再停留在"集资募股"的表面认识上，开始逐步深入理解公司的法律规范、法人地位和公司治理结构等。这种普遍认识的提高和知识存量的增加，非常有助于改变制度变迁主体的偏好和预期，也必将推动中国公司制度不断深入发展。

二 清末民初中国金融制度的适应性发展

股份有限公司的建立与发展增加了股票的种类和发行量，使之成为一种可以流通的有价证券，促进了社会金融的活跃与发展，反之亦然。梁启超对此要有洞见："（股票）所以能收此效者，则赖有二大机关焉以夹辅之：一曰股份懋迁公司，二曰银行。股份懋迁公司为转买转卖之枢纽，银行为抵押之尾闾。……且股份懋迁公司，本以有价证券之买卖媒介为业，公司不发达，则股票之上于市场者少，安所得懋迁之目的物？即银行业，苟非得各种有价证券以为保管抵押之用，则运用之妙，亦无所得施。而股份公司不发达，则商业无自繁荣，银行业务亦坐是不能扩充。故股份有限公司与此两种机关者，迭相为因，迭相为果。"[2] 用现代制度经济学解释，即为公司制度的建立推动了公司的发展和股票的大量发行，这从根本上改变了相关制度要素——股票市场和银行等金融组织和制度的预期净收益，从而产生了金融制度变迁的需求，促进了股票市场和银行制度的建立与发展，反之亦然。

（一）证券市场的兴起

中国最早的现代证券是在华洋商公司所发行的股票，最早的证券

---

[1] 钟天纬：《扩充商务十条》，载于《刖足集外编》。
[2] 梁启超：《敬告国中之谈实业者》，载《饮冰室合集》文集第三册，中华书局1989年版，第113页。

交易也是洋商之间的股票买卖。其历史最早可以追溯到1840年鸦片战争后，但交易量非常小。从19世纪60年代开始，上海洋商证券交易开始活跃。1891年，外国在华证券经纪人联合组织了上海证券掮客公会，即上海股份公所。1904年，该公所在香港注册，定名为上海众业公所，标志着洋商在华证券市场的形成。

而华商证券和华商证券交易则略晚于此。在清末民初，中国证券市场大致可以分为四个阶段。

（1）萌芽时期（1873—1895年）。1873年，招商局成立并发行了中国第一只股票，近代中国证券交易开始萌动。至19世纪80年代，随着近代中国证券种类和发行量的增加，华商股票交易开始活跃，中国自设的证券交易所由此诞生——上海平准股票公司（1882年9月）。中国有组织的证券市场开始萌芽。

（2）茶会时期（1895—1910年）。甲午战争惨败后，在"实业救国"的呼声下，中国出现了第二次投资设厂的高峰。这本是股票市场发展的良好时机，但由于1883年倒账风潮，上海平准股票公司倒闭，华商证券交易处于无组织的状态中。许多货商和买办开始兼做股票生意，因为他们主要在茶馆进行交易，所以被称作为"茶会"时期。

（3）公会和交易所时期（1911—1921年）。1914年秋，上海股票商业公会成立，中国证券市场进入了"公会时期"。1914年，北京政府颁布中国第一部证券法——《证券交易所法》。1918年6月，成立中国第一家证券交易所——北京证券交易所，此后，1920年，上海证券物品交易所开业，上海股票商业公会改组为上海华商证券交易所。两地三所的成立，标志着中国证券市场进入交易所时代。

（4）公债市场（1921—1937年）。1921年，爆发了"信交风潮"，华商股票无人问津，而大量社会游资和银行等机构投资者转向公债买卖，公债市场日趋活跃。据统计，1927年，主要公债的流通市值大约为2.25亿元[①]，上海和北京证券交易所成交的证券98%以上是公债。

---

① 杨荫溥：《中国之证券市场》，《东方杂志》第27卷第20号（期）。

这一时期的股市主要有以下几个特征：①市场规模不大，从表5—1可以看出，交易股票最多的年份也不过199只，而常年基本维持在二三十只股票。甚至在1920年以后，近代股票市场基本变成了公债市场，债券交易占到98%。②市场组织形式从分散交易到茶会交易，到股票公会，再到多个交易所，最终形成一个以交易所为主的交易组织格局。③一直没有建立起规范、统一，并达到一定规模的股票发行市场。④股票交易市场上投机性强，广大散户们可以从银行或者钱庄贷款买卖股票。各种炒作时有发生，虽然有过高潮，但是时间短暂，一般不到一年。而股市风潮不断，如1883年的倒账风潮，1910年的橡皮风潮，以及1921年的信交风潮，等等。⑤股票市场地区分布不均，虽然各地在不同时期都有过股票交易和交易所，但是以上海交易所的规模和影响最大。可见，近代股市虽然有所发展，但还相当初级。它既无法抵御风险，也不能承担股东用脚投票的责任，对公司的外部治理作用较差。

表5—1　　近代中国上海股票市场的发展：1873—1949年

时间	有报价的交易股票数目（只）	各类注册的公司数目
1882年6月9日	10	
1883年4月12日	29	40多家公司（1870—1895年）
1887年1月13日	12	
1914年秋	20	410家登记注册公司（1904—1911年）
1921年5月1日	24	1300多家登记注册公司（1920年左右）
1921年底	160	
1922年以后	3	
1940年12月16日	71	
1943年底	199	
1946年9月6日	20	
1947年初	26	
1947年底	32	8088家登记注册公司（截至1947年上半年）

资料来源：成九雁、朱武祥：《中国近代股市监管的兴起与演变：1873—1949年》，《经济研究》2006年第12期。

股票市场本应是帮助公司发展最重要的资金融通场所,但近代中国证券市场却与产业发展关系不大。比如,1918年,证券交易所成立以后,特别是"信交风潮"过后,近代中国证券市场存在一个相对较为平稳的时期,这也是近代中国民族工商业发展的黄金时期。然而,这时在证券市场上最活跃的不是公司股票,而是政府债券。可见,近代股市虽然已建立并有所发展,但还相当初级,它既无法抵御风险,也不能承担股东用脚投票的责任,对公司的外部治理作用较差。因此,对公司制度的发展作用相当有限。

(二)自由银行制度的建立与商业银行的发展

甲午战争以前,中国金融界主要是钱庄和外国银行两分天下。一方面,钱庄通过提供信誉良好的庄票,促进了中国商人和洋商期票的对接;另一方面,外国银行通过向钱庄贷款增加其资本融通能力,从而形成两分天下、互相倚重、各得其所的局面。

当外国银行越来越活跃且获利颇丰时,中国洋务派官僚认识到自办新式银行的必要性。"西人聚举国之财,为通商惠工之本,综其枢纽,皆在银行。中国亟宜仿办,毋任外国银行,专吾大利。"① 于是,中国自办的第一批银行开始建立。1897年,中国通商银行正式创立,商股规银500万两;1904年,清政府试办户部银行(1908年改称大清银行,1912年又改为中国银行),资本库平银400万两;1908年,邮传部又奏准设立了交通银行,股本500万两。民国建立初期(1912—1927年),银行业获得空前发展,全国新建银行313家,资本总额达到20663万元。② 其中,私营银行发展最快,同期新设186家,资本总额为15800多万元,③ 其中,以"南三行"和"北四行"④ 最具盛名。

---

① 盛宣怀:《愚斋存稿》第1卷,文海出版社1975年版。
② 杜恂诚:《民族资本主义与旧中国政府(1840—1937)》,上海社会科学院出版社1991年版,第159页。
③ 陆仰渊、方庆秋:《民国社会经济史》,中国经济出版社1991年版,第102页。
④ 南三行是指上海商业储蓄银行(1915年)、浙江兴业银行(1907年)和浙江实业银行(1908年)三行,北四行指的是盐业银行(1915年)、金城银行(1917年)、大陆银行(1919年)和中南银行(1921年)。

这些银行大多数是仿照西方银行模式建立，采取了股份制公司制度。如通商银行"仿于泰西"，完全照搬汇丰银行的组织经营方式，并聘请一个英国人为经理；周廷弼特意去日本银行进行考察学习，回国创办信成银行；等等。这些银行大多数都向社会招股，拥有股东会和董事会，由一批具有深厚理论基础和丰富实践经验的银行家经营，或者采取总经理负责制或者采取董事长负责制，从而实现了从传统独资或合资并负有无限责任的票号、钱庄向现代银行的转变。

这一时期中国银行制度的主要特点如下：

其一，传统钱庄、洋商银行与中国银行三足鼎立。鸦片战争后，外国银行便随之进入中国境内，开办分行，如英国的丽如、有利、麦加利银行，法国的东方汇理银行，俄国的华俄道胜银行，美国的花旗银行，比利时的华比银行，等等。与此同时，中国传统金融机构——钱庄也取得飞速发展。1858年，上海有汇划钱庄70家，而资本3万—5万两的较大钱庄不过8—10家。① 到1876年，汇划钱庄已经发展到105家。虽然经过两次股市风潮，许多钱庄破产倒闭，但到1914年，营业的钱庄还有40家，1920年增至71家，1926年更增至87家。钱庄资本总额也从1914年的146.5万两，平均每家3.66万两，增加到1926年的1134.1万两，平均每家13.04万两，资本总额增加了6.7倍，每家资本额增加了2.6倍。② 由此可见，这一时期无论是中国传统的钱庄、外国投资银行还是中国自办银行都有了长足发展，取得了辉煌的成就，三分天下，三足鼎立。

其二，银行资本金额普遍不足，大银行相对较少；银行地域分布不平衡，且向江浙集中。中国现代银行创建时间较晚，且正当中国总体资本金额不足的时期，所以，银行资本金额普遍不足。如1934年，全国共有银行170家，其中，资本达到100万元以上的银

---

① 洪葭管主编：《中国金融史》，西南财经大学出版社1993年版，第111页。
② 中国人民银行上海市分行编：《上海钱庄史料》，上海人民出版社1960年版，第191页。

行只有55家，仅占银行总数的32%。① 而且这些银行多集中在江浙一带。1934年，江苏和浙江银行总数达到94家，几乎占55.3%，而与江浙地区人口和土地分别占全国的16%和3%相比，② 不平衡的状况就更加突出。

其三，中央银行缺位，商业银行自由发展。中央银行至少应该具备如下一些功能：货币发行；代管国库；确定存款准备金率；监管金融市场等。虽然清政府在交通银行筹建时，曾有将大清银行视为中央银行之说③，虽然1912年，大清银行改组为中国银行时，也自命为"民国中央银行"④，甚至得到公认⑤。但无论是大清银行还是中国银行都不是中央银行，因为它们虽然承担一定的货币发行和代管国库功能，但却不是"银行的银行"，无法对金融市场进行监督管理。

其四，国有银行普遍商业化。这一时期，有两家国家银行：中国银行和交通银行。中国银行的前身是清政府于1904年创立的户部银行，1908年7月改称大清银行；交通银行于1907年由邮传部奏准设立。辛亥革命后，国家加强了对两大银行的控制，中央政府曾明令："中国、交通两银行具有国家银行性质……该两行应共负责任，协力图功，以副国家调护金融更新财政之至意，即由财政交通两部转饬遵照。"⑥ 这两大银行也确实承担着钞票发行、代理国库和财政垫借款等国家银行业务。但实际上，这两家银行在辛亥革命后都开始向商业银行转化。如中行商股比例从1915年的17.01%

---

① 朱荫贵：《近代中国：金融与证券研究》，上海人民出版社2012年版，第63页，表6数据计算而得。
② 同上书，第63、65页，表7和表9数据计算而得。
③ 交通银行总行、中国第二历史档案馆合编：《交通银行史料》第1卷上，中国金融出版社1995年版，第7页。
④ 《中国银行开办广告》，《申报》1912年2月1日。
⑤ 中国银行总行、中国第二历史档案馆合编：《中国银行行史资料汇编》上编第一册，档案出版社1991年版，第1章第4节。
⑥ 《关于整理财政之公函》，《申报》1915年11月18日。

第五章 制度调整：向商办准则主义公司制度的过渡

增加到 1923 年的 97.47%。① 交行也在 1922 年股东大会上提出"发行独立""对政府旧欠进行清理，拒绝一切军政借款""营业上着重汇兑等商业性服务"的新方针②。

其五，在其投资份额中，对工商业的倾斜是非常明显的。这时，无论是中国传统钱庄还是新式银行，都增加了对工商业的放款额度。比如，在上海钱庄中资金主要有三大去向：对外贸易、国内商业和工业。关于对外贸易和国内商业的放款，钱庄主要是通过庄票发行与兑换来实现的。据不完全统计，上海钱庄在民国初期每年发行庄票 80 万张，总金额达到 16 亿—17 亿两。③ 早在新式银行没有建立以前，上海钱庄就已经开始对工业放款。初以缫丝厂、丝织厂、棉纺厂为主，后扩大至面粉、制油、造纸等行业。例如，1928 年，上海福康钱庄的信用抵押放款总额为 123 万两，其中，纱厂为 65 万两，占 52.8%；丝厂为 35 万两，占 28.5%；其余榨油、面粉、造纸等行业放款为 23 万两，占 18.7%。④ 银行更是以促进工商业发展为己任。浙江兴业银行成立之初，便提出了"以发展工商为原则"的经营方针；上海商业储蓄银行在建立时也提出"服务社会，辅助工商实业"的口号。据统计，浙江兴业银行对工矿企业放款从 1922 年的 143.4 万元增加到 1926 年的 331.5 万元，增加了 1.3 倍，所占比例也从 32.3% 增加到 46.3%，提高了 14 个百分点（见表 5—2）。1926 年末，上海商业储蓄银行对工矿企业的放款共 360 余万元，占全部放款总额的 19.9%，给商业的放款也达近 993 万元。⑤

---

① 邓先宏：《中国银行与北洋政府的关系》，载《中国社会科学院经济研究所集刊》第 11 辑，中国社会科学出版社 1988 年版，第 355—356 页。

② 翁先定：《交通银行官场活动研究（1907—1927）》，载《中国社会科学院经济研究所集刊》第 11 辑，中国社会科学出版社 1988 年版，第 416—417 页。

③ 中国人民银行上海市分行编：《上海钱庄史料》，上海人民出版社 1960 年版，第 467、694、551 页。

④ 同上书，第 842 页。

⑤ 中国人民银行上海分行金融研究所编：《上海商业储蓄银行史料》，上海人民出版社 1990 年版，第 161—162、193 页。

表 5—2　　浙江兴业银行上海总行 1922—1926 年放款情况　　单位：千元

	1922 年		1923 年		1924 年		1925 年		1926 年	
	金额	百分比（%）	金额	百分比（%）	金额	百分比（%）	金额	百分比（%）	金额	百分比（%）
总计	4441	100	8655	100	5376	100	8183	100	7154	100
工矿企业	1434	32.3	2343	27.1	1719	32	3040	37.2	3315	46.3
商业	557	12.5	1164	13.4	665	12.4	581	7.1	404	5.6
金融业	1027	23.1	822	9.5	82	1.5	1233	15.1	449	6.3
个人	1211	27.3	1979	22.9	1163	21.6	2237	27.3	2507	35.1
财政	200	4.5	2337	27	1705	31.7	1033	12.6	332	4.6
其他	12	0.3	10	0.1	42	0.8	59	0.7	147	2.1

资料来源：叶世昌、潘连贵：《中国古代金融史》，复旦大学出版社 2001 年版，第 245 页。

可见，虽然近代中国企业的资本融通主要依赖于自身的公积金积累和吸纳存款，但相对于证券市场而言，银行的作用比较突出。

三　政治制度变革与制度变迁主体的转变

八国联军侵华以及辛亥革命的爆发沉重地打击了封建王朝，推动了政治制度变革，一方面削弱了中央政府的统治实力，另一方面则促进了制度变迁主体的转换。

（一）政治变革与中央权力的弱化

1. 清末新政与预备立宪——政治制度变革的尝试

1900 年，八国联军进攻北京，慈禧太后携光绪皇帝出逃西安。当列强欲严惩慈禧太后，逼迫她"归政""退位"不绝于耳时；当一路颠沛流离，饥寒交迫时；当最高统治者深刻体会到政治地位受到威胁，人身安全受到威胁，经济利益受到威胁时，政治制度变革的预期成本收益发生变化。"自播迁以来，皇太后宵旰焦劳，朕尤痛自刻责，深念近数十年积习相仍，因循粉饰，以致成此大衅，现在议和，一切政事尤须切实整顿，以期渐图富强。"[①] 那些维持原有制度、不

[①] 《中国近代史资料丛刊·义和团（四）》，上海人民出版社 1957 年版，第 81 页。

思进取和变革的极端顽固势力也受到极大的打击。八国联军要求惩罚的官员就达到 96 名（包括处死 4 名），曾诋毁学习西方和制度改革的端郡王载漪、辅国公载澜、庄亲王载勋、协办大学士吏部尚书刚毅、大学士徐桐等或被杀，或被流放，或被免职。极端顽固势力基本上被消灭殆尽，制度变迁的阻碍成本大幅度减少。而那些受甲午战败影响、实力下滑的洋务派再次得到重用。正如罗兹曼所评述的那样，"《庚子协定》使顽固保守派中最排外的人士深信，中国迫切需要推行彻底的制度性变革计划。"①

1901 年 1 月 29 日，慈禧太后颁布上谕，实施新政。其主要内容有：第一，筹饷练兵，编练新军。第二，振兴商务，奖励实业。第三，废科举，办学堂，派留学。第四，"裁冗衙""裁吏役""停捐纳"等。其中，有关经济发展方面最重要的就是设立商部，颁布商法（包括商律、商会章程、公司律以及公司注册章程、试办银行章程等），借此来促进工商企业的发展。

此后，还积极学习西方的政治制度，预备仿行立宪。1905 年 9 月 1 日，慈禧太后颁布预备仿行宪政的谕旨。1908 年 8 月，颁布《钦定宪法大纲》。1909 年 3 月，各省成立咨议局。1910 年 10 月，在北京成立资政院。1911 年 5 月，清政府裁撤军机处等机构，组建新内阁——皇族内阁，并规定 1913 年召开国会。

但由于这些改革和尝试是在维护封建帝制和统治秩序的基础上的一些边际调整，并没有解决资产阶级的实际问题。因此，改革失败，封建制度也在辛亥革命中走向末路。

2. 辛亥革命与政治制度变革

1911 年，武昌起义，辛亥革命爆发，资产阶级革命派彻底推翻了统治中国长达两千年之久的封建帝制。然而，在民国初年的政治博弈中，中央政府权力却为袁世凯所窃取。他放弃南京临时政府所制定的《临时约法》，建立了北洋军阀统治。这场政治制度的整体性变革

---

① 吉尔伯特·罗兹曼主编：《中国的现代化》，江苏人民出版社 1995 年版，第 289 页。

产生了两大结果。

其一，法律制度的建立，法制思想深入人心。在封建统治时期，皇帝总揽立法、行政、司法大权于一身，皇帝本人就是法律和制度的化身，"朕即国家""朕即法律"。然而，辛亥革命彻底推翻了这一思想，确立了"主权在民"原则。它不但被写进临时约法，甚至在袁世凯的称帝诏书中，也写上"国体实定于国民之意向"[①]。民国政府先后颁布《中华民国临时约法》《中华民国约法》《公司条例》《商法》等，尽管这些法律法规存在着诸多不如意的地方，但毕竟突破了清政府靠《大清律》和上谕管理国家的方式，确立以法治国的基本方针。

其二，政权更替频繁，地方割据严重，政局动荡不安。在短短的16年中，先后有袁世凯、黎元洪、冯国璋等六七个人登上总统位置，大致可分为袁世凯统治时期（1912—1916）、皖系军阀统治时期（1916—1920）、直系军阀统治时期（1920—1924）以及奉系军阀统治时期（1924—1926）四个阶段。特别是袁世凯去世以后，国家更分裂为皖、直、奉三系大军阀，它们为扩充地盘，争夺大总统位而相互攻伐，从而使中国陷入了军阀割据局面。即使在南京政府统一全国初期，由于军阀混战以及中国共产党的武装割据，都增加了统治者之间竞争的激烈程度。这无疑有利于它们之间为争夺利益而采取更为有效的鼓励工商业发展的政策，为工商业发展提供更自由的空间。

（二）商民谈判实力的增强

随着清末中国工商业的发展，商人自身力量也不断增强。特别是在西方商会制度传入中国，向中国商民展示了商人合力的作用之后，中国商民开始自发组建商会，维护商民的利益。

1902年，"上海商业会议公所"（即后来的"上海商务总会"）成立，这是中国近代史上最早出现的工商业资产阶级团体，有"第一商会"之美称。1904年，清政府仿日本《商业会所新例》颁布了《奏定商会简明章程二十六条》，要求"凡属商务繁盛之区可设商务

---

① 《东方杂志》第13卷第1号。

总会","商务稍次之地可设商务分会"①。于是，各地纷纷组建和创设商会。1902年，山东、江苏、福建、湖南四省率先创立商会，此后，商会如雨后春笋般相继建立，到1912年，除极个别省份外，全国都相继创办了商务总会、分会和分所②。

就商会组织体制来讲，近代中国商会形成商务总会、商务分会、商务分所三级组织体制。它们层层统属，逐级展开。辛亥革命后，商会的三级组织结构变成省商联会、商会、分事务所三级结构；后根据1915年新《商会法》，发展到四级结构，即全国商联会、总商会、商会和（分）事务所。这种结构体系有利于信息的收集、输送与反馈，促进了商业信息资源的整合，以及商人力量的联合。

就商会内部组织来讲，章程明晰，结构严密。例如，上海商务总会章程共有13章，70多条，详细阐明其宗旨、会员、入会、选举、经费、议事、责任、权利及义务等。同时，商会还建立了科层制的组织结构③，设有总理、协理、坐办、议董4种职位，各职员之间分工明确，职能清晰。这无疑增强了商会的控制和协调能力，最大限度地表达了资产阶级的意志和利益。

商会通过商会信息网络和内部组织结构形成了一股政府不敢小觑的影响力，商民的谈判实力有所上升。这主要表现在以下几个方面：

首先，商会的保商作用得到认可。在商会成立之初，商会必须"以商情利弊为宗旨，不得涉及商界以外之事"④。1904年，《商会简明章程》开始明确规定，"商会之设责在保商"，即代商申诉，调解纠纷，汇报商情，管理工商各业⑤。

商会和商民谈判实力的上升引起了政府的注意，他们开始倾听商

---

① 天津市档案馆等编：《天津商会档案汇编（1903—1911）》上册，天津人民出版社1989年版，第21—22页。
② 虞和平：《商会与中国早期现代化》，上海人民出版社1993年版，第75—76页。
③ 对这一问题虞和平先生作了详细深入的论述，不再赘述。参见虞和平《商会与中国早期现代化》，上海人民出版社1993年版，第174—185页。
④ 《商部为重申奏定章程有关条文札苏州商务总会全文》，《苏州商会档案》。
⑤ 《商会简明章程二十六条》第24条、第7条、第8条、第15条、第16条、第20条、第26条，《大清法规大全·实业部》卷七，《商会》。

民意见，甚至在法律中规定了商会的立法建议权。1914 年，《商会法》规定，商会有权"关于工商业法规之制定、修改、废止及与工商业有利害关系事项，得陈述其意见于行政官署"，"关于工商业法规之制定、修改废止及其他关于工商业事项，得征集全省商会意见建议于农商部及地方最高行政长官"[①]。

其次，商民自拟商法，参与立法活动。由于议会未开，商会无法像西方商会那样，将势力渗入立法机构中，实施正常的立法权和监督权。于是，他们将所有的心思和精力都集中在自拟商法上。1907 年，上海预备立宪公会、上海总商会和上海商学会联合发起商人自定商法活动，"专聘通晓商律之士，调查各埠商业习惯"，深入研究各国现行公司法，历时三年，最终编制出《公司律调查案》并配附详尽的理由书，将之作为商界的意见，呈送给清政府。

北洋政府时期，商民立法参与达到高潮。1912 年，中华全国商会联合会成立，为商人参与立法提供了组织条件。商联会还创办了《会报》，广泛宣传经济法的思想和理论，为商人推动议案通过提供了法理基础和舆论准备。1914—1925 年，商联会共举办 9 次代表大会，每次都涉及经济法制建设的议题，或请求政府从速制定颁行经济法规，或对已有经济法规提出修改、补充和实施意见。

在这些法律草案和意见中，被采纳最多、影响最大的是《商法调查案》。根据李玉（2007）的核实和总结，《公司条例》共有 251 条，其中，212 条源自于《商法调查案》，采纳率达到 86.5%。而且在所采纳的 212 条中，有 164 条原封未动，占 77.4%；有 18 条略作文字上的修改，占 8.5%；而只有 30 条略有些改动或删减，仅占 14.2%。由此可见，商会作为商民的集体组织，其申述商民权力，争取商民利益的谈判实力已经大大增强。

第三，商民对政府命令的抗争。根据道格拉斯·C. 诺思的国家悖论理论，"国家的存在对经济增长来说是必不可少的，但国家又是人为的经济衰退的根源"。因为国家掌握强制权力，既可以通过强制

[①] 《（北洋）政府公报》1914 年 11 月 28 日，第 922 号。

性制度变迁，推动有效制度的建立，促进经济发展；又可能因为追求自身利益最大化，人为干预企业经营活动，致使经济衰退。这种情况在近代中国非常普遍，不过随着清末中央权力的弱化，商民组织能力和对抗能力的增强，情况有很大改观。例如，临时政府曾要求抵押招商局以借款1000万两，袁世凯企图利用招商局改组吞并招商局，北洋政府曾企图利用"官商合办"形式控制南洋兄弟烟草公司等。但这些企图都因商民的抵制，而以失败告终。南洋兄弟公司的创始人简照南曾对政府的控制企图进行如下描述，"纯粹政府利益，于我们极为吃亏""官场腐败，……做事鬼鬼祟祟，……究不如招商股之为畅快直捷也"；而且由于政局动荡，"纵然许我好条件，亦非磋商合作时期，……（所以）断难成议"[①]。

综上所述，一方面，中央政府权力由于革命和军阀混战的影响而告衰弱，而另一方面，商民力量却因组织商会，通过商会法而得到增强。这必然造成国家与商民之间权力和利益的重新分配。

第二节　商会推动下的公司制度调整

随着近代中国公司的建立与发展，人们对公司制度的认识不断深入，以及其他制度要素（包括金融、组织、法律和政治等）的适应性调整，官督商办特许公司制度的预期净收益明显下降，商办准则主义公司制度的预期净收益明显增加，这必然打破1873年以来的公司制度均衡，提出制度变迁的需求。

一　制度变迁需求的产生

（一）官督商办特许公司制度的预期净收益下降

公司本是以资本为纽带的一系列契约集合，资本在公司制度背后起着关键的作用，无论是权力、利益，还是风险都应以所掌握的资本

[①] 上海社会科学院经济研究所等编：《南洋兄弟烟草公司史料》，上海人民出版社1958年版，第120—131页。

份额为基础进行分配。不过，近代中国官督商办特许公司制度中却出现了超越资本的力量——"官督"。虽说曾有"一应事宜概照商人买卖常规撙节核实办理，不得稍涉糜费，以重商本"①的承诺，但由于政府具有超经济的强制力，且具有独立的政治经济目标，因此，必然造成"官权"对"商权"的褫夺，公司目标往往偏离了利润最大化目标。这严重扭曲了公司制度的平等契约性质，摒弃了资本的力量，打破了公司治理结构中资本力量制衡下的权力均衡。

首先，"官"夺取了公司的人事任免权，尤其是在公司中拥有最高统治权力的总办和会办的任免权。一般公司的最高人事任免是由股东大会选举董事会，并由董事会选出总经理负责日常的经营活动。但是官督商办企业中，凡事由"官总其成"，经理人的选取被"官"牢牢地控制在手中，而且选取中"但论情势为任用"，"不问贤否"。这不免造成人浮于事，开销巨大。以招商局为例，"时官场中皆视商局为肥缺，为利薮，为消纳闲散之衙署，"②于是，上司、官亲、幕僚、旧故等纷纷荐人，而招商局因漕粮运输之利害，"凡官荐之人，势不能却"，因此，招商局凭添许多坐领干薪之人，"总办商董举自官，……调剂私人会办多，职事名目不胜数。"③

另外，这也造成官督商办公司中"用无限信任交换无限忠诚"的监督机制，可能因代理人被任意调走而失去作用。比如，招商局唐廷枢和徐润等人"因友及友"所募集的股东，便因二人先后离局而失去了对局务的监督权。

此外，由于在双重监督体制中总办权力独大，损公肥私现象也十分严重，形成了"群蚁聚食"的局面，以致"商情虽好，仍属不敷。"④可见，在这种用人体制下，庸才占据要位，良才得不到重用

---

① 《徐州立国矿务招商章程》，《申报》1884年5月13日。
② 招档：《招商局史略》。转引自张后铨主编《招商局史》（近代部分），人民交通出版社1988年版，第94页。
③ 郑观应：《罗浮待鹤山人诗草·商务叹》。转引自夏东元编《郑观应集》下册，上海人民出版社1988年版，第1369页。
④ 聂宝璋编：《中国近代航运史资料》第1辑下册，上海人民出版社1983年版，第1031—1032、1081页。

和提拔。在位的每个人都思考如何从企业获得更多私利,而没有人对企业的发展进行全盘筹划,于是"官督商办"公司企业必然缺乏活力,经济效益低下。

其次,政府侵夺股民的收益权。在官督商办公司中,由于"官有权而商无权","有利焉,其利必先官而后民也;……无利焉,其害必先民而后官也。"[①] 如从1904年开始,招商局奉命每年向商部捐助5000余两,到1909年,招商局共向商局捐款33128两,而这并不包括在其报效中。除此之外,还有各种捐税和各地政府盘剥。以至于1895—1908年,虽然招商局每年利润都在806万两左右,但招商局不仅毫无积累,反而净亏近110万两。[②]

股民的经济利益遭受极大的损失。比如,前会办朱其诏在局任职期间从未领取过花红薪水,而1892年病故,招商局只在运漕项下拨银1.2万两"以为抚恤";同样携巨款入局并为招商局立下汗马功劳的前总办唐廷枢病故后,招商局也只支付1.5万两"以示格外抚恤",而此二人在局的巨额投资则化为乌有[③]。郑观应对"官"侵"商"权的评价更加深刻和准确,他指出官督商办"名为保商实剥商,官督商办势如虎,华商因此不及人,为丛驱爵成怨府"[④]。

最后,对资本平等、有限责任、公司法人地位和公司治理结构的认识不断增强。关于这方面的论述可见第五章第一节内容,这里不再赘述。关于准则主义公司制度认识水平的提高,增加了对新制度预期收益的判断,也减少了对现有制度现金流的预期。

由此可见,一方面,由于官员控制管理高位,人浮于事,公司制度的优势得不到发挥,企业利润微薄;另一方面,即使管理高层经营管理不错,公司利润丰厚,但由于官分商利,商民所获得的收益也是

---

① 何启、胡礼垣:《新政真诠》,郑大华点校,辽宁人民出版社1994年版,第194、203页。

② 张后铨主编:《招商局史》(近代部分),人民交通出版社1988年版,第229—241页。

③ 同上书,第206页。

④ 郑观应:《罗浮待鹤山人诗草·商务叹》。转引自夏东元编《郑观应集》下册,上海人民出版社1988年版,第1369页。

相当微薄。现有公司制度已远远不能满足商民的需要,他们迫切要求改革。

(二) 股市风潮增加了对公司立法的需求

股票市场是经济的晴雨表,是上市公司经营状况和公司治理情况的表征。股票市场的建立与发展,一方面促进了公司的社会融资,推动公司的蓬勃发展,另一方面也反映了现有公司制度的弊端,对公司制度的发展提出了新的要求。根据第五章第一节的分析与介绍,清末民初中国股票市场规模小,交易分散,投机之风盛行,股市波动较大(出现矿业倒账风潮、橡皮风潮和信交风潮三次股市风潮)。这无不与近代中国公司制度发展有着密切的关系。

首先,官督商办特许公司制度采取一事一议的特许方式,没有统一的登记注册标准,能否被批准、怎样批准完全取决于有关官员。也就是说,当时并没有建立起统一的、规范的并有一定规模的股票发行市场[1]。在此情况下,股票往往是因友及友或通过报纸刊发广告来进行,缺乏能够对股票发行进行评估、对市场容量有所把握和对股票认购包销的组织。这样,一旦股市高涨便会激发投机狂潮,而股票滥发也必将引发股市崩盘,造成股市风潮。1883年,矿务局倒账风潮便是如此。1882年,开平矿务局在上海招足股份100万两,股票价格也从100两涨到216.5两。这大大刺激了公司股票发行和社会民众的投资认股。一时间,公司纷纷奏请发行股票,股民们也不惜贷款购买股票,股市出现投机热潮。据报道:"自春徂冬(1882年),凡开矿公司,如长乐、鹤峰、池州、金州、荆门、承德、徐州等处,一经禀准招商集股,无不争先恐后,数十万巨款,一日可齐。"[2] 但由于缺乏公司注册制度、股票发行标准和股票发行组织,股票市场上鱼龙混杂。一些公司在集资过程中弄虚作假,招股行骗,甚至有些公司,在尚未见眉目的情况下便以高于票面价格发售股票。一旦消息败露,必

---

[1] 成九雁、朱武祥:《中国近代股市监管的兴起与演变:1873—1949年》,《经济研究》2006年第12期。

[2] 《字林沪报》1883年1月22日。转引自张国辉《洋务运动与中国近代企业》,中国社会科学出版社1979年版,第300—301页。

然引起股市崩盘。

其次,股票风潮中,许多公司高级管理人员因股票投资失败而大量挪用公款。例如,招商局会办徐润因投资房地产和股票失利,挪用招商局公款 16 万两想渡过难关,结果东窗事发,不得不交出局股 883 股(按票面额计算为 88300 两),其余系以房地产折银 6 万余两作抵。但是如果按照时价局股每股 50 余两计算,仅合银 44150 两,再加上房地产折价 6 万两,徐润只还回 10 万两,招商局损失 6 万两。同一时期,织布局总办龚寿图也挪用大量公款,反诬郑观应经营不善,郑观应被迫垫款两万两。由此可见,官督商办公司中管理相当混乱,双重监督机制所导致的总办权力不受监督,必然衍生出滥用职权、侵夺公司资产等恶劣行径,给公司发展造成巨大损失。

第三,这次股市风潮使上海几乎损失了近 300 万两的工业投资资金。不仅"公司"二字人们避恐不及,新股发行无人问津,而且纵使诚实筹办公司在危机中也往往因缺乏有限责任规定的保护而倾家荡产。再加上股市交易量小,通常是有价无市。因此,公司几乎无法从股票市场上融通所需资金,投资者也无法靠股票市场上用脚投票对公司进行外部监管。股票市场被虚置,甚至最终转化成了公债市场。

综上所述,1883 年的倒账风潮充分暴露了官督商办公司制度的弱点,商民们迫切需要进行公司制度变迁,确立公司的注册制度、有限责任制度、公司法人制度以及公司治理制度等,获得准则主义公司制度的潜在利润。

二 商办准则主义公司制度的预期净收益上升

综上所述,由于官督商办公司制度中"官"对"商"的利益和权力的掠夺,商民的 PV_0 大幅度减少,再加上商民对公司制度的认识不断加深,建立准则主义公司制度的预期净收益现值相对增加。但该制度能不能成行,还要看制度调整中制度建立的成本多少。

1. 商办准则主义公司制度的搜寻和宣传成本降低

在制度嫁接阶段,制度搜寻成本是由统治者来承担的。然而,随着工商业的发展,商民自身素质的提高及对公司制度认识的增加,商民已经开始组织商会搜寻本国商情和商事习惯，比对外国相关法律，并邀请了解和懂得法律事务的人士，编写商务调查。因此，制度变迁主体的制度搜寻成本已经悄然转移到了商民头上，从而减少了其制度建立成本。

由于人们对准则主义公司制度的认识不断增加，对法人地位、有限责任和公司治理结构都有了比较明确的了解和认知，这无疑增加了商民对准则主义公司制度的预期收益的评价，减少了制度变迁主体对该项制度的解释、宣传费用。同时，股票风潮也充分暴露了官督商办公司制度的弊端，从另一个侧面向大家宣传了准则主义公司制度的好处。

2. 商办准则主义公司制度的阻碍成本下降

由于清末新政的推行和辛亥革命的爆发，近代中国政治权力开始出现弱化，与政府权力相联系的"官"的作用有所下降，从而减少了建立商办准则主义公司制度的阻碍。比如，盛宣怀作为官股代表曾一度赶走商股总办和会办唐廷枢、徐润，加强了对招商局的控制，并借此建立了庞大的盛氏王国，成为当时的中国首富。由于盛宣怀是官股利益的代表，尽管他为了与袁世凯争夺对招商局的控制权，一度提出了"商办隶部"的主张，但当商股要求商办时，还是遭到了他的阻挠。而辛亥革命爆发，彻底地打碎了旧有的官僚体系，盛宣怀成了革命的对象，被迫逃往日本。盛氏家族的财产被各省军政府查封或接管，招商局的盛氏集团势力遭到了沉重的打击。邮传部派驻招商局的总办会办等管理人员相继离局[①]。可见，阻碍制度变迁的集团因政治制度的大爆炸式变迁基本被消灭或分化，阻碍实力减弱，阻碍成本降低。

同时，商民也开始组织起来，用一个声音说话，谈判实力增强。比如，1912年，袁世凯窃取革命胜利果实，占据大总统之位，妄图将刚刚商办的招商局收归北洋政府所有。这种倒行逆施的举动立即遭到招商局股民的反对。广东籍股东郑崇礼联系各省股东，在上海召开

---

① 招档：《轮船招商局第38届帐略》，第9页。

"招商局救亡大会",邀集上海各工商团体参加,共商抵制北洋政府干预的对策。袁世凯慑于众怒,只好作罢。可见,商民谈判实力的上升无疑给阻碍集团以沉重的打击。

3. 商办准则主义公司制度的实施成本降低

从清末新政开始,中国政府已经充分认识到了法律制度的重要作用,为了救国图强,开始学习和引进西方特别是德国的法律制度,翻译法律典籍,设立京师法律学堂,教授和传播法律知识;编制法典,建立法律体系;进行司法和行政分离的司法改革。辛亥革命打碎了两千年的封建体制,建立了资产阶级共和国,并为此颁布了有利于工商业发展的政策。特别是有关经济立法的制定,为准则主义公司的制度奠定了良好的制度环境基础,扫除了立法和实施的封建阻碍。与19世纪70年代制度嫁接时期相比,准则主义制度的实施成本自然少了许多。

综上所述,商办准则主义公司制度的预期收益上升,而制度供给成本显著下降,因此,其预期净收益增幅相对较大,从而产生制度变迁的可能。

三 制度调整与商办准则主义公司制度的建立

官督商办特许公司制度的预期净收益显著下降,而商办准则主义公司制度的预期净收益明显上升,当 $PV_{zhunze} > PV_{texu}$ 时,便出现了新的制度变迁,也就是本书所说的制度调整。

首先,公司制度的准则主义取代特许主义。清末民初,中央政府颁布了《公司律》(1904)、《公司条例》(1914)和《公司法》(1929)等一系列相关法律,确定了公司的注册制度、法人地位、有限责任和治理结构等,奠定了中国准则主义公司制度的基本框架。这里需要强调的是,这些法律制度同样是学习西方尤其是德国和日本法律的结果。公司法颁布以后,"新公司之遵章组织,旧公司之依照改组,来部禀请者不下数百起。"[①]

---

① 《农商公报》第18期,1916年1月。

其次，公司商办取代官督商办。一方面，官督商办公司制度的结果是官有权而商没权，商人因股票的记名制和股市的不健全无法用脚投票；另一方面，官方剥夺了股东大会关于总办的人事任命权和收益权，让股东大会虚置，剥夺了股东用手投票的机会；而且官方还通过频繁变更总办彻底割裂了股东与总办个人之间"用无限信任交换无限忠诚"的委托代理关系。这样，作为真正的公司所有者，商人只能处于任人宰割的地位。于是，股东们为了维护自身的利益，不得不组织股东大会，改组官督商办的企业制度。比如，1908—1912年的四年间，招商局股东们便召开了第一次和第二次股东大会，讨论并完成了从官督商办向商办的转化。同时，股东大会与董事会也不再被虚置，成为决定公司发展方向，保护投资者利益的重要机构。

第三，明确区分无限责任与有限责任。在近代西方公司制度中，股东所承担的责任可以分为有限和无限两种形式，这些股东所组成的公司因此可分为无限责任公司，有限责任公司和两合公司。关于无限责任，亚当·斯密这样描述道："非经全公司许可，伙员不得把股份让渡给他人或介绍新伙员入伙。……营业商如有亏空，各伙员对其负债都负责任"[1]。所谓有限责任是指股东以其所认购的股份金额为限对公司债务负担有限清偿责任，一旦公司因资不抵债而破产，股东最大损失额为其所持有的股份，不涉及股东的其他财产。可见，这两类股东所担责任不同，所享权益各异。因此，法律应当明确规定，公司章程中也应该书写清楚。

《公司律》明确规定了股东的两种不同责任形式。该律第6、13条规定合资有限和股份有限公司均以所集资本为限进行营业，公司招牌、图记及营业所出股票等均须标明"有限"字样（第8、15条）。第9、29条规定有限公司"如有亏蚀、倒闭、欠账等情，查无隐匿银两、讹骗诸弊，只可将其合资银两之尽数，并该公司产业变售还偿，不得另向合资人追补"。

---

[1] [英]亚当·斯密：《国民财富的性质和原因的研究》，郭大力、王亚南译，商务印书馆2004年版，第302—303页。

但凡合资公司、股份公司于呈报商部注册时,"未经声明'有限'字样,应作无限公司论"。《公司律》第31条规定,"无限公司如遇亏蚀,除将公司产业变售偿还外,倘有不足,应向合资人、附股人另行追补"。此后颁布的《公司注册试办章程》进一步规定,"其未经注册者,虽自称'有限'字样,以不得沾公司律第9条、第29条之利益"。而对钱业、当商等特殊的经营行业,商部则另行通告,要求一律以无限责任形式注册,以维护商业信用[①]。

第四,确定公司的法人性质。1904年,《公司律》并没有规定公司法人性质,因此,公司治理机制失去了法理上的合理性和法律依据。1914年,《公司条例》第3条规定:"凡公司均认为法人",明确了公司的法人性质,弥补了《公司律》中的法理缺陷,这不仅对于公司法本身内容的完善具有重要的意义,而且对于近代公司制度的发展也具有举足轻重的作用。

总之,无论是按照准则主义公司制度模式注册,还是由官督商办特许公司改组,这一时期商办准则主义公司制度已经取代官督商办特许公司制度,成为公司制度的主流,并促进民族工商业的发展。

第三节 制度调整结果分析

一 制度互补与制度配置效率的提高

(一) 制度互补与制度融合

根据动能定理,如果 G 域存在两种制度选择 Λ^*、Λ^{**},D 域也有两种制度选择 Σ^*、Σ^{**},且制度 Λ^* 与 Σ^*、制度 Λ^{**} 与 Σ^{**} 互补。如果域 D(或域 G)的参与人由于某种原因(如技术进步)选择 Σ^{**}(或 Λ^{**}),那么,对于域 G(或域 D)的参与人来说,选择 Λ^{**}(或 Σ^{**})而非 Λ^*(或 Σ^*)将会更加有利可图,因为此二者具有互补

[①] 农工商部扎各省商务议院为各处当商注册应与钱业一律用"无限"字样文(光绪三十三年六月),《大清光绪新法令》第十类,《实业》,《注册》,第29页;另见《东方杂志》第4卷第11号《商务》,第122—123页;《商务官报》,丁未年(1907),第17期,第6—7页,光绪三十三年七月初五日(1907年8月13日)。

关系。

此次制度调整的根本原因就是原有其他制度要素的调整改变了引入规则的相关参数，也就是改变了引入规则的预期成本与预期收益，从而产生了对公司制度进一步调整的需求。具体来说：其一，人们通过翻译西方公司法，学习公司相关管理知识和具体实践活动，对公司制度的认识逐步加深。他们对公司法人地位、有限责任以及法人治理结构的深入理解，构成了某种隐性规则要素，有利于这些新规则的颁布与实施。其二，股票市场和现代银行制度的建立，为公司股东提供了"用脚投票"的外部治理基础。其三，此时中国开始推行法律制度建设，法制环境有所改善，准则主义公司制度的实施成本大幅度降低。这些隐性规则、实施机制以及其他相关制度的改变，尽管不是那么充分和彻底，但是却增加了准则主义股份有限公司制度的预期收益，降低了制度预期成本，促进了准则主义公司制度的产生。由此断定，调整后的公司制度应该与其他制度要素互补。

（二）制度效率的考量

这一时期的效率标准发生了一些变化，原有制度已经由最初的业主制和合伙制变成了官督商办特许公司制度，而被引入规则也从特许公司制度变为准则主义公司制度。先从分析二者的制度效率开始。

就官督商办特许公司制度来讲，虽然解决了业主制和合伙制筹集资金的困难，能够快速筹集巨额资本，从事近代工商业建设与生产。但由于外部治理结构中"官督"代替了资本市场和银行，内部治理结构中股东大会和董事会被虚置，股东只好用"无限信任交换无限忠诚"来解决委托代理问题，从而弱化了资本的力量。

就准则主义公司制度来讲，它通过明确公司法人性质分清了个人资产和公司资产；通过有限责任降低了投资者的风险；通过建立股票市场和现代银行扩大投资者的社会基础，并通过用脚投票的方式满足了投资者的监管需求；股东们组建股东大会，由股东大会选举董事会、监事会和经理，决定公司重大事项，监督企业运行，检查公司来往账目等，从而解决所有者和经营者分离所造成的委托代理问题，提高管理效率，促进企业的发展，保障投资者的利润。

第五章 制度调整：向商办准则主义公司制度的过渡

商办准则主义公司制度是在对官督商办特许制度的深刻认识之上，在其他制度要素发生巨大变化的基础之上建立起来的。因此，一方面，《公司律》明确规定合资有限和股份有限公司均以所集资本为限进行营业（第6、13条），公司招牌、图记及营业所出股票等均须标明"有限"字样（第8、15条），"如有亏蚀、倒闭、欠账等情，查无隐匿银两、讹骗诸弊，只可将其合资银两之尽数，并该公司产业变售还偿，不得另向合资人追补"（第9、29条）。1914年，《公司条例》第3条规定："凡公司均认为法人"，确定了公司的法人性质。而另一方面，商办准则主义公司制度还摆脱了政府对公司的过多干预，提升了股东大会和董事会的地位和权力，建立了比较现代的治理结构。具体情况如图5—1所示。

1. 股东大会

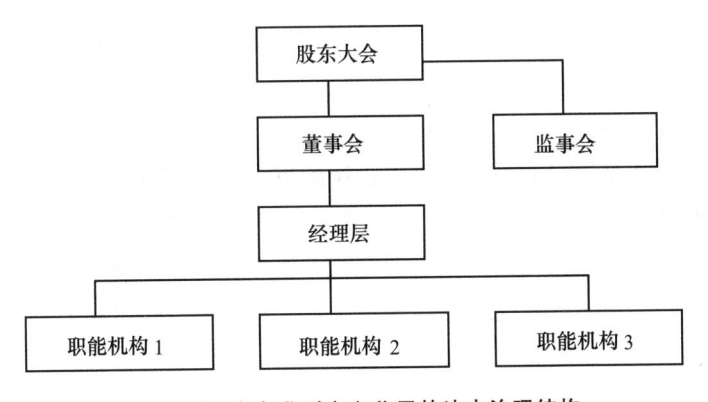

图5—1 商办准则主义公司的法人治理结构

在官督商办公司制度中，股东大会和董事会虚置，股东没有用手投票的权利。然而，《公司律》和《公司条例》规定，股东大会每年至少召开一次，在公司每届结账后一段时间内召集。甚至为了解决公司经营过程中遇到的困难与矛盾，可以召开临时股东会议。而且股东大会不再是一纸空文，它拥有选举和开除董事，监督公司运营的权力。例如，1916年5月，因北洋政府策划发行不兑现纸币的消息走漏，中国银行和交通银行发生挤兑，段祺瑞随即下达停止兑现令。上海中行在副总裁张嘉璈的支持下,召开股东大会,宣布为保护股东利益、维持银行信誉,拒受停兑令,照常兑现。在浙江兴业、上海商业等民营银行,汇丰、麦加利等外资银行大力支持下,上海中行得以安渡风潮,信誉大增。

2. 董事会

依据《公司条例》的规定,公司首届董事由公司发起人或创立会选举产生,以后则由公司股东会选出,董事任期不得超过3年,但期满后,经公举得以连任(第152—159、178—182条)。1929年,《公司法》第138条规定"公司董事至少5人,由股东会就股东中选任之",且当董事缺额达董事总数三分之一时,应立即召开临时股东会补选。1914年,《公司条例》规定公司董事均为公司法人代表,而1929年,《公司法》则规定"特定董事中之一人或数人代表公司"。董事与董事会作为公司的最高决策层,其主要职责为决策公司经营方针,选聘或解聘公司经理人员,召集股东常会,造具提交股东会审议的各项簿册与议案。

3. 监察人

监察人是股份有限公司组织机制的重要组成部分,是公司上层权力制衡的关键性环节之一。《公司条例》规定,监察人由股东会就股东中选任之,监察人初次由公司发起人或创立会选出,以后则由公司股东会选举产生,其任期不得超过一年,但期满后经股东公举可以续任。监察人的职责是会同董事对公司进行验资及相关审查。当公司成立以后,监察人的职责主要是审查稽核公司业务(《公司律》第102、113、114、166—177、205、206、235—237条)。

4. 经理层

总经理及各职能经理是公司治理结构的重要组成部分,是公司管理的中坚力量。职业经理阶层的发展,在治理结构中的相互监督以及在日常管理中的便宜行事,都关乎公司经营业绩、公司利润增长和公司本身的发展。

就经理阶层而言,近代中国谈不上有职业经理人,基本都是创业者和经营者合二为一。根据梁启超在世纪之交的观察,近代中国

第五章　制度调整：向商办准则主义公司制度的过渡

的经理阶层来自于四种人：第一，根本就没有诚心的投机者；第二，具有一定实力的士绅；第三，推举商界有名望之人；第四，在某些方面有学识经验者，基本上都是"以无企业能力之国民而侈谈实业"①。虽然，其言有些绝对，近代毕竟还出现了张謇、刘鸿升、荣氏兄弟、简氏兄弟、周学熙等著名企业家。但他却反映了这样一个事实，即初期职业经理人匮乏，经理基层基本由创始人及其有血缘、族缘、地缘关系的人充任。以血缘、族缘、地缘为纽带的关系模式仍在公司制度中留下了深深的痕迹。如在郭氏集团中，作为发起人的郭氏家族的投资仅占股本总额的 5.6%，② 但郭乐却兼任董事长和总监督，其弟郭顺担任总经理，郭氏兄弟和叔侄占据董事会 15 个席位中的 7 位，且其他 8 人除胡耀庭以外，还因在永安资本集团各联号里担任要职而受郭氏兄弟的支配。③ 职业经理人的匮乏，董事会、经理人遴选的家族大股东化，再加上股票市场发育不良，在一定程度上限制了资本的作用机制，对公司的经营造成了许多负面影响。20 世纪 30 年代后，随着新式教育的发展，留学人员的归来以及各种企业的不断发展，除创办者和大股东以外的支薪职业经理阶层开始出现。受过专业训练、有着丰富经验的经理阶层才开始进入公司企业中，成为企业管理的中坚，也必将引领中国公司制度向新的方向迈进。

就公司治理而言，双重治理机制已为时代所淘汰，经理的权力受到限制。他们或者受董事会的节制（由董事会选聘，对董事会负责），或者受股东大会的节制（由董事会推选，或由股东大会选举产生，对股东大会负责），从而实现了委托人对代理人的监督。中华书局裁撤和重新启用陆费逵便是一个极好的例证。1918 年 6 月，中华

---

① 梁启超：《敬告国中之谈实业者》，载《饮冰室合集》文集第三册，中华书局 1989 年版，第 113 页。
② 张忠民：《艰难的变迁——近代中国公司制度研究》，上海社会科学院出版社 2002 年版，第 158 页。
③ 上海市纺织工业局等编：《永安纺织印染公司》，中华书局 1964 年版，第 28—29 页。

书局因经营不善造成资金周转不灵召开股东会，改组董事会，解除陆费逵总经理一职，任其为司理。而当陆费逵整顿书局，并令其起死回生时，又再次委其总经理一职。可见，经理阶层来自于股东大会选举的董事会的任命，因此，必将对董事会负责，从而确保经理阶层与股东利益的一致性，实施对公司发展有利的管理。

这样，通过对官督商办特许公司制度收益 $R_1 = R_{origin2}$、准则主义公司制度收益 $R_{object2}$ 以及近代中国商办准则主义公司制度收益 R_2 的比较研究，发现商办准则主义公司制度的收益已经明显高于官督商办特许公司制度，即 $R_2 > R_1$（或 $R_{origin2}$），而且已经非常逼近准则主义公司制度的目标收益，尽管还有些不如人意的地方。因此，在制度选择净成本既定的境况下，近代中国商办准则主义公司的制度效率明显超过官督商办特许公司，而且趋近于目标效率，即 E_1（或 $E_{origin2}$）< $E_2 < E_{object2}$。

综上所述，随着知识存量增加，股票市场和银行等制度发展，近代公司法人治理结构的建立，引入规则（准则主义公司制度）与其他制度要素（中国股票市场、近代银行以及关系型文化特征）基本形成了互补关系。虽然其他制度要素调整不充分将对这些互补性造成一定影响，使最终目标效率没有完全实现，但在现有框架下，基本实现了制度的配置效率。从此，近代中国公司制度进入最辉煌的时期，中国民族资本也因此进入黄金时代。

二 股份公司的迅速发展与近代经济发展的"黄金时代"

《公司律》《公司条例》和《公司法》的先后颁布逐步消除了投资者的一律，促进公司以及公司制度的发展。据统计，1904—1908年，向农工商部正式注册的公司已有228家，其中，股份公司为153家，占注册公司总数的67%。[①] 张忠民根据农商统计表结合沈家五所编《北洋时期工商企业统计表》估算，1912—1920

[①] 《农工商部统计表》（第一次，1908），《农工商部统计表》（第二次，1909年）。转引自张忠民《艰难的变迁——近代中国公司制度研究》，上海社会科学院出版社2002年版，第250页。

年，公司数量从961家增加到1345家。按此增长率推算，到1926—1927年，中国公司的数量大致已经可以达到2000家。① 1929年，全国新注册各类公司284家，注册资本总额达到1.3亿元，1930年为275家，资本1.1亿元，1931年增至305家，资本8153.6万元，1932年新注册公司下降到204家，资本也只有6410.8万元。② 总之，1914—1922年，中国资本主义发展出现了"黄金时期"。③

从公司类型上看，股份有限公司所占份额明显较多。根据表5—3的数据计算，1912—1927年，登记注册的公司中股份有限公司所占份额最少的是1912年的57%，最多的是1924年的90%，平均可达到79%。从公司资本上看，股份有限公司所占资本份额最多。1912年，股份有限公司实缴资本3319500元，占总数的75.8%，1918年，股份有限公司实缴资本已经达到5060090元，占总数的95.6%。尤其是在百万元以上的企业中，尽管百万元以上企业的数量不占多数，但其资本额却占资本总额的大部分。在1912—1919年的633家企业中，有66家百万元以上企业，其中，有63家是股份有限公司，其资本额占总资本额的67.3%。

随着市场经济的发展，20世纪30年代，在近代中国金融和实业界还逐渐形成资本相对集中，企业相互关联的规模化趋势。其中，比较著名的有张謇大生系统的通海实业公司，孙氏家族的通孚丰企业系统中的通惠实业公司，荣家兄弟的申新、茂新、福新总公司，刘鸿生的中国企业公司，以及周学熙的实业总汇处，等等。虽然这些公司还不能算作真正的控股公司，但它们却从另一个角度反映了准则主义公司的发展规模和经济绩效。

---

① 张忠民：《艰难的变迁——近代中国公司制度研究》，上海社会科学院出版社2002年版，第252—260页。
② 《近四年中国注册公司按省别统计》，《工商半月刊》1933年第5卷，第17号。
③ 当然，导致1914—1922年中国资产阶段发展的原因还有很多，比如，第一次世界大战、企业家素质等方面的原因，本书将在后文作详细论述。

表 5-3　1912 年 6 月至 1927 年 11 月注册登记公司数额

单位：元

年份	股份有限公司 家数	股份有限公司 资本额（元）	股份无限公司 家数	股份无限公司 资本额（元）	两合公司 家数	两合公司 资本额（元）	股份两合公司 家数	股份两合公司 资本额（元）	独资公司 家数	独资公司 资本额（元）	合计 家数	合计 资本额（元）
1912	8	3319500	0	0	1	24000	4	1031000	1	5000	14	4379500
1913	18	5060090	0	0	1	30000	4	147000	2	55000	25	5292090
1914	61	22662475	1	16000	15	516000	6	389485	8	241000	91	23824960
1915	70	21543394	23	2054930	8	232590	0	0	0	0	101	23830914
1916	87	32411654	10	1170000	7	474000	2	1005200	0	0	106	35060854
1917	70	18638724	13	1210550	4	233545	0	0	0	0	87	20082819
1918	65	42972457	15	1508772	4	125400	0	0	0	0	84	44606629
1919	92	46911210	26	2045425	4	52500	3	21000	0	0	125	49030135
1920	126	104867596[a]	31	1910248	5	1002700	3	430000	0	0	165	108210544
1921	153	103643136[b]	22	9116070	1	334000	0	0	4	5150000[c]	184	118243206
1922	109	76779250[d]	24	6390978	1	6000	3	508000	0	0	137	83684228
1923	124	79755735	24	3119000	3	380000	1	10000	0	0	152	83264735
1924	82	16812000[e]	6	174000[f]	2	38590[g]	1	5000	0	0	91	17029590
1925	82	16130475[h]	10	680000[i]	2	0[j]	0	0	0	0	94	16810475

第五章 制度调整：向商办准则主义公司制度的过渡

续表

年份	股份有限公司 家数	股份有限公司 资本额（元）	股份无限公司 家数	股份无限公司 资本额（元）	两合公司 家数	两合公司 资本额（元）	股份两合公司 家数	股份两合公司 资本额（元）	独资公司 家数	独资公司 资本额（元）	合计 家数	合计 资本额（元）
1926	107	13068000[k]	18	785850[l]	3	54000	3	0[m]	0	0	131	13907850
1927	49	32094175[n]	12	4617500	1	60000	1	50000	0	0	63	36821675
合计	1303	636669871	235	34799323	66	3563325	31	3596685	15	5451000	1650	684080204

a. 缺良贸商业（股份有限公司）的资本额；
b. 缺天津兴业银行、东方药房、阜民草帽、云龙火柴、黄桥染织、通城货栈（股份有限公司）的资本额；
c. 缺裕庆南面粉、人和航业（独资）的资本额；
d. 缺大兴水利（股份有限公司）的资本额；
e. 缺中华皮鞋等39家股份有限公司的资本额；
f. 缺利用火砖（股份无限公司）的资本额；
g. 缺中华网品（两合公司）的资本额；
h. 缺安轮船20家股份有限公司的资本额；
i. 缺华通粉袋、开阳矿务（股份无限公司）的资本额；
j. 缺济南振业大东、川东协和碱务、俊斯塔西东亚（两合公司）的资本额；
k. 缺福利转运51家股份有限公司、信丰药房（股份无限公司）的资本额；
l. 缺哈尔滨古谢夫、福豫、汉口华兴红砖瓦厂（股份两合公司）的资本额；
m. 缺上海乾元兄弟产业（股份两合公司）的资本额；
n. 缺光华影片、上海大丰铅矿（股份有限公司）资本额。

· 143 ·

表 5—4　1912 年 6 月至 1927 年 11 月百万元以上公司注册登记数额

单位：家，元，%

年份	股份有限公司□ 数量	股份有限公司□ 资本	股份无限公司△ 数量	股份无限公司△ 资本	股份两合公司○ 数量	股份两合公司○ 资本	独资公司☆ 数量	独资公司☆ 资本	百万元以上企业统计 数量	百万元以上企业统计 资本	所有企业统计 数量	所有企业统计 资本	占比 数量	占比 资本	备注
1912	2	2998500	—	—	1	1000000	—	—	3	3998500	14	4379500	21.43	91.30	
1913	1	2000000	—	—	—	—	—	—	1	2000000	25	5292090	4.00	37.79	
1914	9	18799250	—	—	—	—	—	—	9	18799250	91	23824960	9.89	78.91	
1915	6	15668665	1	1000000	—	—	—	—	7	16668665	101	23830914	6.93	69.95	
1916	9	21198500	—	—	1	1000000	—	—	10	22198500	106	35060854	9.43	63.31	
1917	7	10899400	—	—	—	—	—	—	7	10899400	87	20082819	8.05	54.27	
1918	13	33799100	—	—	—	—	—	—	13	33799100	84	44606629	15.48	75.77	
1919	16	33297750	—	—	—	—	—	—	16	33297750	125	49030135	12.80	67.91	
1920	32	87649350	—	—	—	—	—	—	32	87649350	165	108210544	19.39	81.00	缺良贸商业（股份有限公司）的资本额
1921	38	86295050	2	8000000	—	—	1	5000000	41	99295050	184	118243206	22.28	83.98	缺天津兴业银行 6 家股份有限公司和裕庆面粉、人和航业（独资）的资本额
1922	22	60597150	4	6000000	—	—	—	—	26	66597150	137	83684228	18.98	79.58	缺大兴水利（股份有限公司）的资本额
1923	26	62506443	1	1000000	—	—	—	—	27	63506443	152	83264735	17.76	76.27	
1924	7	11500000	—	—	—	—	—	—	7	11500000	91	17029590	7.69	67.53	缺中华皮鞋等 39 家股份有限公司（两合公司）、利用火砖（股份无限公司）资本额

第五章 制度调整：向商办准则主义公司制度的过渡

续表

年份	股份有限公司□ 数量	股份有限公司□ 资本	股份无限公司△ 数量	股份无限公司△ 资本	股份两合公司○ 数量	股份两合公司○ 资本	独资公司☆ 数量	独资公司☆ 资本	百万元以上企业统计 数量	百万元以上企业统计 资本	所有企业统计 数量	所有企业统计 资本	占比 数量	占比 资本	备注
1925	4	7900000	—	—	—	—	—	—	4	7900000	94	16810475	4.26	46.99	缺永安轮船等20家股份有限公司与华通粉袋、开阳矿务（股份无限公司）和济南振业大东、川东协塔西东亚（两合公司）的资本额
1926	4	5000000	—	—	—	—	—	—	4	5000000	131	13907850	3.05	35.95	缺福利转运51家股份有限公司与上海乾元兄弟产业、汉口华兴红砖瓦厂（股份两合公司）和哈尔滨古谢夫、福豫、信丰药房（股份无限公司）的资本额
1927	5	25499250	1	4000000	—	—	6	29499250	63	36821675	9.52	80.11	缺光华影片、上海大丰铝矿（股份有限公司）的资本额
小计	201	485608408	9	20000000	2	2000000	1	5000000	213	512608408	1650	684080204	12.91	74.93	

资料来源：根据沈家五编《北洋时期工商企业统计表》编制，中国社会科学院近代史研究所近代史资料编辑组编《近代史资料》总第58号，中国社会科学出版社1985年版，第145—277页。

· 145 ·

在近代股份公司制度调整的推动下,中国经济增长速度加快。1913—1926年是整个近代经济增长最快的时期,被称为第一个"黄金时代",工业的年平均增长率在10%以上。1926—1937年,经济增长速度虽然有所下降,但也达到8.4%,其中,1936年,许多产品的产量指标都达到近代最高水平。可见,近代准则主义公司制度不仅基本实现了制度的配置效率,而且适应性效率也较高,经济发展速度加快,经济总量也明显增长。

三 移植前景与风险

这一时期,由于本土其他要素对公司制度的学习和调整,有了非常大的突破,尽管没有调整充分,但却与引入的准则主义股份公司制度形成了阶段性的互补。虽然这种制度模式还没有达到目标效率,但要明显优于中国原有企业制度模式,创造了巨大的经济效益,也推动了经济的发展。可以说,近代中国公司制度已经踏上了正确的发展路径。如果其他要素方面能够进一步改进,为公司发展提供更加开放、平等、公平的机会,同时公司制度也进行相应调整或者进行制度创新,制度移植必然能够成功。

然而,这一时期却隐藏着一个巨大的问题,那就是军阀割据所造成的政治不稳定。由于影响政治制度调整的因素非常多,它们对政治制度的作用方向也不同,因此,政治制度进一步调整便会给股份公司制度的发展带来风险。如果能够建立一个更加民主、平等和法治的政治制度模式,便可以促进公司制度的进一步调整和创新;如果建立一个专制独裁的政治制度,很可能会迫使公司制度逆转,配置效率和适应效率降低,经济发展下滑。

第四节 小结

随着官督商办特许公司的开办,人们对公司制度的认识不断加深,知识存量也显著增加,同时,与近代公司制度互补的股票市场和现代银行相继建立并有所发展。再加上八国联军侵华以及辛亥革命沉

第五章 制度调整：向商办准则主义公司制度的过渡

重打击了封建帝制，一方面造成法律制度得以大规模建立，法制思想也深入人心；而另一方面因军阀割据，中央政府势弱，商民地位开始上升。他们组建商会，并通过商会积极参与经济立法活动，从而改变了制度变迁的主体，成为推动商办准则主义公司制度建立的主角。

这些相关制度要素的剧烈变迁，引起人们对公司制度的重新评价。官督商办特许公司制度的预期净收益现值下降，而准则主义公司制度的预期净收益现值相对上升。当 $PV_{zhunze} > PV_{texu}$ 时，便出现了新的制度变迁，建立了具有准则主义、公司法人制度、有限责任、公司治理结构等特点的商办准则主义公司制度。

该制度调整实现准则主义与原有其他制度要素的互补，制度配置效率和适应性效率都大幅度提高。由于商办准则主义公司制度拥有了官督商办特许公司制度所没有的法人地位、有限责任和现代公司治理结构等制度功能，其制度效率明显高过原有制度。而与目标效率相比，由于商办准则主义公司中还存在着大量以血缘、族缘、地缘为纽带的关系，经理遴选的家族大股东化，因此，虽然非常接近目标制度效率，但还有些不如人意的地方。而从经济发展来看，这一时期中国工商业取得了飞速发展，成为中国近代发展最迅速的二十年。因此，从总体上来看，制度移植比较成功。

然而，这一时期也有一个巨大的隐患，即政治制度调整给准则主义股份公司制度带来的风险：如果能够建立一个更加民主、平等和法制的政治制度模式，便可以促进公司制度的进一步调整和创新；如果建立一个专制独裁的政治制度，很可能会迫使公司制度逆转，配置效率和适应效率降低，经济发展下滑，移植失败。

第六章 制度再调整与移植失败：国有垄断公司制度的扩张

国家既能推动经济的增长，又能导致经济的衰退。虽然20世纪30年代后，国家干预与国家资本主义已经成为世界经济发展的潮流，发展国有资本是国民党的既有国策，中国近代国有经济对赢得战争和加快战后恢复起了非常重要的作用。但随着国有垄断的不断加强，战后物价飞涨、金融瘫痪、经济崩溃，乃至政府垮台，无不说明国有统制经济制度以及国有垄断企业制度的失败。

第一节 中央经济控制力的加强

近代中国国家资本主义经济思想的产生并不偶然，它是在国外国家资本主义盛行的影响下，由国内政治经济结构所决定的。

一 国有经济思想的影响与社会意识认同

从世界经济迈入资本主义阶段以来，自由主义思潮便一直占据着经济发展的主流，国家奉行着小政府的箴言，市场完全靠"看不见的手"配置资源。然而，第二次科技革命和工业革命将经济发展重心扩展到重化工业，生产的社会化程度提高，生产规模扩大，特别是后起国家对先发国家的赶超，都把政府职能同经济发展和工业化进程直接联系起来，国有化浪潮不期而至。

从19世纪60年代开始，德国为实现军事强国的目标，克服资本

第六章 制度再调整与移植失败：国有垄断公司制度的扩张

与市场力量不足的弊病，凭借中央集权的强大实力，积极干预经济发展，推动国有化。国家不仅自己办企业，而且还促进工业资本与土地资本的结合、金融资本与工业资本的结合，推动资本家办私营企业。1879—1909 年，德国铁路国有化程度从 28.5% 提高到 93.8%，到第一次世界大战前，已经涉及采矿、制盐、铁路、邮政、电信、森林、金融等行业。[①] 苏联以新经济政策和计划经济体制实现了苏联经济，尤其是重工业的迅猛发展，特别是在大萧条期间的独树一帜，没有受到世界经济危机波及而向世人展现了国家计划和干预的作用。美国在大萧条后放弃了"自由放任"的自由主义经济政策，选择了"国家干预"，施行罗斯福"新政"，通过稳定国家金融体系，赤字财政兴建道路、桥梁等公共工程刺激经济的运转和发展。再加上德国新历史学派瓦格纳、施穆勒等人提出了"福利国家"理论，英国著名经济学家凯恩斯提出了凯恩斯主义经济学，即通过政府干预经济，通过调整财政收支，借助赤字财政来调节社会总需求，以稳定经济的发展。国家干预和国有化成为这一时期的经济政策主流。但必须强调的是，除了苏联的计划经济体制外，其他国家虽然推行国有化，但并不意味着国有产权对私有产权和资本家利益的侵占，相反，它是通过"看得见的手"来弥补市场不足，稳定经济发展，因此，私有产权仍占整个经济发展的绝对比重。

孙中山考察了西方资本主义发展的历史与现实，提出"节制私人资本、发达国有资本"的基本主张。他认为西方发达资本主义国家进入垄断阶段以后，中小资本不断遭到垄断资本的排挤和吞并，经济危机频发，社会矛盾日益尖锐化。而解决这一问题的根本途径就是将铁路、航运、矿山、冶炼等重要事业国有化，大力发展国有资本，既避免了私人资本利益被垄断资本所侵吞，又可以增加国家收益，减免苛捐杂税，发展教育、养老、救灾、医疗等以改良社会服务。但孙中山在《建国方略》中也指出，中国实业开发"应分两路进行，一

[①] 杜恂诚、严国海、孙林：《中国近代国有经济思想、制度与演变》，上海人民出版社 2007 年版，第 9 页。

个人企业、二国营企业是也"。并提出个人企业和国营企业的边界，即"凡夫事物之可以委诸个人，或其较国家经营为适宜者，应任个人为之，由国家奖励，而以法律保护之"，"至其不能委诸个人及有独占性质者，应由国家经营之"[①]。因此，孙中山所谓的"节制资本"，并不是要反对私人资本，或排斥私人资本，而要通过国有资本来保护私人资本发展，这充分代表了民族资产阶级的根本利益。只不过孙中山虽然注意到国有资本在解决资本不足、公共产品供给不足以及外部性方面具有一定优势，但却对其效率估计太过乐观，忽视了国有资本同样可以产生垄断，阻碍生产发展和科学技术进步，并极易造成寻租滋生腐败。

当时中国理论界也有如此看法。如翁文灏认为中国近代民族资本不发达，"如果完全听任人民专营私利的自行经营，不免使大量资力，耗费于成功特速，获利特多，而事实上对于国家民族需要较少的事业"[②]，这样有害无益，因此，必须发展国有资本。吴半农也认为应当加紧发展国家资本以代替私人资本，才能避免重走欧美私有资本主义老路。[③] 可见，国有化在当时既符合世界国家干预的潮流，又得到了国内政治家和经济学家们的认同。尽管对国有资本与私人资本之间的关系的认识还存在一定偏差，但对国有化的认识已经形成社会普遍意识，从而修正了公司制度的相关制度要素，改变了制度需求者和供给者的成本收益分析，推动了制度的边际修正。

二 中央权力的增强与统制经济政策的全面实施

北洋政府时期，直系、奉系、皖系军阀割据一方。它们实力相当，又有西方列强的背后支持，因此相互制衡，未能形成统一局面。在这种中央权力相对较弱，各地方实力相对加强且相互竞争的局面下，商民有了更多的空间，商会发展迅速，且谈判实力有所增强。然

---

① 中山大学历史系孙中山研究室等编：《孙中山全集》第6卷，中华书局1985年版，第253页。
② 翁文灏：《关于国营事业之意义》，《公报》第11卷第6期，第83页。
③ 吴半农：《国营事业论》，中国文化服务社1945年版，第7页。

第六章 制度再调整与移植失败：国有垄断公司制度的扩张

而，北洋军阀对外依附于西方列强，出卖国家权力；对内横征暴敛，割据混战，给人民造成了无穷灾难，也使经济遭受了极大的破坏。

在这种情形下，国民党从1926年开始北伐，至1928年12月29日，东北保安总司令张学良宣布改旗易帜，全国实现暂时的形式上的统一。中央权力也得到不断加强，这主要包括两方面的内容。

第一，排除异己，建立一党专政。早期广州国民政府和北伐军是由国民党和共产党联合组成，但当北伐军打下南京后，国民党便制造了四一二和七一五反革命大屠杀，宣布中国共产党为非法组织，用最残酷的白色恐怖手段和军事围剿手段予以取缔。在此基础上，国民党政府还实行"训政"和以党代政，"由中国国民党全国代表大会代表国民大会，领导国民行驶政权"，其闭会期间"以政权托付中国国民党中央执行委员会执行之"，彻底废除了北洋政府期间形式上的议会制，施行一党独裁。1928年11月，全国商业联合会曾自行预选了10位候选人，要求国民政府从中挑选5人充任中央立法委员。结果遭到国民党的断然拒绝和严重警告，"训政时期即为党治之实行时代，今党选尚且不可更，何有于商联？且考查该商会等之行动，荒谬绝伦殆无此拟。一否认本党之指导地位，二干涉约法上之规定，三不守法令而选举立法委员。似此种种，皆属反革（命）之行为，而该商会等竟一一表现于言行，殊堪痛恨"。[①] 由此可见，民族资产阶级通过议会代表争取自身利益的可能性在此期间微乎其微，商会的谈判能力显著下降。

第二，强化国家机器，进一步实施独裁统治。这主要表现在三个方面：一是通过1929年蒋桂战争、蒋冯战争以及1930年中原大战逐步确立蒋介石在军事上的垄断优势，形成了军事独裁。二是蒋介石身兼中央执行委员会和中央政治委员会主席[②]、国民政府主席和陆海空

---

① 参见《上海特别市党部第六区党部痛斥全国商联会》，《民国日报》1928年11月16日。转引自《天津商会档案汇编（1928—1937）》上册，天津人民出版社1996年版，第566—567、571页。

② 中央常务委员会和中央政治委员会是国民党最高党务机关——国民党中央执行委员会的两个核心机构，分别负责日常党务和指导国民政府的大政方针。

军总司令,从而形成蒋介石对党政军权的垄断与独裁。三是通过经济上"发达国有资本"和"统制经济",巩固国有经济垄断局势。

早在1927年,南京政府便通过没收和接管北洋政府时期的国有企业,形成了最早的国有资本,如江南制造局、金陵制造局和首都电厂等。此外,国民政府还在孙中山"发达国家资本"基本建国方略的基础上,设立专门的组织机构和制订经济建设计划发展国家经济。在组织机构方面,1931年成立全国经济委员会,负责国家投资建设项目和制定国家经济发展规划,1932年成立国防设计委员会,后改为资源委员会,战时成为全国工矿业的统制机构。在经济建设计划方面,1928年通过《建设大纲草案》规定全国交通事业、有独占性质之公用事业以及关系国家前途之基本工业及矿业,悉由国家建设经营①,1931年还通过了十项建设纲要,确立了工农业发展目标,以实施孙中山先生的实业计划。至抗战前,国民政府已经建成中央钢铁厂、中央机器制造厂等23处,兵工厂10余家、军需企业16家、造船和飞机制造以及修理企业10多家,新修铁路8303公里,公路80000公里(1927—1937)②。不过,1927—1937年,国有工矿业资本总额只有20600万元③,约占全国工矿业资本总额的15%,其余皆为民营,所以,国有经济还未在经济领域形成垄断,对国民经济的影响还较弱。另外,需要指出的是,蒋介石的统制经济与孙中山的设想名实不符,它脱离了孙中山先生"发达国家资本建立民有民享经济基础"的初衷,变成了强化中央政权控制力的手段。

抗战时期,政府为集中人力、物力、财力打赢战争,满足战时庞

---

① 孙科:《建设大纲草案及其说明》,《革命文献》第22辑(台北版),第367页。
② 工业数据来自陈真等编《中国近代工业史资料》第3辑,上海三联书店1957年版,第839页;军事工业数据来自《新编支那年鉴》,日本昭和二年(1927)出版,中译本;交通方面数据来自严中平等编《中国近代经济史统计资料选辑》,科学出版社1955年版,第227、234页。转引自杜恂诚、严国海、孙林《中国近代国有经济思想、制度与演变》,上海人民出版社2007年版,第88页。
③ 吴承明:《中国资本主义与国内市场》,中国社会科学出版社1985年版,第130页。

第六章　制度再调整与移植失败：国有垄断公司制度的扩张

大的军用民需，学界提出"工业化是实现团结抗战的重要途径"①，统制经济则是"真正求得国难出路的基本方策"②，1939年，国民党五届五中全会正式宣布实行战时统制经济。何谓统制经济？"就是对于国家经济或国民经济，从事业需要方面制定方案来指导或管理"③，其基本特征就是国家凭借对权力的垄断直接干预或管制生产、流通和分配等各个环节，其目的是集中一切人力、物力和财力以满足战争需要。1937年成立贸易调整委员会，1938年改为贸易委员会，下辖富华、复兴、中国茶叶和世界贸易四个国有专业公司，对贸易实施统制管理。1938年改组资源委员会，使之隶属经济部，主要从事重工业建设。此外，国民政府在军事、交通、财政、粮食、银行等系统还建立了大量的国营企业。在战时统制经济的基本方针指导下，国有垄断资本加速形成，到1942年，国营企业资本总额占全国工业资本总额的比重已经从1935年的12%增加到69.58%。④

抗战胜利后，国民政府设立了三大接收机构，即陆军总司令部下属党政接收计划委员会、行政院收复区全国性事业接收委员会以及东北和台湾省属敌伪事业资产统一接收委员会和日产处理委员会，分别从军事单位、全国性政治经济单位和地方事业三个方面接收敌伪资产。据不完全统计，总额大约达到232465万元战前法币⑤，这些敌伪资产中除少量资产发还、标卖，大多数转由国家直接经营。根据简锐的统计，1946—1947年接收的敌伪资产共计9345家，扣除1620家待处理，其余7725企业中，发还的只有319家，仅占处理企业总数的4.1%。如果把1581家做其他处理的企业也算作标卖，那么，标卖企业也只有2865家，仅占37.1%，而转移到国家机关和国营企业

---

① 刘大钧：《从抗战建国说到工业化》，《战时工业问题》，第6、9页。
② 刘维炽：《中国实业前途之危机》，《中国实业》第1卷第2期，1935年2月15日。
③ 邵元冲：《经济统制与人力统制》，《建国月刊》第11卷第3期，1934年9月10日。
④ 陈真等编：《中国近代工业史资料》第3辑，上海三联书店1957年版，第1419页。
⑤ 简锐：《国民党官僚资本发展的概述》，《中国经济史研究》1986年第3期。

的 4541 家，占 58.8%。如果按照资产计算，在接收敌伪工矿企业的 116076 万元战前法币资产中国家资本所得为 104468 万元，占总资本的 90%。① 虽然，数据估计存在很大出入，但却足以表明国有资本借战后敌伪资产接收急剧膨胀，出现了一批超大型国家资本企业，在社会经济范围内形成国家资本垄断。而且随着内战爆发以及国民政府腐败，统制经济也由局部发展至全面。国家垄断资本最终成为社会经济发展的桎梏，而极端统制则导致经济全面崩溃。

三 国家对货币金融体系控制力的增强

1927 年，南京政府成立，便开始着手进行商业银行国有化和币值改革，逐步确立国家对货币与金融体系的控制。不过从总体发展趋势上看，大致可以分为两个阶段：一是 1927 年至 30 年代末，虽然中央政府通过四行二局对货币金融体系的控制能力有所增加，但无论是从官股份额、资本份额还是存款份额来看，还都基本保持在 50%—60%；二是 20 世纪 40 年代以后，随着抗日战争的深入和战后接收敌伪资产，国有份额显著增加，控制能力大大提升。

（一）设立四行二局，增强对银行体系的控制

1928 年，在全国经济会议上，国民政府提出"整顿币制、改革圜法、统一财政及调剂全国金融，均非有健全之国家银行不可"②，阐明了国家银行的重要作用，开始着手建立中央银行，改造国有银行，实施对银行业的垄断与控制。

首先，组建中央银行，谋求政府通过央行对金融体系实施控制。1927 年着手筹备，1928 年修订《中央银行条例》，宣布成立中央银行，额定资本 2000 万元国币，由国库一次拨足。1928 年，中央银行在上海正式开业，财政部长宋子文兼任中央银行总裁。《中央银行章程》明确规定了中央银行为特殊国家银行，在国内为最高之金融机关，有发行兑换券、铸造和发行国币、经理国库、经募国内外公债、

---

① 数据来自简锐《国民党官僚资本发展的概述》，《中国经济史研究》1986 年第 3 期。
② 全国经济会议秘书处编：《全国经济会议专刊》，上海商务印书馆代印 1928 年版，第 91 页。

第六章 制度再调整与移植失败：国有垄断公司制度的扩张

协助政府调剂金融等特权[①]。但应当指出的是，这时的中央银行还不是真正意义上的央行。它在货币发行、代理国库、金融清算等方面，长期与中国银行、交通银行、农民银行三行共担，优势并没有显示出来。如1936年，中国银行法币发行量最多，为4.59亿元，占发行总额的37%强；中央银行仅居第二位，发行3.26亿元，占26%强；而居于第三位的交通银行也发行2.95亿元，占24%强，发行比重几乎接近中央银行[②]。此种局面直到1942年6月1日国民政府颁行《中中交农四行业务划分及考核办法》才有所改观。该办法将央行业务集中于中央银行一家[③]。从此，中央银行独占货币发行、代理国库、统筹外汇收付、汇解军政款项、调剂金融市场[④]等央行业务与职能，才真正地成为"银行的银行"，中央银行制度由此建立起来。

其次，改组中国银行和交通银行，加强对私人银行的渗入。中国银行和交通银行是近代中国最大的两家私人银行，历史悠久、信誉卓著，在国内金融界和企业界享有很高的声望，在国民经济中具有举足轻重的地位。南京国民政府成立后即对其怀有兼并之心。1928年10月26日和11月16日，南京政府相继颁布《中国银行条例》和《交通银行条例》，宣布对两行实行改造，将中国银行定为国际汇兑银行，交通银行定为发展全国实业的银行。[⑤] 中国银行额定资本总额2500万元，其中，官股500万元，占20%；交通银行资本总额为1000万元，其中，官股200万元，占20%。两行总行迁至上海，财政部指派李铭为中国银行董事长，卢学溥为交通银行董事长，总经理分别由张嘉璈和胡祖同担任。1935年，南京政府又以救济国内金融为名，发行金融公债1亿元，主要用来增加中央、中国和交通银行的

[①] 梁钜文：《中央银行制度概论》，大东书局1930年版，第187—189页。另见王红曼《中国近代货币金融史论》，上海人民出版社2011年版，第176页。
[②] 陈钟颖：《二十五年份上海金融市场之回顾》，《中行月刊》1937年第1、2期（第14卷第1、2期），第51页。
[③] 《中中交农四行业务划分及考核办法》1942年6月15日。财政部《财政年鉴》编纂处：《财政年鉴续编》第11编，商务印书馆1945年版，第329—331页。
[④] 杜恂诚：《中国近代两种金融制度的比较》，《中国社会科学》2000年第2期。
[⑤] 李苍海：《中国商业银行民营思想的发展》，博士学位论文，复旦大学，2004年。

官股，进一步实现政府对银行的控制。在国民政府发布的政令中，明确指出："查中央银行资本，本部业于上年底遵令增加为1亿元……中国银行现有资本2500万元（官股500万元），应再增官股2500万元（后中央银行请求，新增官股减为1500万元）。交通银行现有资本1000万元（官股200万元），应再增官股1000万元。"由此可见，在中交两行中，官股所占份额已经增加到50%和60%，掌握了两行的绝对控制权。

此外，南京国民政府还不断向其他私人银行和钱业组织渗透。如对中国通商、中国实业以及四明商业银行，分别加入官股347.5万元、347.389万元和366.25万元[1]，官股所占比重分别达到86.88%、86.85%和91.56%，实现了国家资本的绝对控股。南京国民政府还利用1935年的钱业恐慌，由财政部划拨1935年金融公债票面价值2500万元，并组织"钱业监理委员会"，通过中央、中国、交通等各大银行向钱庄提供借款，其中，中央、中国、交通三行借款总额达到1800万元，并借此对上海钱庄实施监督和控制[2]。可见，南京国民政府"对于银行由不干涉状态进入实行统制主义"[3]，对金融业进行了从业务到人事的全面统制。

最后，建立了中国农民银行和邮政储金汇业局、中央信托局。1935年，国民政府将豫、鄂、皖、赣四省农民银行改组为中国农民银行，"供给农民资金、复兴农村经济，促进农业生产之改良进步"。1930年，在原邮政局储金业务的基础上，成立邮政储金汇业局，主要承担储蓄、邮政汇票、电报汇款、抵押放款、贴现放款、购买公债或库券、办理保险业务等[4]。1935年，南京国民政府颁布中国第一部信托法——《中央信托局章程》，成立中央信托局。该局负责垄断各

---

[1] 许涤新、吴承明主编：《中国资本主义发展史》第3卷，人民出版社1993年版，第84页。
[2] 中国人民银行上海市分行编：《上海钱庄史料》，上海人民出版社1960年版，第242—244页。
[3] 吴经砚等：《陈光甫与上海银行》，中国文史出版社1991年版，第114页。
[4] 王红曼：《中国近代货币金融史论》，上海人民出版社2011年版，第157页。

种出口物质的收购；经办军火进口和各项保险事业；为国有或公用事业募集债券与发行股票等；经收公共机关或者公共团体的信托存款；办理各种保证与委托代理事项等[①]。

1937年卢沟桥事变后，中央、中国、交通、中国农民银行在上海成立四行联合办事处，对四行业务进行联合监督。1938年改为四联总处，1939年颁布《战时健全中央金融机构办法纲要》，由四联总处负责办理与金融、经济政策有关的各项特种业务。蒋介石亲任理事会主席，孔祥熙、宋子文、钱永铭三人任常务理事。至此，四行二局体系建立，国家完成对金融体系的改造，政府对金融体系的控制加强。

结果，中央、中国、交通、中国农民银行四大银行地位不断上升。据统计，1936年，四行在全国164家银行中所占份额分别为实收资本占42%、资产总额占59%、各项存款占59%、发行兑换券占78%、纯益占44%[②]。到1946年6月，四行二局的存款已经占全国存款总额的92.9%，放款占全国放款总额的97.9%[③]。私人商业银行及钱庄的存放款所占比例大幅降低，作用也逐渐减弱。

（二）通过币制改革，控制货币供给

货币是金融的基础。近代中国长期坚持银本位制，且流通本币名目繁多，辅币更是多种多样，成色比价无一定标准。这种情况不仅不利于商品交换、经济发展，阻碍了国内统一市场的形成，而且还将中国经济暴露于国际炒家之手，经常出现异常波动。

1933年3月，南京国民政府在上海试行"废两改元"，以规元七钱一分五厘合银币一元为一定之换算率，"所有公私款项之收付与订立契约、票据，须一切改为银元，一切交易不再用银两。"[④] 这项改

[①] 陈诚：《南京国民政府1927—1936年金融政策探析——新制度经济学国家理论的视角》，《全国商情（经济理论研究）》2007年第3期。

[②] 《全国银行年鉴》，1937年。转引自杜恂诚《中国近代两种金融制度的比较》，《中国社会科学》2000年第2期。

[③] 《中央银行月报》新2卷第2期。转引自杜恂诚《中国近代两种金融制度的比较》，《中国社会科学》2000年第2期。

[④] 中国人民银行上海市分行编：《上海钱庄史料》，上海人民出版社1960年版，第229页。

革符合经济发展的客观规律，使国民政府得以统一货币，扩大了中央银行活动的规模和范围，并为此后法币制度改革奠定了基础。不过，废两改元后，中国仍是银本位制，是世界上最大的用银国，其货币主权仍被帝国主义所控制。

1929—1933 年，世界经济危机后，各国逐步放弃金本位，使本国物价下降，中国商品腾贵，从而转嫁经济危机。特别是 1934 年美国实施《白银政策》，大量购进白银，致使中国贵金属外流，市面银根奇缺，利率升高，银行和钱庄大量倒闭。1932 年，黄金净出口量为 1.10 亿元，1933 年为 0.69 亿元，1934 年头 7 个月为 0.42 亿元。1933 年，中国白银海关净出口为 1442 万元，1934 年达到 2.57 亿元，1935 年降至 5939 万元，1936 年又增至 2.5 亿元，1937 年达到 3.99 亿元，1938 年达到 8030 多万元，而其中还不包括白银走私份额。[①] 中国库存贵金属大量减少，市面银根奇缺，银行和钱庄面临着倒闭的风险。为了挽救危机，国民政府于 1935 年 11 月实行币制改革，大力推行法币[②]。国民政府废除银本位制，以中央、中国、交通、中国农民四行所发之钞票为法币，所有完粮纳税及一切公司款项收付，概以法币为限，不得行使现金，违者全数没收。已经流通的银行钞票仍继续使用，但发行额以 1935 年 11 月 3 日流通总额为限，并由财政部以中央钞票收回。法币可无限制买卖外汇等。[③] 至抗战全面爆发前夕，共发行法币 14.07 亿元。[④]

以不兑现纸币代替金属货币，这是货币制度的进步。然而，货币制度（尤其是货币发行制度）必须以准备金为准，以国家信用为保证，与财政制度、政治制度、政府的宏观调控机制等相互配套，否则将会造成更严重的危机。这次货币改革使国民政府垄断了法币发行

[①] 中国人民银行总行参事室编：《中华民国货币史资料》第二辑，上海人民出版社 1991 年版，第 148、158 页。
[②] 法币 Legal tender，意即此币具有无限法偿资格，为收付一切公私款项、一切债权债务的合法手段，任何人不得拒绝承受。
[③] 王红曼：《中国近代货币金融史论》，上海人民出版社 2011 年版，第 150 页。
[④] 杨培新：《旧中国的通货膨胀》，人民出版社 1985 年版，第 30 页。

权，集中了发行准备金，控制了货币供给。一方面对经济起到了积极作用：放弃银本位，减少国际市场上银价波动的干扰；集中发行，统一流通，促进了商品交换和流通的发展；控制准备金和货币发行，稳定物价、刺激经济复苏与发展。另一方面也产生了一个可怕的结果：国民政府不但没有好好利用统一货币的优势，反而将发行不兑现纸币视为弥补财政赤字的灵丹妙药。据统计，国民政府通过法币发行直接掠夺的白银约达到6.5亿元[1]，这造成延续十几年的恶性通货膨胀，给中国人民带来深重灾难。

（三）控制证券等金融市场

除了控制银行和货币发行外，南京国民政府还加强了对证券及其他金融市场的监管与控制。上海证券市场曾是一个自发性证券交易场所。1921年，信交风潮后，华商股票无人问津，证券交易所也因投机而衰亡，至1929年，全国只剩下上海6家和北平、宁波、滨江4家。[2]

南京政府成立后，为了整理证券市场，颁布《交易所法》，规定每个区域内只准设立一家证券交易所，而且每个交易所只能进行有价证券交易或某一种物品交易[3]，且勒令现有交易所在三年内按照规定进行合并或解散。1933年，上海证券交易所进行了大合并，统一成上海华商证券交易所。而北京证券交易所则一直没落，最后陷入停顿状态。国民政府也加强了对证券市场的管理，先由财政部金融监理局管理，后改为财政部造泉币司，继而由工商部、1929年后的联合财政部共同管理。不过，此时的市场上股票和债券的交易额较少，是典型的"公债市场"[4]。直至1937年日军入侵上海，奉命停业。

1943年，四联总处开始考虑建立证券市场，先后拟定了《重庆市产业证券推进会附设市场交易规则》《产业证券申请审查规则》《评价委员会组织及议事规则》等文件进行筹备，但直到抗战结束都未正式开办。战后，在接收敌伪交易所的基础上，国民政府

---

[1] 陈春华：《南京国民政府时期的币制改革》，《广西社会科学》2007年第11期。
[2] 朱彤芳：《旧中国交易所介绍》，中国商业出版社1989年版，第44页。
[3] 王红曼：《中国近代货币金融史论》，上海人民出版社2011年版，第165页。
[4] 洪葭管主编：《中国金融史》，西南财经大学出版社1993年版，第286页。

着手恢复证券业。1946年,上海市证券同业公会成立,同年9月由财政部和经济部联合重组上海证券交易所,除央行以外的三行二局出资4亿元,占10亿元资本的40%①。但由于经济危机、恶性通货膨胀以及国民党的节节败退,资金大量外逃,到1949年5月宣告停业。上海解放时交易所大楼被查封,从而宣告近代上海华商证券市场的寿终正寝。

国民政府通过设立中央银行、币值改革和推进证券市场改革等举措,加强了中央对金融市场的控制,有力地推动了金融市场的完善和发展,在一定程度上和一定阶段中(20世纪30年代左右)促进了民族工商业的发展。但随着政府对金融市场的控制逐渐转向垄断甚至变成统制,政府目标与社会经济目标发生偏离时,情况开始转向恶化。

四 整顿商会与国民政府对商民权力的褫夺

在清末民初,商会作为商民的自愿联合性组织,在加强商民之间的协调,对抗强权的横征暴敛,以及提出立法动议,维护自身政治经济利益等方面做出了卓越的贡献。南京国民政府建立后,为了获取资产阶级的大力支持,曾招贤纳士,让钱新之任财政部次长、穆藕初任工商部次长等;也曾主动邀请商会等资产阶级团体组织参加全国经济会议、全国财政会议,就银行、货币、国债、劳资、裁兵等方面的问题,向他们征求意见。然而,对于商民来讲,参政议政的主要目的是维护自身的政治经济权益;而对国民政府来说,关键问题在于如何争取民族资产阶级的支持,并将他们纳于自己的统治之下。这样,商会与南京国民政府之间便形成了不可调和的利益冲突,最终酿成国民政府对商会的整顿,以及对商民权力的掠夺。

(一)整顿商会

1. 强行接收上海总商会

执全国商会之牛耳的上海总商会于1912年建立,在争取商民利

---

① 杜恂诚:《中国近代两种金融制度的比较》,《中国社会科学》2000年第2期。

益方面曾做出非凡的成绩。然而，国民党却将之视为不良组织，称其"以少数压迫多数之意思，只谋少数人之利益"①，甚至有借助军阀和帝国主义势力谋求个人私利，或从事反革命行动的嫌隙。于是1927年4月，国民党借口"上海总商会责任职员系由非法选举，早经该会会员呈控有案"，指派钱新之、潘宜之、郭泰祺等七人为上海总商会委员，"现任非法产生之会长、副会长及会董一体解职，并将会务克日移交钱新之等暂行维持，毋得违抗"。② 然而，此次接管并不成功。接收后的上海总商会仍由商人掌控，他们为了维护自身的利益，仍继续坚持利用商会与国民政府进行周旋与抗争。他们批评国民政府的税收等经济政策，并自行推选立法委员，希求自身的政治经济利益得到保障和伸张。

2. 成立商民协会，激化商民矛盾

商民协会最早成立于广州，1924年11月，为对抗发动叛乱的广州总商会，组建了代表中小商人利益的商民协会。1926年年初，国民党第二次全国代表大会通过《商民运动决议案》，确定整顿旧商会的方针，即"对在本党治下之区域，须由政府重新颁布适宜的商会组织法，以改善其组织，更严厉执行"；组织各地商民协会以抗衡旧商会，"以监视其进行，以分散其势力，并作其整顿之规模"。③ 实际上，就是以商民协会节制旧商会，甚至最终打倒一切旧商会。

由于商民协会从建立开始，就是以分裂、监督、对抗和取代旧商会为己任，因此，商民协会与商会之间的冲突不断。商民协会以国民政府为其强大政治后盾，而商会在工商界有数十年的根基与影响，因此，商民协会想轻而易举地取代商会绝非易事。这种情况在国民党第三届全国代表大会召开前后达到高潮。1929年3月，上海市商民协

---

① 关于《商民运动决议案》的具体内容可见中国第二历史档案馆编《中国国民党第一、二次全国代表大会会议史料》（上），江苏古籍出版社1986年版，第388—393页。

② 《申报》1927年4月27日。转引自张福记《抗战前南京国民政府与商会关系》，《史林》2001年第2期。

③ 朱英：《再论国民党对商会的整顿改组》，《华中师范大学学报》2003年第9期。

会正式致电国民政府,要求统一商民组织。[①] 陈德徵、潘公展等上海市三全大会代表也以商会由商棍操纵把持,勾结帝国主义与军阀,对抗国民政府之反动团体;商会管理散漫,中小商人因会费过高无力加入,违背国民党全民政治之政策;以及应团结商民,共同努力发展工商事业以抗帝国主义之经济侵略为由,提出解散各地各级商会以统一商民组织的提案[②]。冯少山等人则以全国商会联合会的名义,召集各地商会、公会代表赴南京请愿,坚决反对取消商会。他们提出,"商会为我全体商民所组织之正式法定团体,于历史上有悠久之系统,于革命上有昭著之功绩,今闻三全大会代表竟有撤销之提案,商民协会竟有解散之请愿,群情骇愤,莫可名状。"[③] 上海、北京、天津等地的商协和商会还发生了斗殴冲突,矛盾进一步激化。

3. 撤销商民协会和商总联会等团体,整顿改组商会

商民协会和商会双方矛盾激化,造成工商业经济活动的混乱,严重影响了工商业的发展。1929年5月2日,国民党中央委员会宣布总商会、商民协会、闸北商会、南市商会、各路商界联合会、各商业联合会6个商人团体一律停止办公,成立上海特别市商人团体整理委员会(简称商整会)代行上海各商人团体的职权,并指定虞洽卿、王晓籁、王延松、陈布雷等召集筹议。

国民政府下令解散上海总商会,以反革命嫌疑罪通缉其会长冯少山,总商会从此气势大挫。上海的其他一些商人团体,如商民协会和商总联会等也都被逐渐取缔。全国其他地区商会也基本上为当地政府控制。

1930年,国民政府颁布《中华民国商会法施行细则》,允许成立新商会,但前提是要接受国民政府的领导和管理。如1930年6月成

[①] 《天津商会档案汇编(1928—1937)》上册,天津人民出版社1996年版,第462—464页。

[②] 《上海代表向三全大会之提案》,《申报》1929年3月22日。

[③] 《上海新药业公会快邮代电:请打消〈撤销商会之提案〉(1928年3月26日)》,《中国国民党中央委员会党史会藏档》会3.1/3.6。转引自朱英《再论国民党对商会的整顿改组》,《华中师范大学学报》2003年第9期。

第六章 制度再调整与移植失败：国有垄断公司制度的扩张

立的上海新商会，即由王延松、骆清华等一批上海工商界的国民党党员把持。因此，经过整顿改组之后，商会虽然在名义上得以保存，较之旧商会却相去甚远，它们基本丧失了独立性，已不再是为商人说话办事、代表商人利益的商会，而是依附于国民政府并受之控制和利用的御用组织。

（二）商民谈判实力下降，权力受到限制

作为国民党的御用组织，商会除了由国民党党员把持领导地位以外，权力还受到了极大的限制。这主要表现在以下三个方面：

第一，取消商会的独立法人地位，使商会缺乏自治性质。1930年《中华民国商会法施行细则》，规定商会组织的主管官署所在市、县政府或社会局。① 这表明新商会已沦为政府下属机构，而不是代表商民利益的独立团体，因此，根本无法代表商人进行利益诉求。

第二，限制选举资格，削弱商会实力。1931年，国民党对国民会议商业团体选举人资格与名额限制极严。它规定商会应以其所属之同业公会会员及直接加入商会的商店会员之代表为选举人，年龄无须限制。每一公司行号得派1人，其使用人超过10人者，方能推一店员代表，至多不得逾3人。② 这与工会会员人人都有选举资格形成鲜明对比。显然，国民政府想借此限制商会的谈判实力和权力。

第三，国民政府还采用了一些非常规手段，对商人采取威逼利诱。这其中既包括以疑似共产党分子、亲日分子等名目进行敲诈勒索，通过上海青帮对商人进行威逼利诱；又包括利用发行纸币、储备金、国债等金融手段将商人特别是银行家"绑架"进国民党的经济战车，等等。商人的经济根基受到了动摇，再加上南京政府的恐怖手段，使得商人只能听命于南京政府，再也没有自由发展的空间。

正是由于以上各种原因，这个时期的商会组织虽然仍竭心尽力地维护商人权益，但无奈政府实力的增强，商会实力的削弱，造成制度变迁主体向中央政府的偏移，从而产生政府强制推行的制度调整。

---

① 《天津商会档案汇编（1928—1937）》上册，天津人民出版社1996年版，第25页。
② 张福记：《抗战前南京国民政府与商会关系》，《史林》2001年第2期。

第二节 中央政府强制推行的制度调整

随着经济控制实力的增强,为了应对危机和战争,南京国民政府开始控制和垄断工商业,强制推行国有垄断公司制度变迁。

一 工业化、危机与制度变迁需求的产生

(一)加速工业化进程、应对经济危机产生制度变迁需求

1928年东北易帜以后,南京政府基本完成中国形式上的统一。然而,此时中国的半殖民地半封建社会性质并没有改变,其经济发展仍处于外国资本的控制和支配之下。根据吴承明先生在《帝国主义在旧中国的投资》中的记载,1936年,总公司设在上海的外国贸易商与华商资本比为10:1,几乎控制了上海进出口贸易的90%。在1935年铁路修建中,中国资本投资修建的仅占9%,外国资本投资占52.5%,外国借款投资占38.5%。[1] 1936年,在各通商口岸往来轮船中,外国轮船占69.5%,而中国轮船占30.5%;在煤矿业中,中国资本只占20.3%,外国资本占57.5%[2];在关内电厂投资中,中国资本占35.4%,外国资本占61.1%,中外合资占3.5%,[3] 等等。如果从生产能力上看,洋商企业在中国主要工矿业生产中更是占有绝对比重,它们的产量分别占中国铁产量的95%,煤产量的70%,发电量的76%,棉布产量的64%,卷烟产量的85%。[4] 由此可见,虽然结束了军阀割据,实现了国家统一,但是要想摆脱半殖民地半封建的社会性质,实现国家的真正独立与富强,还需要大力推进工业化发展,建立完整的现代经济体系。

---

[1] 宓汝成:《帝国主义与中国铁路》,上海人民出版社1980年版,第100页。
[2] 严中平等编:《中国近代经济史统计资料选辑》,科学出版社1955年版,第211—222、124、132—133页。
[3] 朱大经:《十年来之电力事业》,载谭熙鸿《十年来之中国经济》,中华书局1948年版,第14—20页。
[4] 《中国资本主义工商业的社会主义改造》,人民出版社1978年版,第34页。

第六章 制度再调整与移植失败：国有垄断公司制度的扩张

然而，1929—1933年，世界性经济危机爆发，各国不待中国经济有所恢复，便更变本加厉地向殖民地进行商品倾销和直接投资，转嫁危机。比如，1929—1931年，进口货值从19亿元增至22亿元，1929—1932年，出口货值则从15.8亿元下降到7亿元。这一增一减使得中国贸易入超额从1929年的3.9亿元，增长到1932年的8.7亿元，入超额上升123%。① 除此以外，西方列强对华直接投资也越来越多，1920年，外国在华直接投资为14.189亿美元，1930年增加到27.516亿美元，1936年更达到31.273亿美元②。其中，资金流入最多的前五个行业为运输业（24.8%）、进出口业（21.4%）、工业（16.5%）、地产业（14%）、金融业（9.5%）。③ 特别是日本为了转嫁经济危机还武装侵略中国，不仅给中国人带来深重的灾难，而且还进一步控制了中国的经济命脉。至1940年，日军不仅抢占中国土地的2/3，农业生产基地的40%，而且还控制了92%的工业生产能力。④ 这些大规模的商品倾销、直接投资以及军事进攻，使得民族产业纷纷破产，几乎无立锥之地。抗战期间，中国棉纺织业损失60%，面粉业损失50%以上，火柴业损失53%，缫丝业损失50%，造纸业损失80%，盐酸业损失80%，其他行业也相继下降60%—80%。⑤

因此，一方面，争取国家经济独立、发展国民经济需要推进工业化的发展，增加重工业的投资；而另一方面，中国民族资本虽然有所积累，但却主要集中在纺织、面粉、火柴等轻工业方面，重工业基础严重不足，且商办股份有限公司一般规模较小，资本较少。再加上金融业（无论是证券市场还是银行）被政府强权绑架，国债利息远远

---

① 武堉干：《近10年来的中国国际贸易》，载中国文化建设协会《十年来的中国》第2册，上海商务印书馆1939年版，第211—216页。
② 许涤新、吴承明主编：《中国资本主义发展史》第3卷上，人民出版社1993年版，第39页。
③ 雷麦：《外人在华投资》，商务印书馆1959年版，第64页。转引自虞宝棠《国民政府与民国经济》，华东师范大学出版社1998年版。
④ 孙文学主编：《中国财政史》，东北财经大学出版社1997年版，第285页。
⑤ 同上书，第286页。

大于工商业贷款利息，金融资本并没有趁机与工业资本走向联合，相反却出现分裂[①]。因此，要承担这些资本投资大、周期长、收效慢的产业建设，或者将公司发展到足以与外国公司抗衡的规模实非易事，急需国家资本的注入。这样便产生了商办准则公司制度向国有公司制度变迁的需求。

（二）军费过度扩张、财政巨额赤字激发制度变迁需求

20世纪20年代末，南京国民政府虽然实现了形式上的统一，但就区域而言，有张学良、阎锡山、李宗仁、冯玉祥等新军阀对各自区域保有控制权，且后来随着日本侵略的深入，控制区域也在不断缩减。就经济结构而言，由外国资本控制中国主要工业产业。这种经济上的不独立、不统一，不仅造成财政收入不足，也使得蒋介石为了维持蒋氏集团的控制力，不断扩充军队和特务组织，包括军费和行政经费开支在内的行政控制成本居高不下。

首先，军费支出大幅度增加。四一二政变后，南京国民政府沿着一党专政和军事独裁的方向发展，完全背叛了国民革命的宗旨。在此后的20多年中，他们不断逮捕、屠杀共产党人，镇压进步人士和群众，战争连年不断，规模不断升级，再加上抗击日本侵略，军费开支数额庞大。

表6—1　　　　　1927—1945年南京国民政府财政情况　　　单位：百万元、%

年度	实际收入[1]	实际支出[2]	结余	赤字占财政收入的比重	军费开支 数额	军费开支 比重
1927	77.3	150.8	-73.5	95.08	131.2	87.00
1928	332.5	412.6	-80.1	24.09	209.5	50.78
1929	438.1	539.0	-100.9	23.03	245.4	45.53
1930	497.8	714.4	-216.6	43.51	311.6	43.62
1931	553.0	683.0	-130.0	23.51	303.8	44.48

---

① ［美］小科布尔：《上海资本家与国民政府》，杨希孟译，中国社会科学出版社1988年版，第155—290页。

第六章 制度再调整与移植失败：国有垄断公司制度的扩张

续表

年度	实际收入[1]	实际支出[2]	结余	赤字占财政收入的比重	军费开支 数额	军费开支 比重
1932	559.3	644.8	-85.5	15.29	320.7	49.74
1933	621.7	769.1	-147.4	23.71	372.9	48.49
1934	638.2	1203.6	-565.4	88.59	386.6	32.12
1935	513.2	1336.9	-823.7	160.50	362	27.08
1936	1293.3	1894.0	-600.7	46.45	555.2	29.31
1937	559	2091	-1532	274.06	1388[a]	66.38
1938	297	1169	-872	293.60	698	59.71
1939	715	2797	-2082	291.19	1611[b]	57.60
1940	1317	5288	-3971	301.52	3912	73.98
1941	1184	10003	-8819	744.85	6617[c]	66.15
1942	5269	24511	-19242	365.19	15216	62.08
1943	16517	58816	-42299	256.09	42943[d]	73.01
1944	36216	171689	-135473	374.07	131080	76.35
1945	150065	1215089	-1065024	709.71	1060196[e]	87.25

资料来源：实际收入、实际支出和军费开支可见杨荫溥《民国财政史》，中国财政经济出版社1985年版，第41、45、70、102、103页。

1. 1927—1936年为债款收入除外的实际收入，1937—1945年为债款收入和银行垫款收入以外的实际收入。

2. 现金结存除外的实际总支出。1927—1933年为普通岁出实支；1934—1936年度包括其他岁出；1937—1945年为现金结存以外的实际总岁出。

a. 1937年度起，包括军务费、国防建设费和非常军费。

b. 1939年度起，加紧急命令拨付款。

c. 1941年度起，包括国防支出、国防建设费、战务费、粮食费、军事运输费和紧急命令拨付款。

d. 1943年度起，不列军事运输费。

e. 1945年度，包括军政部支出、军政部建设支出和紧急命令支出。

如表6—1所示，军费开支从1927年的1.31亿元增加到1937年的13.88亿元，至1945年更增加到10601.96亿元。从绝对数量上来看，1927—1937年，军费开支增加了9.6倍，1937—1945年，则增加了763倍。从所占份额来看,军费开支平均每年约占财政支出56.9%,其中,1927—1936年,平均每年占财政支出的45.82%,1937—1945年,平均每年占财政支出的69.17%。当然,这里还不包括军事委员会的独立支出(据估计每年在2亿元左右①)、各省的地方军费(仅1929年或在5亿元左右②),以及移列到别的支出项下的一些经常性军事开支。

1946年以后的财政支出非常混乱。根据时任中央银行总裁张嘉璈的估计,1946年,军费实际支出占当年财政支出的比重为59.9%,1947年为54.8%,至1948年上半年就已经达到68.5%。③而根据千家驹的估计,仅1946年军费开支就应该在6万亿元左右,约占岁出7.2万亿元的83.3%。④二者差距甚大,根据杨荫溥的研究,后者更接近于历史事实。

此外,行政控制成本中还包括国务、内务、外交、财务、司法、蒙藏、抚恤费等行政经费(政务费),一般占财政支出的10%左右。其中,虽然有些费用因通货膨胀因素有所下降,但党务费支出却呈明显上升趋势。1927年,南京政府刚刚成立时,党务费支出尚不过60余万元,1928年便增至400余万元,1936年更高达767余万元。⑤可见,蒋介石政府是不惜加大在军事和党务这两个方面的控制成本来增强国民政府的行政控制能力。纵观南京政府的27个财政年度,军费开支是财政支出中所占比重最大,也是最重要的项目,是典型的军事财政。

其次,财政赤字不断攀升。一方面,国民政府的控制成本不断提

---

① 参见伍启元《抗战以来的财政和今后应有的方策》,《经济动员》二卷六、七期合刊。转引自《中国财政史》编写组编《中国财政史》,中国财政经济出版社1987年版,第573页。

② 参见诸青来《二十年来之国家财政》,《东方杂志》第28卷第19号。转引自《中国财政史》编写组编《中国财政史》,中国财政经济出版社1987年版,第576页。

③ 张公权:《中国通货膨胀史》,文史资料出版社1986年版,第102—103页。转引自王军主编《中国财政制度变迁与思想演进》第2卷,中国财政经济出版社2009年版,第578页。

④ 杨荫溥:《民国财政史》,中国财政经济出版社1985年版,第174页。

⑤ 孙文学、齐海鹏:《中国财政史》,东北财经大学出版社1997年版,第259—262页。

第六章 制度再调整与移植失败：国有垄断公司制度的扩张

高；而另一方面，由于战争影响，国民政府控制的行政区域减少，控制区的经济凋敝，财政收入增长速度缓慢，这必然造成连年的财政赤字。南京国民政府的财政赤字情况大约分为三个阶段（参见表6—1）：

一是1927—1936年度，财政实际收入从7730万元增加到12.93亿元，扩张了16.73倍，而财政支出从1.51亿元增加到18.94亿元，扩张了12.56倍，财政收入的增长速度略高于财政支出。但如果考虑到1927年国家并未统一的实际情况，剔除1927年的数据，则可以看到财政实收增加了2.89倍，财政实支增加了3.59倍，财政收入的增长明显落后于财政支出。不过，从总体看，二者的差距并不十分巨大，财政赤字在头七年一直维持在1亿元左右，基本占财政收入的20%—30%，只是在最后三年扩张到6亿—8亿元，所占份额也分别增加到89%、161%和46%。

二是1937—1945年度，财政收入则从5.59亿元增加到1500.65亿元，扩张了268.45倍，财政支出从20.91亿元增加到12150.89亿元，扩张了581.10倍，财政支出的增加速度明显快于财政收入。如果考虑到恶性通货膨胀因素，财政收入增加便极其有限。根据杨寿标的统计，通货指数从1937年6月的100，增加到1945年6月的15616，增加了155.16倍；重庆趸售物价指数从1937年上半年的100，增加到1945年6月的213320，增加了2132.2倍；如果按照年末计算，重庆趸售物价指数也从1937年12月的98，增加到1944年12月的58774，增加了近600倍，年增长率都超过了1倍[①]。即使与最保守的通胀估计相比，财政收入的增长幅度也已经被削减60%。而同时为了对抗日军侵略，军费支出等财政支出大幅度增加，从1937年的13.88亿元，增至1945年的10601.96亿元，增加了763倍。财政赤字不断扩大，从15.32亿元增加到10650.24亿元，扩张了695.19倍，几乎是财政收入的3倍左右。

三是1946—1949年度，中央政府的财政相当混乱，数据差距也

[①] 杨寿标：《中国财政统计大纲》，中华书局1946年版，第50、55、58页。转引自杨培新《旧中国的通货膨胀》，人民出版社1985年版，第33、34页。

甚大。杨荫傅比较了中央财政部长俞鸿钧、中央银行总裁张嘉璈以及散见于当时书籍报刊的数字,认为如果不考虑美援问题,那么财政赤字至少要占财政收入的80%。①

为了弥补财政赤字,国民政府或者增加财政收入,但所控制的区域越来越少,而且人民贫苦,所以增加程度有限;或者增发国债和向银行借款,但这反过来又会增加下一年度的财政支出,恶性循环,积重难返。于是,国民政府希望通过推行公司制度改革,推行国有公司制度,控制更多的资源,获得更多的企业效益来弥补军事需要和赤字需要。

(三)新官僚资本家的野心膨胀与重新进行利益分配的需要

在南京国民政府时期,由于缺乏制度约束,政府权力膨胀而不受控制,因此,不仅政府可以从垄断中寻求自身利益最大化,政府官员也可以利用信息不对称和对资源的控制权而从中牟取暴利。这两种行为相互交织,互相渗透,构成了当时的社会毒瘤。

权力寻租是指"利用资源通过政治过程获得特权从而构成对他人利益的损害大于租金获得者收益的行为"。② 在南京国民政府时期,形成了以蒋宋孔陈四大家族为代表的中央官僚集团以及一些握有实际兵权和控制权的地方官僚集团。它们中的一些官僚凭借着在国民政府中身居要职,利用信息不对称和手中特权,操纵公债、倒卖黄金与外汇、囤积居奇与走私,以及专卖经营等手段谋求最大利润,并借机增强自己的实力。比如,1933—1944年,孔祥熙兼任行政院院长、财政部部长和中央银行总裁,并同时拥有几家私人公司。在1942年美金公债案中,他在美金停售(1943年10月15日)前几天批准出售给德生公司、怡兴丝厂、华懋工业厂、仁和铁工厂等共计1660万美元的公债。然这些"预购户虽有户名,但均未留有地址,无从稽考"③。而且在中央信托局所认购的7510500美元中,有250万美元

---

① 杨培新:《旧中国的通货膨胀》,人民出版社1985年版,第172页。
② [美]戈登·塔洛克:《寻租》,李政军译,西南财经大学出版社1999年版,第27页。
③ 《俞鸿钧致蒋介石呈文》(1945年4月5日),蒋中正档案:特交档案2080.109,28/01。转引自郑会欣《美金公债舞弊案的发生及处理经过》,《历史研究》2009年第4期。

第六章　制度再调整与移植失败：国有垄断公司制度的扩张

债票"奉孔理事长谕，准代从前委托定购之客户购买"，并转让给主要由孔氏夫妇所创立的各慈善团体，如"宋公嘉树教育基金户80万元，桂贞夫人医务基金户70万元，真道堂布道基金户40万元，铭贤学院实科基金户30万元，贝氏奖学基金户20万元，慈善堂慈善基金户10万元"。①

这些新官僚资本集团的贪婪不断转化为野心的膨胀，为谋求自身利益最大化，除了上述手段之外，它们还迫切需要向工商企业渗入资本，掌握和控制这些公司的大权。它们希望借助国家银行的经济实力以及国有化运动的风潮，实现它们对大公司的控制，从而牟取暴利。

二　中央政府强制推行的制度供给

中央权力的高度集中和强化，经济危机、财政危机的不断逼迫以及新官僚资本集团的野心膨胀，使得政府对国有公司制度的预期收益评价不断提高。同时，国内外局势也造成了制度供给成本显著下降，从而产生中央政府强制推行的制度供给。

（一）制度搜寻和宣传成本下降

20世纪20年代末30年代初，资本主义国家及其殖民地普遍遭受了世界性的经济危机。它们要么像德国、意大利、日本等国家采取了极端的法西斯主义，通过战争转嫁危机；要么像美国那样通过推行了国家干预经济的措施来缓解和摆脱危机。而同时期的社会主义国家苏联，不仅没有遭受危机的摧残，反而却通过第一个五年计划实现了从农业国向工业国的转变，建起了独立的国民经济体系，为实现国民经济的技术改造奠定了基础。可见，这一时期各国已经普遍认同一个观点——国家这只"看得见的手"应当协助市场这只"看不见的手"来推动或干预经济发展，尽管它们干预的程度不同。

这种共识对于正在寻求经济独立和富强的中国来说并不陌生。孙中山早在1919年就提出"发达国家资本"的思想，"中国实业之开

---

① 《俞鸿钧致蒋介石呈文（1945年4月5日）》之附件，蒋中正档案：特交档案2080.109，28/01。转引自郑会欣《美金公债舞弊案的发生及处理经过》，《历史研究》2009年第4期。

发应分两路进行：一是个人企业，二是国家经营是也"，"凡夫事务之可以委诸个人，或其较国家经营为适宜者，应任个人为之，由国家奖励，而以法律保护之"，"至其不能委诸个人及有独占性质者，应由国家经营。"① 其他知识分子、科学技术专家、企业家和政治家们等社会各界人士，也在分析私人资本主义发展缺点的基础上提出增加国家干预。比如，吴半农、翁同灏等学者指出，私人资本不加限制的恶果非常严重，但在中国这样一个产业落后、经济基础薄弱的国家，"如果节制私人资本而不同时加速发展国家资本，则其结果，势将等于阻止国民经济的发展。""只有到了国家资本在各种重要的经济活动中占到了绝对统治的地位，我们的经济才可保证不走欧美私有资本的老路。"② 同时，在20世纪二三十年代此起彼伏的工人运动、学生运动、抵货运动和实业救国运动中，人们越来越清楚地认识到，中国"要立国，就非从事经济建设不可"，如果"不走大规模的、高速度的建设之路，国家就不能存在"。③ 发展民族经济、振兴国家实业，是反对帝国主义侵略必不可少的基础。

世界各国战胜危机的办法、孙中山先生的"节制资本"思想以及各种反帝运动都给国有公司的发展提供了免费的宣传，越来越多的知识分子、科学技术专家、企业家、政治家都将"发展国家资本"看作是加速国家经济建设步伐，抵御帝国主义侵略的最有效的措施，因而热情地投入到创办和发展国营企业的活动中。

（二）阻碍成本下降

1. 形式上的统一降低了中央政府的谈判成本

1928年张学良东北易帜以及1928—1930年新军阀混战的结束，标志着国民政府完成了政治上的独立与统一，能够和中央政府争夺商民的竞争对手几乎被消灭。中国共产党遭受国民党的清党和杀害，不

---

① 孙中山：《实业计划》，载于中山大学历史系孙中山研究室等编《孙中山全集》第6卷，中华书局1985年版，第253页。
② 吴半农：《国营事业论》，中国文化服务社1945年版，第4页。
③ 翁文灏：《中国经济建设轮廓》，载《中国经济建设论丛》，商务印书馆1944年版。

第六章 制度再调整与移植失败：国有垄断公司制度的扩张

得不从沿海城市转入内地农村，虽然曾建立起多块革命根据地，但是争取商人的实力还是有限。同时，西方列强几乎都被经济危机搞得焦头烂额，没有能力与国民政府争夺行政控制能力。虽然有日本的侵华战争，但是这种民族战争不但不会帮助日本控制中国，反而会激化民族矛盾，增加中央政府的控制能力。所以，这种政治权力的统一，增加了中央政府的控制能力，减少了商民所能够利用的讨价还价的砝码。

2. 政府控制力增强，商民的谈判实力降低，阻碍成本下降

在本章第一节中已经讨论了中央政府控制能力的提高，以及商民和商会谈判实力的下降。作为商民集体力量代表的商会组织或者遭到政府解散或者被迫整顿，已无法再像从前那样与政府权力抗衡。它们既无法通过正常选举，获得议员席位，在议院中直接捍卫本阶级的利益，也无法说服政府接纳它们的立法动议或者经济建议。比如，1947年4月，重新成立的全国银行业联合会提出"金融政策不会偏重管制，而应领导银行业走上生产建设之途"[①] 的意见，便没有得到南京政府当局的认同。而作为公司利益代表的股东大会，更是无法与官股抗衡。比如，1935年3月，南京政府下令撤换中国银行总经理张嘉璈和下令强行增加中交两行的官股股本时，中交两行的商股拥有绝对多数，但他们既无权决定自己的总经理人选，又无权决定银行的方针大计。[②] 可见，商民谈判实力已下滑到了何种程度，这直接降低了政府推行国有公司的阻碍成本。

3. 反侵略战争给国有化提供了令人信服的借口，阻碍成本进一步降低

1931年，日本侵略中国东北，民族矛盾迅速激化。在众志成城抵抗帝国主义侵略的呼声中，国民政府以国家统一管理战略物资为借口，顺利地进行行业垄断，创办了大型的国有公司或者对私人公司渗入官股。任何对抗政府国有化的行动都变成了卖国求荣的代名词，遭

---

① 《新闻报》，1947年4月15日、1947年4月17日。
② 杜恂诚：《近代中外金融制度变迁比较》，《中国经济史研究》2002年第3期。

到世人的唾弃和攻击。这成为国民政府创办国有公司或控制私人公司成本最低的理由。

（三）实施成本降低

要想实现国家对公司的控制，需要大量资本投资创办国有独资公司或者通过渗入超过商股的官股来达到控制公司的目标。这对于一个正常情况下的政府可以说实施成本非常高。然而，对于国民政府来说，情况恰恰相反。

第一，南京国民政府掌握四行二局，控制了货币发行权。它们可以通过发行纸币和通货膨胀来达到控制企业的目标，只支付一定的印刷成本费即可。

第二，南京政府凭借对国家机器的控制，攫取了公司资产的定价权。他们可以任意压低公司资产估价，从而以更低的成本接管。例如，南京国民政府在1932年仅以相当于净资产总值1/6的价格将商办招商局收归国营[1]。

第三，战后接收敌伪资产，为国家和各省重组创办国有公司提供了便宜又方便的途径。敌伪资产或者来自日本或者伪国民政府的投资，或者来自他们侵吞的原民族资本，总数十分庞大。据简锐先生不完全统计，国民党在东北、华北、华中、华南和台湾地区接收的敌伪工矿业资产总额就应当有11.61亿元战前法币[2]，是战时国民政府工矿业资产额（7.63亿元）的1.52倍。这部分资产中只有不到1/10被拍卖给了民族资产阶级，剩下部分全部转成国有公司资本。显然，敌伪现成公司的整编成本要远远低于创立一家国有公司的成本。

三 制度再调整与国有垄断公司时代的到来

在南京国民政府大力推行国家垄断资本主义体系，从控制金融到借助金融之力垄断和控制经济的大背景之下，国有公司制度的预期收益有所提高，而制度变迁的预期成本却显著下降。也就是说，提供国

---

[1] 许涤新、吴承明主编：《中国资本主义发展史》第3卷，人民出版社1993年版，第97—98页。

[2] 简锐：《国民党官僚资本发展的概述》，《中国经济史研究》1986年第3期。

第六章 制度再调整与移植失败：国有垄断公司制度的扩张

有公司制度的预期净收益显著增加，即 $PV_{longduan} > PV_{zhunze}$ 时，政府必然大力推动国有经济和国有公司制度的建立。

1929 年，南京政府颁布了《公司法》，随后在 1931 年颁布了《公司法施行法》和《公司法登记规则》，均在 1931 年 7 月 1 日开始施行。1929 年，《公司法》在内容的完善程度和国家立法的权威性方面远远超过晚清和北洋政府时期，但在实际推行和规范全国公司企业的过程中却遇到巨大的困难。各省市非呈请注册登记而冒用公司名义的情况屡见不鲜。如 1933 年，一份对山东省煤矿公司的调查表明，尽管都冠以"公司"名号，实则都是独资或者合资企业①。不符合公司法规的更是比比皆是，以至于公司法的实施不断展期。但从总体上看，它是准则主义公司制度的延续，为近代中国公司的发展提供了更为完善、可依的公司制度。

就国有公司制度而言，到抗战前，南京政府和国民党中央先后通过《建国大纲草案》《中华民国训政时期约法》《中华民国宪法草案》等根本大法以及《矿业法》《铁道法》《土地法》《森林法》等行业性法规，为国家资本控制重要的工矿交通和公用事业，建立国有企业提供了合法性。于是，从组建和改组四行二局，控制金融业开始（具体情况参见本章第一节），借助金融之力通过没收北洋军阀逆产、兼并或侵吞民营企业以及新建等方式全面控制和垄断经济。不过，这一时期除了在金融业形成了国有垄断之外，在其他领域还是以民营为主。

抗战期间，为举全国之力打赢战争，南京政府施行统制经济，控制经济命脉和各种资源，加强了国营和省营企业的投资。但由于 1929 年的《公司法》是基于商办准则主义，将公司发起人数限制在最低七人，并为保护中小股东限制大股东的表决权不得超过全体股东表决权的 1/5 等，成为国有垄断公司的制度障碍，需要进行制度调整。从 1939 年开始，国民政府着手进行相关公司法律修订，并最终在 1940 年 3 月 21 日公布实施了《特种股份有限公司条例》。根据该

---

① 《山东之煤矿及煤矿公司》，《工商半月刊》第 5 卷第 6 号，1933 年 3 月。

条例第1条，特种股份有限公司是指由政府机关组织准许本国人民或外国人认股之股份有限公司。其主要内容包括：其一，特种股份有限公司的发起人数不受《公司法》第87条（最低七人）的限制，政府可以单独发起建立国营公司；其二，特种股份有限公司的公股行使表决权时不受《公司法》第129条（最高20%）的限制，政府凭借资本可以更好地掌控公司；其三，特种股份有限公司的董事、监察人不完全由股东会选出，而是根据公股和非公股的股份比例确定名额，由政府机关指派公股代表董事和监察人，其他则有股东会选出。这使原本平等的公司董事和监察人分为公股和私股两类，公股董事和监察人往往凌驾于私股董事和监察人之上，从而使国有资本控股的股份有限公司的特性由完全商办退回官督商办，造成制度倒退。

抗战胜利前夕（1944年），国民党政府颁布了《中国战后第一期经济建设原则》和《工业建设纲领》两大政策性文件，对战后经济发展做了总体规划和部署，且提出分民营企业和国营企业两路并进。然而，抗战胜利后，国民政府不但没有鼓励和发展民营企业，相反却在全方位接收敌伪资产的基础之上，建立了一批超大型国有垄断资本企业，加强了对各个行业的垄断与控制。1946年，国民政府颁布了新《公司法》。它在1929年的《公司法》和1940年的《特种股份有限公司条例》的基础上，以法的形式确立了国有垄断公司制度。

首先，降低公司创始人人数限制，扩大公司控股规模，为政府及官僚控制公司奠定法律基础。该法修改了1929年《公司法》第87条，将股份有限公司发起人由至少七人降低到至少五人（第5条），并增加了二人以上十人以下即可发起组织以其出资额为限对公司负其责任的有限公司法条（第4条）。这使得战时由政府组织和创办的特种公司制度，在战后以法的形式得以继续存在和发展。

同时，还放开了公司对外投资的限制，扩大了公司控股的规模。1946年，《公司法》第20条将公司对外投资额从不得超过本公司实收股本总数的1/4（1929年《公司法》第11条）扩大到1/2，而且"投资于生产事业或以投资为专业者不在此限"。这大大提高了公司对外投资的自主空间，虽然该法条没有明确偏袒国有公司，但却确定了"资本为王"的原则。从战后国有公司实际占有的资本力量而言，该条款无疑有助于国有资本的扩张，民营公司的对外发展受到了限制。

其次，取消对大股东表决权的限制，保护国有资本控制权。出于"节制资本"的考虑，1929年，《公司法》第129条规定，"公司各股东每股有一表决权，股东而有十一股以上者应以章程限制其表决权，但每股东之表决权及其代表他股东行使之表决权，合计不得超过全体股东表决权五分之一。"1946年，《公司法》虽仍限制有十一股以上股东的表决权，但却取消了对大股东投票比例不超过20%的限制，改由代表股份总数过半数出席，以出席股东表决权过半数之同意，便可形成决议。该法条进一步强化了大股东利益，给予拥有巨额资本的国有资本以控制权。

最后，自然人代表政府或法人充任公司董事或监察人，为公司发展和治理带来巨大的难题。1946年，《公司法》规定，"公司得为他公司之董事、监察人，但需指定自然人充其代表"（第21条）。"政府或法人为公司股东时，其所得指定为董事之人数，应按所认股额比例分配，以公司章程订定之。前项董事得依其本身职务关系，随时改派"（第185条），"董事在任期中将其所有股份全数转让时，当然解任"（第186条），以上之规定"于监察人准用之"（第203条）。可见，为了管理对外投资，降低风险，政府和法人可以指定自然人出任董事和监察人，这有利于政府和法人股东意志的贯彻与体现，也有利于政府或法人股东对投资公司的控制。但根据现代公司治理逻辑，公司成为法人，公司财产由董事会集中管理，那么，董事会成员即董事作为自然人就要承担公司法人违法行为的法律责任。然而，1946年，《公司法》允许由自然人代表政府和法人充当董事，这无疑使自然人承担公司违法责任成为事实董事，但却没有实际投资和相应收益。如果不承担公司违法责任，那么，公司法人的违法行为就失去法律震慑。对于投资对象公司，由于自然人代表政府或法人充任董事或监察人的存在，一方面，自身的法人独立性遭到削弱，另一方面，法人董事或监察人的不负责任也会给公司的发展和治理带来巨大的难题。因此，当时有学者指责说:"新公司法的实行，官僚资本和买办资本就可以大大发达，民营企业都处于危境了"。[1]

总之，（1）国民政府或者通过罗织罪名、巧取豪夺，变民营为国营股份公司。例如，1927年，国民政府以"供给敌饷""阻挠义师"的罪名对招商局董事、主船科长兼经理傅筱庵进行缉捕，并将其名下所有招商局股份（200股）没收，改为官股。后（1932年10月）又以每套招商局股票（航业股2股、产业股1股为一套）现银50两的极低价格[2]由政府购买招商局股票，将招商局由商办改为国营。（2）国民政府或者利用各种机会向民营企业渗股，变民营为合营甚至国营。例如，中国银行通过直接投资控制了中国棉业公司及所经营的恒丰中记纺织新局、南洋兄弟烟草公司、衡中纺织公司、昆明云南纺织厂、郑州豫丰纱厂、济南仁丰纱厂、成安纺织公司等，还以贷款方式控制上海的申新第二厂、第五厂及上海鼎鑫纱厂等。再比如，向上海龙章造纸厂加入250万元"特种股"，将其改组成为中央造纸厂[3]；向刘鸿生所创办的中国火柴原料公司渗入100万元的官股，遂变成官商合资；向中国毛纺织公司渗入150万的官股（仅占总额的12.5%），将其变成中国毛纺织特种股份有限公司。（3）国民政府或者通过接收和改组敌伪资产增加国有资本。例如，由经济部设立的中华烟草公司、中国纺织建设公司，由农林部创设的中国蚕丝公司、中华水产公司、中国丝业公司，由资源委员会创设的中国石油有限公司、中国植物油料厂股份有限公司，由财政部创立的中国盐业公司，等等。

---

[1] 马寅初:《经济政策要通盘打算》，原载重庆《世界日报》1946年5月12日。转引自周永林、张廷钰编《马寅初抨官僚资本》，重庆出版社1983年版，第163页。

[2] 这主要是因为到1934年收购结束时，国民政府共计用银2126340.45两[参见张后铨主编《招商局史》（近代部分），人民交通出版社1988年版，第407页]，这与1928年招商局第55届账略记载的资产总计25288062两（《招商局总管理处汇报》，民国十八年印，第312页），以及1928年通和洋行对招商局资产评估为3101万两（《招商局总管理处汇报》，民国十八年印，第311—314页）相比较，代价极小。

[3] 上海社会科学院经济研究所轻工业发展战略研究中心编:《中国近代造纸工业史》，上海社会科学院出版社1989年版，第202页。

第六章　制度再调整与移植失败：国有垄断公司制度的扩张

据吴承明先生计算，1936年底，中国近代工业中的各类公营资本为3.2亿元（法币），约占当时本国近代工业资本总额的15%。[①]除金融等少数行业以外，国有大公司无论是在公司总量，还是在所占比重方面都不占有优势。而至1945年，国统区以各种形式存在的国有资本大致占辖区工业资本总额的70%。[②]虽然这时国有大公司在数量上并不占优势地位，但就其个别资本的规模、行业中的竞争实力，以及在国民经济中所占的地位而言，国有大公司的重要地位是不容忽视的。例如，中国石油公司资本总额10亿元，拥有玉门油矿和多处炼油厂、营业所、储油所，几乎垄断了中国所有的石油生产、提取和销售。中国纺织建设公司在1947年拥有纱锭177万余枚，线锭33万余枚，织布机4万余台，分别占全国的39.26%、70.7%和60.9%。[③]中国植物油料股份有限公司的主要业务涉及桐油、食用植物油及油原料的收购外销、加工制造，以及国内食油的配销供给。1946年，其外销桐油占全国桐油出口总值的66.3%，配销给上海的民用食油，最高也达全市消费量的60%—70%。[④]这些公司一般具有托拉斯性质，即以国家为首的少数几个大股东控制着某一行业的生产、销售以及分配，从而形成规模效益，赚取垄断利润，但同时也造成了国有垄断公司与民营公司之间的利益冲突与矛盾。

第三节　制度倒退与移植失败

一　制度互补

根据以上分析，此次制度调整也同样是在其他制度要素调整的基础上所做出的适应性调整。这包括稳定的形式上统一的国家政府的建立以及金融制度和商会制度的改革等几方面的内容。其中，最大的变

[①] 吴泰昌：《抗战时期国民党国家资本在工矿业的垄断地位及其与民营资本的比较》，《中国经济史研究》1987年第3期。
[②] 汪敬虞编：《中国近代工业史资料》第三辑，科学出版社1957年版，第1419页。
[③] 简锐：《国民党官僚资本发展的概述》，《中国经济史研究》1986年第3期。
[④] 参见华洪涛《原中国植物油料厂剖析》，《经济学术资料》1982年第5期。

· 179 ·

动来自政治域。在第五章第三节就已经提到商办准则主义公司制度发展过程中隐藏着一个风险，即北洋政府政治不稳定所带来的两种可能性：其一，建立一个政权稳定的资产阶级共和国，继续沿着以往促进民营资本发展道路发展经济，那么，公司制度将会有一个新的突破，完成移植目标，移植成功；其二，建立一个旧式的独裁政府，党、政、军、财等大权集中在一人之手，国家机器非但不能促进经济发展，反而会为官僚所控制与操纵，成为扭曲经济发展道路阻碍经济发展的桎梏，从而迫使公司制度变迁发生倒退，造成移植失败。

事实如是，当1927年蒋介石政府发动了四一二和七一五反革命政变清除异党分子，当1928年张学良改旗易帜以及1930年中原大战蒋介石取得国家的实际控制权以后，蒋介石建立了一人独裁统治。他充分利用国家机器，改革金融体系，确立四行二局的管理模式，使之成为蒋介石政府实施经济控制的重要手段；任意剥夺商会的自治权利，强行改组商会，使商民丧失了与政府对抗的依托；最后在这种其他制度要素相继被置于蒋介石国民政府控制之下时，他们开始染指公司——或强取豪夺，或强行渗股，或接收日伪资产，并通过各种经济发展计划、《特种股份有限公司条例》以及1946年《公司法》等强制推行公司制度变迁，合并组建国有垄断大公司。

这一时期的制度调整是由蒋介石政府所强迫实行的，因此，与其他制度要素具有一定的互补性。即银行越集中，越容易控制公司和企业；商会权力越小，商民谈判实力越弱，越容易控制公司；同样当公司逐渐被国有化，商民的实力越小，越无从与蒋介石的国民政府抗争；当国家权力不受监督与制约，当统制经济造成信息完全不对称的时候，国家权力代表——官僚及其裙带资本便会甚嚣尘上，用个人利益最大化取代公司利益最大化和国家利益最大化，从而造成了公司制度效率的倒退，经济发展速度下滑，经济绩效降低。

二 制度效率下降与移植失败

这一时期的最低制度效率标准是在近代中国已经有所发展的商办准则主义公司制度，关于其制度效率可以参见第五章第三节中的介绍。首先确立了公司法人制度，实施有限责任，同时建立了股东大会、董事会和经理之间相互制约的比较现代的公司治理结构。作为公司的投资者，可以通过股东大会的投票来决定公司的发展和监督经理的工作，基本上体现了资本的力量。

然而，此次公司制度调整并没有沿着商办准则主义公司制度发展的路径，而是蒋介石政府强制推行的制度逆转。这主要表现在两个方面：其一，蒋介石借助国家银行的力量，或者利用公司生产面临资本危机的机会，不管股东们是否同意都加入了许多官股，将其转变为官办或者官商合办公司。比如，招商局、上海龙章造纸厂、中国火柴原料公司、中国毛纺织公司等都不同程度地被渗入了官股。其二，即使那些官股不占绝对优势的官商合办的公司，虽然仍具有法人地位、有限责任、公司治理结构等特点，但由于在公司所有者中国家和个人投资者的地位不平等，个人投资者的经营决断权、剩余收益权、监督管理权等都被剥夺。另外，由于所有者缺位，往往造成管理上的官僚化，资本的力量已经被国家权力所侵夺。

从理论上讲，国有大公司的投资主体和所有者主要是国家，应由国家履行所有者的全部权力和义务。但由于国家的特殊性质，国有资本由谁负责不确定，因此，在国有大公司中难免会出现所有者"缺位"现象。这在近代中国国有大公司中表现为该公司由国家机构某一职能部门（如经济部、实业部、资源委员会等）"所有"，并通过某一职能部门的"代理"（行政主管）来实现。然而，一方面，这些主管部门及其负责人的目标函数与国家的目标函数并不相同，他们追逐的是自身以及本单位或者小集团的利益。另一方面，他们之所以能够获得或者掌管国有公司并不是股东大会选举的结果，也不是因为他们特别能干和格外努力，而是国家根据其部门职能和性质所给予的一种近乎单向性的行政特权。如中国纺织机器制造公司成立时，60亿元额定资本中，官股占40%，商股占60%，但是公司的董事长仍然由官股代表担任，公司的实际决策运营和控制权掌握在政府所委派的官员手中。

权利义务不对称，所有者"缺位"以及垄断性质往往使国有公司沾染上官僚作风，滋生腐败。这主要表现在以下几个方面：

（1）用人必亲，人浮于事。例如，中纺等公司的"官僚们，一旦获得此种大企业公司，除营私舞弊外，且录用大批亲戚朋友。这些人绝大部分敢说不知纺织与制糖为何事，只因有人提拔，即可入公司任职员。滥竽充数，只知拿钱，不能办事"。① 这样必然造成人浮于事，时人曾经这样评论道："国营事业的会计，需由主计部派任，主计部派任会计之不足，审计部又要派员审计，国营事业规模较大，会计审计的组织也随之而大，国营事业多一笔负担，就是投资者损失一笔利益，若是会计审计能为事业本身着想，能为公司兴利除弊到还罢了，无如依照现行的办法，他们的任务消极性的掣肘多，而积极性的督导少，何况公司的监察人所司何事？岂不互相抵触？"②

（2）权力过于集中，公司机构官僚化。对此，曾有学者评论道："国营事业的经营机构是官僚机构。该公司的权力完全集中于总经理一人，实际负责生产的厂长，对于厂中职员进退、机件添配、物料购置、原料配合、棉花选择、棉纱的经营推销以及会计用款和预算决算，都无一权处理，一切须听命于总经理。在这种包而不办的官僚作风下，因循敷衍和效率低落便是必然的结果。"③ 因此，国营公司的制度效率往往比不上民营公司。

这可以从1948年国有垄断公司向社会减持出售股票遭冷遇情况窥见一斑。1948年，南京国民政府出于对抗通货膨胀回笼资金、缓和国有公司与民营公司矛盾的考虑，几经反复协商，最终决定减持5家国有公司股票。这5家公司为中国纺织建设公司、国营招商局、天津纸业股份有限公司、台湾糖业股份有限公司和台湾纸业股份有限公司，计划减持5.64亿元金圆券，占总股本的28.8%。尽管这些股票有雄厚的资产支撑，有股利与红利可派，有股东权利可享受，但投资者并不买账，发售情况惨淡。这5家公司实际减持金额只有784.43万元金圆券，仅占计划减持的1.39%，占总股本的0.40%。（见表

---

① 汪敬虞编：《中国近代工业史资料》第三辑，科学出版社1957年版，第905页。
② 《国营事业股票为何不受欢迎》，《商报》1948年9月27日。
③ 寿进文：《当前工业危机的检讨》，《文汇报》1946年7月1日。

6—2）上海商报发表社论文章对造成这种情况的原因进行深入分析：其一，政府出尔反尔没有信用可言；其二，国营事业效率差，与民营事业无法相比；其三，国营事业获得政府的协助少，但所尽义务多。[①] 也就是说，国有垄断公司改组减持，目的只是吸引民间资金，"即使民股售得十分之一的比额，而依照组织规定，公司还是由政府支配"，公司在股权控制、企业组织和经营管理等方面不会进行实质性的调整与改变。民间资本无论是已加入的还是准备加入的，并没有参与管理与监督的权力，相反还要承担企业效率低下和遭受赔累等可能性恶果的拖累，因此，投资者必然望而却步。这也从另一侧面反映了当时国有垄断大公司经营效率不高，经营状况不良，以及国有资本对民间资本权利的侵夺等情况。

表6—2　　1948年9月10日至11月8日5家国有大公司减持出售股份情况　　单位：万元金圆券

公司名称	总股本金额	计划减持金额 数额	计划减持金额 占总股本（%）	实际减持金额 数额	实际减持金额 占计划减持（%）	实际减持金额 占总股本（%）
中国纺织建设股份有限公司	80000	20000	25.0	363.45	1.82	0.45
招商局轮船股份有限公司	60000	30000	50.0	5.4	0.02	0.01
天津纸业股份有限公司	2000	400	20.0	0.4	0.10	0.02
台湾糖业股份有限公司	48000	4800	10.0	377.0	7.85	0.79
台湾纸业股份有限公司	6000	1200	20.0	38.18	3.18	0.64
合计	196000	56400	28.8	784.43	1.39	0.40

资料来源：《大公报》（天津版），1948年11月8日，《五大公司股票发售数额增加》。表中百分比数值为笔者计算而得。

---

① 《国营事业股票为什么不受欢迎?》，1948年9月27日《上海商报》。转引自张忠民《略论战后南京国民政府国有企业的国有股票减持》，载张忠民主编《企业发展中的制度变迁》，上海社会科学院出版社2003年版，第64—67页。朱荫贵：《试论南京国民政府时期国家资本股份制企业形成的途径》，《近代史研究》2005年第5期。

如果设商办准则主义公司制度的制度收益为 $R_2 = R_{origin3}$，制度效率为 $E_2 = E_{origin3}$，国有公司制度收益为 R_3，制度效率为 E_3。那么，经过以上两种制度的比较分析可见，国有垄断公司制度不是沿着上次制度调整的路径继续前进，而是一次逆转。国有垄断公司制度放弃了许多商办准则主义公司制度所确定下来的制度功能，制度收益明显低于商办准则公司制度，即 $R_3 < R_{origin3}(orR_2)$。因此，在制度选择净成本既定的情况下，可以断定国有垄断公司的制度效率明显低于商办准则主义，即 $E_3 < E_{origin3}(orE_2)$。也就是说，这次由国家权力强制推行的剥夺股东权利的制度调整失败，从而造成近代中国公司制度移植的最终失败。

第四节　小结

1928 年，东北易帜标志着中国实现了形式上的统一。以蒋介石为首的南京国民政府通过排除异己，强化国家机器建立了独裁统治，国家的控制力有所提高。这主要表现在两个方面：其一，通过建立四行二局垄断银行系统；通过币制改革，控制货币供给；通过金融监管控制了证券市场，从而实现了国家对金融系统的垄断和控制。其二，通过对商会进行整顿与改组，取消商会的独立法人地位，限制选举资格，削弱商会实力，迫使商会谈判实力不断下降。这种制度环境的变化，改变了政府对公司制度的预期成本与收益，从而发生政府强制推行的制度供给。

南京国民政府时期，为了加速工业化进程，克服经济危机，为了满足军费扩张和财政需要，为了满足新官僚资本家的野心膨胀，国家提高了对国有公司制度的预期收益评价；而另一方面，因世界各国都积极推行国家干预政策来挽救大危机，所以，搜寻和宣传成本下降。而国家统一，中央控制能力增强，商民谈判实力下降，造成阻碍成本的降低。再加上南京政府凭借对国家机器的控制，拥有定价权、发行纸币权、通货膨胀权以及没收敌伪资产权利来控制企业，所以，实施成本非常低。这样，国有公司制度的预期净收益增加，政府强制进行

第六章 制度再调整与移植失败：国有垄断公司制度的扩张

了制度的再调整。

然而，此次制度调整中虽然显性规则与其他制度要素互补，但却并没有提高制度配置和适应性效率，相反却放弃了许多商办准则主义公司制度功能，制度收益明显低于商办准则公司制度，即 $R_3 < R_{origin3}(or R_2)$。在制度选择净成本既定的情况下，其制度效率显然不如商办准则主义，即 $E_3 < E_{orgin3}(or E_2)$。因此，这次由国家权力强制推行的剥夺股东权力的制度调整逆转了制度变迁路径，造成移植失败。

第七章 艰难的移植：近代中国公司制度移植的结论与启示

近代中国公司制度的移植性变迁可谓步履艰难，其中既有成功的经验，也有失败的教训。总结历史，以古鉴今，希望对今天的企业制度改革和制度创新有所借鉴。

第一节 艰难的移植：近代中国公司制度移植的总体评价

纵观从1860年至1949年这近百年中国公司制度演进的路径，我们发现，作为外生冲击的鸦片战争以及随后在华洋商公司对本土企业的竞争，是这次移植性制度变迁的偶然触发事件，它启动了公司制度的移植程序，此后历次调整则都是在引入规则与本土其他制度要素之间互动完成的。

如图7—1所示，鸦片战争以前，中国企业制度 i_{x0} 与其他制度要素 i_{y0}、i_{s0}、i_{q0} 之间是完全互补的关系。由于鸦片战争中中国战败，外国列强开始在中国投资设厂，严重冲击了中国原有企业，许多产业纷纷破产。在这种情况之下，清朝政府经过成本收益分析，结合西方的特许公司制度和中国传统的"官督商卖"制度，嫁接了官督商办特许公司制度 $I(i_{x1}, i_{y0}, i_{s0}, i_{q0})$。显然，新的公司制度明显与原有制度要素不协调、不配合、不互补，因此，其制度效率虽然比原有制度效率高，但明显不如目标效率，即 $E_0 < E_1 < E_{orbject}$，这种嫁接并没有

完全成功，还需要进一步调整。

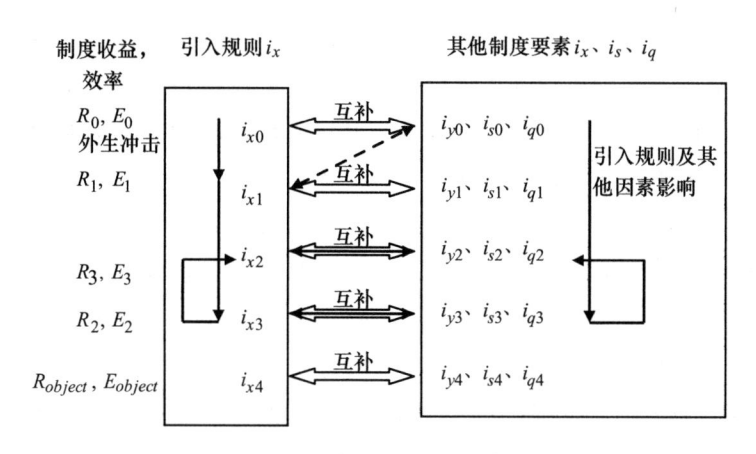

图7—1 近代中国公司制度的移植性制度变迁过程

然而，官督商办特许公司制度的制度效率明显高于原有制度效率的事实，促进了其他制度要素对引入规则的学习、修订和创新。特别是在近代中国社会各阶级都主张学习西方先进技术和制度以救国的大背景下（变迁速度和规模明显超过其他时期），知识存量增加，股票市场、现代银行和法律制度等纷纷建立，从而使其他制度要素一下调整到 i_{y3}、i_{s3}、i_{q3}。尽管相关制度要素的调整并没有达到目标要求，而且可能它们的调整幅度还不是很一致，但是从宏观来看，公司制度发展的制度环境有了重大改观，而这种改变所造成的非互补性反过来促进了公司制度的调整。这就是从官督商办特许公司制度迈向了商办准则主义公司制度 i_{x3}。由于此次变迁是基于显性规则与其他制度要素之间互补性的要求，因此，虽然这次变迁只是一个过渡性变迁，但是却创造出了巨大的经济效率，中国进入了长达二十年之久的"黄金时代"。同时，从配置效率上看，在选择制度成本既定的情况下，准则主义公司制度能够提供的功能明显多于官督商办，因此，其制度效率 E_2 明显优于 E_1，且非常接近于目标效率 E_{objcet}。据此我们认为这一时期的制度移植还是相当成功的，而且相信如果没有日后的制度逆转，制度效率会越来越高，制度移植一定会成功。

然而,事与愿违,近代中国公司制度不仅没有继续向目标前进,反而因蒋介石一人一党独裁政治的建立,而逆转回来。由于各种原因,蒋介石集团掌握了国家的政治、军事大权,并通过将四行二局收归国有,垄断了金融领域;通过改组整顿商会,削弱了商民谈判的实力;通过没收敌伪资产以及强行入股等办法,用国家权力取代股东的资本权力。因此,股东大会和董事会等失去了效力,取而代之的是作为国家代表的某些部委官员。于是从制度配置效率来讲,国有公司因放弃了准则主义公司所具有的诸多制度功能,所以,$E_3 < E_2$;从制度适应性效率来讲,由于公司内部起主导作用的不再是资本,而是官位,因此,任人唯亲、唯官是举、贪污腐败、官场作风等都将导致公司经济利润的下降,经济绩效的下滑。由此,制度变迁路径逆转,选择了一种比较没有效率的制度模式,制度移植至此失败。

总结这近百年的制度移植经验与教训,深入探讨成功与失败背后的原因,从而得出以下结论和启示。

第二节 近代中国公司制度移植的结论

一 成也,败也,相关制度要素

制度是一种博弈均衡,是参与人关于博弈重复进行的方式的共同信念系统。它是显性规则i_x、隐性规则i_y、实施机制i_s以及与其他互补性制度i_q的函数,即$I(i_x, i_y, i_s, i_q)$。因此,一项制度能否被成功移植,不仅取决于那些能被外部人观察到的可以进行移植的显性规则,还取决于那些无法看到的、难以移植的其他制度要素。

关于其他制度要素对制度移植的影响,许多学者专家都曾有所论述。卡塔琳娜·皮斯托、约拉姆·凯南等人横向和纵向比较研究了6个法律移植国家和起源国家中的公司法演进的方式和效果,提出移植后的法律效率明显不如起源国家,造成这一情况的原因不在于法律起源,而在于国内的环境条件和法律体系触发创造性的和重

第七章　艰难的移植：近代中国公司制度移植的结论与启示

建过程的能力。[1] 阿塞英格勒指出，制度是与人文环境并存的，制度是在一定环境下博弈的产物，因此，美国、加拿大和澳大利亚等国家之所以制度移植成功，主要是因为移植了人，正是这些移民定居者带入、继承和发展了母国的法律制度，才使其在国外能够有效运行。[2] 罗伯特·博耶和J.罗杰斯·霍林斯沃斯也提出制度移植和制度嵌入问题，不过他们将制度变迁放入超越国家的世界范围之内。[3] 中国学者卢现祥、朱巧玲、郭熙保、胡汉昌等人也对此有所说明，他们提出制度移植效率之所以低下，主要是因为移入的正式制度会受到非正式制度、宪法秩序、整体制度结构以及其他互补性制度的影响和制约。[4]

然而，纵观近代中国公司制度的百年移植过程，我们发现其他制度要素与引入的显性规则之间不是简单的制约作用，它们对引入规则既制约又促进。当它们无法学习和适应引入规则之时，便会因制度要素之间缺乏互补性，而降低制度效率，影响移植效果，如官督商办特许公司制度。当其他制度要素因各种原因发生变迁时，如果能够适应显性规则或者与显性规则要求方向一致，则会将外生强制性制度变迁转化为内生诱致性制度变迁，促进制度要素的整体变化，达到移植目的，提高制度效率，如商办准则主义公司制度的建立。但如果其他要素的变迁路径与显性规则的要求不一致时，它们反过来会逆转引入规则的变迁轨迹，造成移植失败，如国有垄断公司制度的建立。

由此可见，成也，败也，皆因其他相关制度要素能不能沿着促进制度效率提高的路径发展，能不能触发在此基础上制度的创新。

---

[1] [英]卡塔琳娜·皮斯托、约拉姆·凯南、扬·克莱因赫斯特坎普等：《法律演进与移植效果：六个法律移植国家中公司法发展的经验》，载于吴敬琏主编《比较》第2辑，中信出版社2002年版。

[2] 陈志昂：《比较经济学的新发展》，《经济学消息报》2003年4月25日第4版。

[3] [英]J.罗杰斯·霍林斯沃斯、罗伯特·博耶编：《当代资本主义——制度的移植》，许耀桐等译，重庆出版社2001年版，第510—565页。

[4] 卢现祥、朱巧玲：《论发展中国家的制度移植及其绩效问题》，《福建论坛》2004年第4期。郭熙保、胡汉昌：《论制度模仿》，《江汉论坛》2004年第3期。郭熙保、胡汉昌：《论制度后发优势的实施机制》，载《发展经济学研究》（第三辑），经济科学出版社2005年版。

二 创新性制度调整是移植成功的根本

移植性制度变迁就是制度变迁主体引入其他制度创新者的成果，并在此基础上进行学习和创新，最终形成自己的制度安排过程。制度移植不是一个简单的拿来主义或者"复制"，不是跟在巨人的后面亦步亦趋，而是站在巨人的肩膀上，通过比对、学习、研究、消化，并在此基础上结合自身实际情况进行创造的过程，是一个从外生性的强制性制度变迁（制度嫁接）向内生性的诱致性制度变迁（制度调整）转化的过程。制度嫁接只是过渡性的制度安排，而制度调整才是制度移植的关键。制度移植能否成功完全取决于制度调整阶段能否进行适应性的制度创新，能否将非互补的外生的强制性制度嫁接转化为内生的互补的创新性制度变迁。

古今中外有许多制度移植成功的案例，比如，美国、加拿大、澳大利亚、日本等。它们成功的秘诀几乎无二，都是善于进行创新性的制度调整。比如，美国植入了英国的普通法以及宪政制度模式，但没有完全照搬，而是进行了创新性的调整，形成一种既有美国特色又具有英国制度精髓的法律制度形式，以及总统制和联邦制等政治制度模式。日本更是一个移植的高手，它善于吸收目标制度的精华，并在此基础上结合本国的实际情况和文化特征有所突破和创新。比如，明治维新中政治体制、法律制度以及公司制度的移植等，创造了君主立宪制政体、日本法律制度以及公司制度中的终身雇用制、年功序列制等效率等同于目标制度又非常符合本国实际的制度形式，并在此后经济迅速腾飞，最终成为世界第二大经济实体。因此，问题不是制度能不能移植，而是能不能抓住目标制度精髓，能不能进行创新性制度调整。

在制度调整中，制度创新包括两个阶段：一是学习阶段，主要是把握目标制度的精髓，研究引入规则的制度知识、制度技术以及制度发挥作用的内在逻辑，并在此基础之上促进其他制度要素的相应变迁。二是创新阶段，主要是继承本地既有制度文化的优秀部分，融合引进规则的精髓，取长补短，促进引入规则创造性地适应原有其他制度要素要求，或者创造出一种可超越目标制度效率的全新的制度模式。学习阶段是基础。如果没有学习，知识存量不会增加，制度变迁主体也不会抓住目标制度的精髓和内在逻辑，制度创新就没有了根基和方向。创新阶段是关键。如果不能突破原有制度要素的桎梏，就无法实现引入规则与原有制度要素的融合；如果不能高瞻远瞩，那么制度调整只能是阶段性的、过渡性的，无法产生适应性效率，无法适应不断变化的国内国际制度环境，无法促进制度自身的内生演化。因此，持续学习先进的制度知识和文化，努力抓住制度精髓和内在逻辑，并有所创新。

三　持续的学习能力是移植成功的基础

制度是一种知识，是人们对重复进行的博弈方式的共同信念系统。制度之所以会发生变迁就是因为人们的认识发生了变化，社会知识存量增加。知识存量决定了制度的选择集合。知识存量越大，特别是社会科学知识越多，制度供给的范围越大。此外，知识存量还决定了制度变迁主体的预期成本收益分析。知识存量的有限性和多样性分布使得制度变迁主体对同一制度的净收益判断不同，从而影响人们的制度需求和制度供给。知识存量的增长速度决定了制度变迁的速度与效率。知识存量增长的速度越快，制度变迁主体对外生潜在利润反应的速度越快，制度更新得越快。因此，知识存量的增长是制度变迁的原动力，知识存量越大，制定变迁的潜力越大。而知识存量的增加来源于个人和企业家的学习，因此，制度演变实际上是个人和企业家长期持续学习的结果。

道格拉斯·C. 诺思（2004）提出，学习就是人类根据从环境中得到的反馈对知识进行补充、修正的复杂过程。在制度变迁中，学习至关重要。学习的效率决定了制度变迁的速度，学习的内容和指向决定了制度变迁的方向。而学习的内容和指向取决于经济发展的需求，而学习的效率则取决于经济体之间竞争的激烈程度。竞争反映普遍稀缺，竞争越激烈，个人和组织学习的动力越足，学习效率越高。移植性制度变迁过程更是如此,与其他国家之间的制度差距和竞争,为后发国家提出了学习要求和指向,当这种学习造成知识存量的显著改变,便会改变制度的预期成本与收益,促进制度的变迁。近代中国由于鸦片战争战败,外国人在华纷纷创办公司,加剧了中国市场上技术之间、组织之间以及集团利益之间的竞争,于是产生了学习西方先进技术和制度的需求,并促进了整体制度安排的变迁。

然而,在移植性制度变迁过程中,学习不仅包括对其他创新制度的学习,还应包括其他制度要素的适应性学习。特别是其他制度要素的适应性学习更是移植成功与否的关键。如果能在嫁接的推动下,促进其他制度要素的学习和知识存量的积累,推动其他制度要素向着提高制度效率的方向变迁,将使制度移植产生事半功倍的效果。因此,制度移植成功的基础便是持续的整体的学习。

四 国家悖论与移植性制度变迁中国家的作用

国家是一种在某个特定地区内对合法使用强制性手段具有垄断权的制度安排,它在提供博弈的基本规则和保护方面具有规模经济,且能够避免"搭便车"行为。然而,国家也是一个追求福利或效用最大化的"经济人",它一方面通过界定形成产权结构的竞争与合作规则,谋求统治者所得租金的最大化;另一方面,通过降低交易费用使社会产出最大化,以增加国家的税收。国家究竟是使统治者租金最大化,还是使社会产出最大化呢?

道格拉斯·C. 诺思在《经济史上的结构与变迁》中指出,在第一次经济革命以后的一千年间所创造出的国家,乃是此后一切经济发展的必要条件。国家在保护个人权利和制定社会生活的行为规则方面具有巨大的规模经济效益。虽然这些规则可能不尽如人意,但对于一个社会来说,任何一套规则都要好于无规则。在整个历史上,当人们需要在国家与无政府之间作出选择时,人们均选择了前者。[1] 这就是

---

① [美]道格拉斯·C. 诺思:《经济史上的结构与变迁》,厉以平译,商务印书馆1992年版,第25页。

第七章　艰难的移植：近代中国公司制度移植的结论与启示

一个绝好的例证。

然而，国家权力的介入也会导致无效的产权安排和经济的衰落。"从古埃及王朝的再分配社会、希腊和罗马的奴隶制度到中世纪庄园，在统治者（及其团体）最大限度增加其租金的所有制结构同减少交易费用和鼓励经济增长的有效率的制度之间，一直存在着紧张关系。这一基本的二元结构，是社会未能经历持久的经济增长的根本原因。"[①]在进行制度选择时，统治者首先要考虑的是自身收益的最大化，然后才是在自身收益最大化的情况下，促进经济增长。国家自身的效用函数和社会最大化的效用函数之间的矛盾，使全社会的资源配置服从于统治集团的利益，致使"'无效率'的产权是常态而不是偶然"。

这便是国家悖论，或称诺思悖论，即"国家的存在对于经济增长来说是必不可少的，但国家又是人为经济衰退的根源。"[②]这一点同样适用于移植性制度变迁。国家的倡导与支持是制度移植成功的关键，然而，国家的过度干预又是制度逆转和移植失败的根源。回顾近代中国公司制度移植的过程，既能看到国家的倡导与扶植，又能看到国家的过度干预，甚至与民争利所造成的制度逆转和移植失败。

当鸦片战争失败，华商企业受到洋商公司竞争，无法生存谋求制度变迁之时；当华商无法克服"搭便车"行为，无法承受太高的引入成本，无法实现制度嫁接时；当漕粮和豆石运输陷入困境威胁京畿安全时；当洋务派所创办的官办军事企业出现经营危机，遭到反对派的激烈攻评时，商人、国家和政府代理人的目标函数趋于一致，清政府及其代理人——洋务大员便成了华商利益的代言人。国家及其代理人充分利用国家权力优势，实施制度嫁接，创办了官督商办特许公司制度。虽然这次嫁接存在着诸多问题，但却引发了此后的一系列调整，推动了近代中国公司制度的发展。特别是在1904—1936年，国家主要是为公司运行确立法律制度环境并提供保护，因此成就了近代

[①] [美]道格拉斯·C. 诺思：《经济史上的结构与变迁》，厉以平译，商务印书馆1992年版，第25页。

[②] 同上书，第21页。

中国公司制度发展的黄金时代。

然而,当蒋介石建立了独裁政府以后,国家、国家代理人——以蒋介石为首的四大家族与华商的目标函数开始出现分化。国家需要增加税收,维持巨大的军费开支和行政开支;四大家族则需要谋求自己在国民经济中的地位的增强,而华商则需要国家对外实现高关税,保护本国的幼稚工业,对内实施减税,建立公平和统一的市场环境,促进华商利益的增加。由于国家既是游戏的参与者又是游戏规则的制定者,拥有制定规则的特权,因此,华商利益必须服从国家及其代理人的利益,社会效率最大化必然让位于国家自身收益的最大化。于是,国家通过渗入官股和没收敌伪资产创办了国有垄断大公司,与民争利。这次制度调整逆转了公司制度发展的方向,制度配置效率和适应性效率都大幅度降低,近代中国公司制度移植失败。

综上所述,在制度移植过程中,当国家自身效用最大化与社会效用最大化一致时,国家是制度移植的积极倡导者和支持者,制度移植比较容易成功;当二者发生矛盾时,则国家往往会追求自身效用,甚至不惜牺牲社会效益。这时制度常常逆转,造成制度移植的失败。因此,能否保持国家自身效用函数与社会效用函数一致,能否转变国家政府职能——扶植多于干预——是制度移植能否成功的保证。

第三节　近代中国公司制度移植的几点启示

近代中国公司制度的移植性变迁只是人类历史上众多制度移植的一个缩影,虽然它历史久远,且具有一定的时代性和社会特征。但是以史鉴今,它却为我们继续推进改革开放,学习西方先进制度经验,弥补制度供给不足,突破制度瓶颈提供了几点启示。

一　建立扶植型国家政府,确保国家收益与社会收益相和谐

国家是道格拉斯·C.诺思新制度经济学研究的三大支柱之一,它规定着所有权结构,影响着意识形态,从而在制度变迁中扮演着举

足轻重的角色。然而,诺思悖论和近代中国公司制度移植的实践说明,国家的存在既是经济增长的关键,又是人为经济衰退的根源。问题的关键就是能否建立一个自身利益最大化与社会收益最大化能够保持基本一致,大力扶植和推动有效率制度建立的国家政府。

中国 30 多年的改革开放和制度变迁过程既是一个摸索、试验和积累合理制度的自主创新过程,又是一个有选择地引进制度并对之不断修正的制度移植过程。在这个过程中,国家利益基本与人民大众利益一致,因此,国家在制度变迁过程中起到了积极的推动作用,使经济建设取得辉煌的成就,制度建设和实施取得了长足的进步。然而,由于国家悖论的存在,在国家推动的制度创新中,应该注意不是由国家管理一切,而是要逐渐减少国家控制,把更多权力归还社会,激活个人和团体的积极性和创造力,从而排除政治对经济的非正常的消极干预。即"国家之于实业,太上扶植,其次任其自由而弗妄加以干涉,最下者与之争"[1]。因此,促进经济发展,建立有效制度的核心是深化政治体制改革,建立能产生和实施有效产权的国家制度。

二 培养持续的学习能力,促进其他制度要素的相应变迁

制度互补性的存在,使得其他制度要素成为制度移植能否成功的重要制约因素。只有当其他制度要素能够朝着有利于引入规则效率提高的方向发展时,制度移植才有可能成功。而如欲其他制度要素发生适应性变迁,必要借助于开放政策和基础教育。只有推行开放政策,让人们认识到制度差距,才能产生制度变迁的压力;只有扩大开放,才能扩大制度选择集合,人们才能通过各种制度知识、制度方法和内在逻辑的对比找到适宜的制度并抓住制度精髓,保证制度变迁的成功。同时,由于其他制度要素包括隐性因素(诸如文化和意识形态等)、实施机制以及相关制度等,其中大多数(尤其是文化)是在漫长的历史过程中积淀下来的,具有路径依赖性,变化速度缓慢。因此,必须

---

[1] 《中华实业丛报》第 5 期,1913 年 9 月 1 日。

依赖于基础教育、舆论导向和政策引导，培养社会群众的持续学习能力，逐步形成全社会尊重实业、尊重科学、尊重法制的精神，并将其升华为经济行为的动机和共同价值观念，才能推动制度从外生嫁接向内生制度调整转换，实现目标效率，促进制度移植的成功。

三 强调制度的适应性创新，促进制度变迁从外生向内生转化

制度移植与制度创新既有区别又有联系。制度移植不是制度的简单复制和照搬，它需要在制度嫁接的基础上进行创新性制度调整，促进制度从外生制度嫁接向内生制度调整转变，产生适应性效率，达到制度移植目标。因此，在制度移植中必须强调制度的适应性创新。

中国是一个发展中国家，要实现经济的发展和超越，必须继续借鉴西方发达国家成功的制度安排。然而，在制度移植过程中，如果想达到目标效率，甚至超越目标效率，必须抓住引进制度的本质和精髓，吸收本土优秀的制度文化，进行适应性制度创新，促进制度从外生嫁接，向本土内生演化转变。

表7—1　知识存量、互补性制度与公司制度发展之间的关系

公司法与公司制度	政治与政府	金融制度		知识系统
		股票市场	银行制度	
1873年轮船招商局成立 建立了官督商办特许公司制度	1840年鸦片战争 60年代开始洋务运动 中央政府势力弱化 地方势力上升 1898年戊戌变法 1900年清末新政	上海股份公所 上海众业公所（外） 1873年出现第一只股票 1882年中国第一家股票交易所——上海股票平准公司成立 1883年矿局倒账风潮	原始银行制度时期 外国银行为主，票号钱庄为辅 自由银行制度时期 1897年中国通商银行成立	中体西用 公司仅具有集资的功效

· 196 ·

第七章 艰难的移植：近代中国公司制度移植的结论与启示

续表

公司法与公司制度	政治与政府	金融制度 股票市场	金融制度 银行制度	知识系统
1904年《公司律》凡凑集资本共营贸易者，名为公司。分合资公司、合资有限公司、股份公司和股份有限公司。1904年《公司注册试办章程》，1906年《破产律》《简明铁路章程》《大小轮船公司给照暂行章程》（无法人地位）（3/5日本，2/5英国）		1910年橡胶（橡皮）股票风潮	1905年成立户部银行，1908年改为大清银行，1912年再改为中国银行 1908年设立交通银行 此外还有一些私人银行和省银行和钱号等	随着公司的不断发展，在批评官督商办的同时逐渐认识到公司的法人地位、有限责任和公司治理结构的重要作用
1914年《公司条例》（仿日德）"凡公司均认为法人""谓以商行为而设立之团体"，分无限公司、两合公司、股份有限公司和股份两合公司四种；《〈公司条例〉施行细则》《公司注册规则》《公司保息条例》	1911年保路运动和辛亥革命 1911—1928年北洋政府时期：军阀割据中央政府控制力弱，但是已经建立共和体制，并颁布了《临时约法》《中华民国约法》等法律 南京国民政府时期（1929—1936年）	1913年上海股票商业公会成立 1914年《证券交易所法》 1915年《证券交易所法实施细则》 1918年北京证券交易所成立 1920年上海证券物品交易所成立 1920年上海华商证券交易所成立 1921年信交风潮	商业银行发展迅速，特别是国有银行向商业银行转化 南三行：1915年成立的上海商业储蓄银行、浙江兴业银行和浙江实业银行；北四行：1915—1921年成立的盐业银行、金城银行、大陆银行和中南银行	
1929年《公司法》增加了有关公司法人持股的规定："公司不得为他公司之无限股东。如为他公司之有限股东时，其所有股本总额不得超过本公司实受股本总数的四分之一"。其后还颁布了《公司法施行法》《公司法施行细则》《公司登记规则》	南京国民政府逐渐实现了国家在形式上的统一。在政治上清除异己集团、建立独裁统治的同时，在经济上开始着手实行统制经济	1929年设立《股份有限公司招股暂行办法》 1929年交易所法 1935年修正交易所法	四行二局：中央、中国、交通和中国农民银行；中央信托局和邮政储金汇业局 1928年《中央银行条例》《交通银行条例》	

续表

公司法与公司制度	政治与政府	金融制度		知识系统
		股票市场	银行制度	
1940年《特种股份有限公司条例》

1946年《公司法》（英美公司制度）有限公司（2人），公司投资他公司1/2为限，但投资于生产性事业或以投资为专业者不在此限，外国公司，《公司法》《公司施行法》《公司登记规则》以及《破产法》《银行法》《交易所法》进一步完善了公司立法规范，台湾一直沿用至1966年 | 南京国民政府时期（1937—1949年）
经历了两大战争，即全面抗日战争（1937—1945年）和解放战争（1946—1949年） | 1942年买卖华商股票规则
1946年公司法修订
1946年上海证交所（华商与洋商市场合并） | 1940年商行缴存存款准备金
商业银行官办化
1942年中央银行成为央行 | 世界其他各国已经出现了国家垄断资本主义的经济思想，如凯恩斯《就业、利息和货币通论》，孙中山也提出了国家资本的思想 |

参考文献

英文

[1] Avner Greif, *Institutions and the Path to the Modern Economy: Lessons from Medieval Trade*, Cambridge: Cambridge University Press, 2006, p. 138.

[2] Avner Greif, "Microtheory and Resent Developments in the Study of Institutions through Economic History", In David M. Kerps and Kenneth F. Wallis, eds., *Advances in Economic Theory*, Vol. 11, Cambridge: Cambridge University Press, 1997a, p. 82.

[3] Bruno Amable, "Institutional Complementarities and Diversity of Social Systems of Innovation and Production", *Review of International Political Economy*, 2000, 7 (4): pp. 645 – 687.

[4] Douglass C. North, "Institution", *Journal of Economic Perspective*, 1991, 5 (1): pp. 97 – 112.

[5] Douglass C. North, *Institution, Institutional Change and Economic Performance*, Cambridge: Cambridge University Press, 1990.

[6] Douglass C. North, *Structure and Change in Economic History*, New York: W. W. Norton & Company, 1981.

[7] Douglass C. North, *Understanding the Process of Economic Change*, Princeton, New Jersey: Princeton University Press, 2005.

[8] Great Britain Foreign Office, *Commercial Report from Her Majesty's*

Consuls in China, 1867 – 1870, p. 54.

[9] Lance E. Davis and North Douglass C., *Institution Change and American Economic Growth*, New York: Cambridge University Press, 1971 (6).

[10] Lin Justin Yifu, "The Household Responsibility System Reform in China: A Peasant's Institutional Choice", *American Journal of Agricultural Economics*, 1987 (May).

[11] Liu Kwang Ching, *Anglo – American Steamship Rivalry in China, 1862 – 1874*, Cambridge, Mass: Harvard University Press, 1962, pp. 25, 101 – 105, 153.

[12] Paul A. David, "Clio and the Economics of QWERTY", *Economic History*, 1985, 75 (2): pp. 334 – 335.

[13] Paul A. David, "Why are Institutions the 'Carriers of History'? Path Dependence and the Evolution of Conventions, Organizations and Institutions", *Structural Change and Economic Dynamics*, 1994, 5 (2): pp. 214 – 215.

[14] Paul D. Bush, "The Theory of Institutional Change", *Journal of Economic Issues*, 1987, 21 (3).

[15] Paul Milgrom, Yingyi Qian, and John Roberts, "Complementarities, Momentum, and the Evolution of Modern Manufacturing", *AEA Papers and Proceedings*, 1991, 81 (2).

[16] Paul Pierson, *Politics in Time: History, Institutions, and Social Analysis*, Princeton University Press, 2004, 27.

[17] Peter A. Hall and Daniel W. Gingerich, "Varieties of Capitalism and Institutional Complementarities in the Macroeconomy: An Empirical Analysis", 2004, *MPIFG Discussion Paper*.

[18] Randall K. Morck, *A History of Corporate Governance around the World: Family Business Groups to Professional Managers*, Chicago: University of Chicago Press, 2005.

[19] Reinhard H. Schmidt and Gerald Spindler, "Path Dependence,

Corporate Governance and Complementarity ", *International Finance*, 2002, 5 (3): pp. 311 – 333.

[20] Returns of Trade, 1866 – 1875.

[21] Richard Deeg, "Complementarity and Institutional Change: How Useful a Concept?", *2005: Discussion Paper SP II 2005 – 21*, Wissenschaftszentrum Berlin.

[22] Otto M. Schiller, *Cooperation and Integration in Agricultural Production: Concepts and Practical Application, An International Synopsis*, London: Asia Publishing House, 1969, Chapter 7.

[23] Terry L. Anderson and P. J. Hill, "The Evolution of Property Rights: A Study of the American West", *Journal of Law and Economics*, 1975 (18): pp. 163 – 179.

[24] Wellington K. K. Chan, *Merchants, Mandarins, and Modern Enterprise in Late Chíng China*, Harvard University Press, 1977.

[25] William C. Kirby, "China Unincorporated: Company Law and Business Enterprise in the Twentieth – century China", *The Journal of Asian Studies*, 1995 (1), p. 54.

[26] William Goetzmann, Elisabeth Köll, "The History of Corporate Ownership in China: State Patronage, Company Legislation, and the Issue of Control", 2003, http://dsl.nber.org/books/corp – owner03/goetzmann – koll 7 – 20 – 04.pdf.

中文

[27] R. 科斯、A. 阿尔钦、D. 诺思等:《财产权利与制度变迁》,上海三联书店、上海人民出版社 2005 年版。

[28] W. 布莱恩·阿瑟:《经济中的正反馈》,《经济社会体制比较》1998 年第 6 期。

[29] 陈炽:《纠集公司说》,《续富国策》卷 4。

[30] 朱英:《再论国民党对商会的整顿改组》,《华中师范大学学报》

2003年第9期。

[31] （台北）"中央研究院"近代史研究所：《矿务档》，台湾艺文印书馆1960年版。

[32] ［德］柯武钢、史漫飞：《制度经济学》，韩朝华译，商务印书馆2000年版。

[33] ［德］卡尔·马克思：《资本论》第一卷，人民出版社1998年版。

[34] ［法］白吉尔：《中国资产阶级的黄金时代》，张富强译，上海人民出版社1996年版。

[35] ［美］布莱恩·阿瑟：《经济中的正反馈》，《经济社会体制比较》1998年第6期。

[36] ［美］道格拉斯·C.诺思：《经济史上的结构和变革》，厉以平译，商务印书馆1992年版。

[37] ［美］道格拉斯·C.诺思：《制度、制度变迁与经济绩效》，刘守英译，上海三联书店1994年版。

[38] ［美］凡勃伦：《有闲阶级论》，蔡受百译，商务印书馆1964年版。

[39] ［美］戈登·塔洛克：《寻租》，李政军译，西南财经大学出版社1999年版。

[40] ［美］康芒斯：《制度经济学》，商务印书馆1962年版。

[41] ［美］马士：《中华帝国对外关系史》第1卷，张汇文等译，上海书店出版社2000年版。

[42] ［美］小科布尔：《上海资本家与国民政府》，杨希孟译，中国社会科学出版社1988年版。

[43] ［美］陈锦江：《清末现代企业与官商关系》，王笛、张箭译，中国社会科学出版社2007年版。

[44] ［美］费维恺：《中国早期工业化：盛宣怀（1844—1916）和官督商办企业》，虞和平译，中国社会科学出版社1990年版。

[45] ［美］高家龙：《中国的大企业——烟草工业中的中外竞争（1890—1930）》，程麟荪、樊书华译，商务印书馆2001年版。

[46] ［美］关文彬：《如何管理市场，企业组织与关系网：久大盐业有限公司，1917—1937》，载于张东刚《世界经济体制下的民

国时期经济》，中国财政经济出版社 2005 年版。

[47] [日] 滨下武志：《中国近代经济史研究》，高淑娟、孙彬译，江苏人民出版社 2006 年版，第 393 页。

[48] [日] 青木昌彦：《比较制度分析》，周黎安译，上海远东出版社 2001 年版，第 10 页。

[49] [英] J. 罗杰斯·霍林斯沃斯、罗伯特·博耶编：《当代资本主义——制度的移植》，许耀桐等译，重庆出版社 2001 年版，第 510—565 页。

[50] [英] 卡塔琳娜·皮斯托、约拉姆·凯南、扬·克莱因赫斯特坎普等：《法律演进与移植效果：六个法律移植国家中公司法发展的经验》，载吴敬琏主编《比较》第 2 辑，中信出版社 2002 年版。

[51] [英] 亚当·斯密：《国民财富的性质和原因的研究》，郭大力、王亚南译，商务印书馆 2004 年版。

[52] [英] 约翰·伊特韦尔、默里·米尔盖特、彼得·纽曼编：《新帕尔格雷夫经济学大辞典》第一卷，陈岱孙主编译，经济科学出版社 1996 年版，第 731 页。

[53] 《筹办夷务始末》。

[54] 《论专售商局之非》，《申报》1884 年 8 月 22 日。

[55] 《海防档》，购买船炮（三）。

[56] 《海关贸易报告》。

[57] 《捷报》1871 年 6 月 16 日。

[58] 《工商半月刊》。

[59] 《马克思恩格斯文集》（第五卷），人民出版社 2009 年版，第 724 页。

[60] 《农工商部统计表》，1908 年。

[61] 《农商公报》第 18 期，1916 年 1 月。

[62] 《全国银行年鉴》，1937 年。

[63] 《商部为重申奏定章程有关条文札苏州商务总会全文》，《苏州商会档案》。

[64]《上海特别市党部第六区党部痛斥全国商联会》,《民国日报》1928年11月16日。

[65]《上海新药业公会快邮代电:请打消〈撤销商会之提案〉(1928年3月26日)》,《中国国民党中央委员会党史会藏档》会3.1/3.6。

[66]《天津商会档案汇编(1928—1937)》上册,天津人民出版社1996年版。

[67]《俞鸿钧致蒋介石呈文(1945年4月5日)》之附件,蒋中正档案:特交档案2080.109,28/01。

[68]《中中交农四行业务划分及考核办法》1942年6月15日。

[69]班思德:《最近百年中国对外贸易史》,载于海关总税务司统计科译印《最近十年各埠海关报告(1922—1931年)》上卷,1932年。

[70]卞耀武:《合伙企业法》,中国财政经济出版社1997年版。

[71]财政部《财政年鉴》编纂处编:《财政年鉴续编》第11编,商务印书馆1945年版。

[72]陈诚:《南京国民政府1927—1936年金融政策探析——新制度经济学国家理论的视角》,《全国商情(经济理论研究)》2007年第3期。

[73]陈春华:《南京国民政府时期的币制改革》,《广西社会科学》2007年第11期。

[74]陈志昂:《比较经济学的新发展》,《经济学消息报》2003年4月25日。

[75]陈真等编:《中国近代工业史资料》第3辑,上海三联书店1957年版。

[76]陈钟颖:《二十五年份上海金融市场之回顾》,《中行月刊》1937年第1、2期(第14卷第1、2期)。

[77]成九雁、朱武祥:《中国近代股市监管的兴起与演变:1873—1949年》,《经济研究》2006年第12期。

[78]戴一峰:《论晚清的子口税与厘金》,《中国社会经济史研究》

1993年第4期。

[79] 邓先宏:《中国银行与北洋政府的关系》,载《中国社会科学院经济研究所集刊》第11辑,中国社会科学出版社1988年版。

[80] 豆建民:《中国公司制思想研究》,上海财经大学出版社1999年版。

[81] 杜恂诚、严国海、孙林:《中国近代国有经济思想、制度与演变》,上海人民出版社2007年版。

[82] 杜恂诚:《近代中外金融制度变迁比较》,《中国经济史研究》2002年第3期。

[83] 杜恂诚:《民族资本主义与旧中国政府(1840—1937)》,上海社会科学院出版社1991年版。

[84] 杜恂诚:《中国近代两种金融制度的比较》,《中国社会科学》2000年第2期。

[85] 樊纲:《两种改革成本与两种改革方式》,《经济研究》1993年第1期。

[86] 方志远、黄瑞卿:《江右商德社会构成及经营方式——明清江西商人研究之一》,《中国经济史研究》1992年第1期。

[87] 郭瑞卿:《略论近代中国公司法律制度》,博士学位论文,中国政法大学,2002年。

[88] 郭熙保、胡汉昌:《论制度后发优势的实施机制》,载《发展经济学研究》(第三辑),经济科学出版社2005年版。

[89] 郭熙保、胡汉昌:《论制度模仿》,《江汉论坛》2004年第3期。

[90] 韩毅:《西方制度经济史学研究——理论、方法与问题》,中国人民大学出版社2007年版。

[91] 何立胜:《中外企业制度嬗变的比较研究》,中国财政经济出版社2004年版。

[92] 何启、胡礼垣:《新政真诠》,郑大华点校,辽宁人民出版社1994年版。

[93] 洪葭管主编:《中国金融史》,西南财经大学出版社1993年版。

[94] 华洪涛：《原中国植物油料厂剖析》，《经济学术资料》1982年第5期。

[95] 黄鉴晖编：《山西票号史料》，山西经济出版社2002年版。

[96] 吉尔伯特·罗兹曼主编：《中国的现代化》，江苏人民出版社1995年版。

[97] 简锐：《国民党官僚资本发展的概述》，《中国经济史研究》1986年第3期。

[98] 江眺：《公司法：政府权力与商人利益的博弈——以〈公司律〉和〈公司条例〉为中心》，中国政法大学出版社2006年版。

[99]《交通铁道部交通史》编纂委员会编：《交通史航政编》第1册，1931年。

[100] 交通银行总行、中国第二历史档案馆合编：《交通银行史料》第一卷上，中国金融出版社1995年版。

[101] 雷麦：《外人在华投资》，商务印书馆1959年版。

[102] 李一翔：《近代中国银行与企业的关系：1897—1945》，东大图书股份有限公司1997年版。

[103] 李玉：《北洋政府时期企业制度结构史论》，社会科学文献出版社2007年版。

[104] 李玉：《晚清公司制度建设研究》，人民出版社2002年版。

[105] 梁钜文：《中央银行制度概论》，大东书局1930年版。

[106] 梁启超：《敬告国中之谈实业者》，载《饮冰室合集》文集第三册，中华书局1989年版。

[107] 刘和旺：《论学习与制度变迁》，《山东社会科学》2005年第8期。

[108] 刘经华：《从诺思悖论看清代官督商销制——兼议中国传统盐务管理体制的基本特征》，《盐业史研究》2006年第1期。

[109] 刘秋根：《明代工商业中合伙制的类型》，《中国社会经济史研究》2001年第4期。

[110] 刘秋根：《十至十四世纪的中国合伙制》，《历史研究》2002年第6期。

[111] 刘世锦：《经济体制创新的条件、过程和成本——兼论中国经济改革的若干问题》，《经济研究》1993 年第 3 期。

[112] 刘维炽：《中国实业前途之危机》，《中国实业》第 1 卷第 2 期，1935 年 2 月 15 日。

[113] 卢现祥、朱巧玲：《论发展中国家的制度移植及其绩效问题》，《福建论坛》2004 年第 4 期。

[114] 卢现祥：《西方新制度经济学》，中国发展出版社 2003 年版。

[115] 陆仰渊、方庆秋：《民国社会经济史》，中国经济出版社 1991 年版。

[116] 罗玉东：《中国厘金史》，商务印书馆 2010 年版。

[117] 吕实强：《中国早期的轮船经营》，"中央研究院"近代史研究所 1962 年版。

[118] 马寅初：《经济政策要通盘打算》，原载重庆《世界日报》1946 年 5 月 12 日。

[119] 宓汝成：《帝国主义与中国铁路》，上海人民出版社 1980 年版。

[120] 聂宝璋编：《中国近代航运史资料》第 1 辑，上海人民出版社 1983 年版。

[121] 彭泽益编：《中国近代手工业史资料》第 1 卷，中华书局 1962 年版。

[122] 秦海：《制度、演化与路径依赖——制度分析综合的理论尝试》，中国财政经济出版社 2004 年版。

[123] 全国经济会议秘书处编：《全国经济会议专刊》，上海商务印书馆代印 1928 年版。

[124] 上海社会科学院经济研究所轻工业发展战略研究中心编：《中国近代造纸工业史》，上海社会科学院出版社 1989 年版。

[125] 上海社会科学院经济研究所等编：《南洋兄弟烟草公司史料》，上海人民出版社 1958 年版。

[126] 上海市纺织工业局等编：《永安纺织印染公司》，中华书局 1964 年版。

[127] 邵元冲：《经济统制与人力统制》，《建国月刊》卷11，第3期，1934年9月10日。

[128] 沈祖炜：《近代中国企业：制度和发展》，上海社会科学院出版社1999版。

[129] 寿进文：《当前工业危机的检讨》，《文汇报》1946年7月1日。

[130] 宋美云：《中国近代企业制度与公司治理结构》，《文史哲》2004年第3期。

[131] 孙文学主编：《中国财政史》，东北财经大学出版社1997年版。

[132] 孙毓棠编：《中国近代工业史资料》第一辑，中华书局1962年版。

[133] 谭熙鸿：《十年来之中国经济》，中华书局1948年版。

[134] 唐寿宁：《均衡的实现与制度规则的贯彻》，《经济研究》1993第3期。

[135] 天津市档案馆等编：《天津商会档案汇编（1903—1911）》上册，天津人民出版社1989年版。

[136] 汪敬虞编：《中国近代工业史资料》第三辑，科学出版社1957年版。

[137] 汪敬虞：《十九世纪西方资本主义对中国的经济侵略》，人民出版社1983年版。

[138] 汪敬虞主编：《中国近代经济史（1895—1927）》下册，人民出版社2000年版。

[139] 王处辉：《中国近代企业组织形态的变迁》，天津人民出版社2001年版。

[140] 王红曼：《中国近代货币金融史论》，上海人民出版社2011年。

[141] 王军主编：《中国财政制度变迁与思想演进》（第二卷），中国财政经济出版社2009年版。

[142] 韦森：《经济学与哲学：制度分析哲学基础》，上海人民出版

社 2005 年版。

[143] 翁文灏:《中国经济建设轮廓》,载《中国经济建设论丛》,商务印书馆 1944 年版。

[144] 翁先定:《交通银行官场活动研究（1907—1927）》,载《中国社会科学院经济研究所集刊》第 11 辑,中国社会科学出版社 1988 年版。

[145] 吴半农:《国营事业论》,中国文化服务社 1945 年版。

[146] 吴承明:《中国资本主义与国内市场》,中国社会科学出版社 1985 年版。

[147] 吴经砚等:《陈光甫与上海银行》,中国文史出版社 1991 年版。

[148] 吴泰昌:《抗战时期国民党国家资本在工矿业的垄断地位及其与民营资本的比较》,《中国经济史研究》1987 年第 3 期。

[149] 夏东元:《盛宣怀传》,四川人民出版社 1988 年版。

[150] 夏东元编:《郑观应集》,上海人民出版社 1988 年版。

[151] 徐建青:《清代手工业中的合伙制》,《中国经济史研究》1995 年第 4 期。

[152] 许涤新、吴承明主编:《中国资本主义发展史》第 2 卷、第 3 卷,人民出版社 1990 年、1993 年版。

[153] 严中平:《中国棉纺织史稿》,科学出版社 1955 年版。

[154] 严中平等编:《中国近代经济史统计资料选辑》,科学出版社 1955 年版。

[155] 杨培新:《旧中国的通货膨胀》,人民出版社 1985 年版。

[156] 杨瑞龙:《论制度供给》,《经济研究》1993 年第 8 期。

[157] 杨寿标:《中国财政统计大纲》,中华书局 1946 年版。

[158] 杨荫溥:《民国财政史》,中国财政经济出版社 1985 年版。

[159] 杨荫溥:《中国之证券市场》,《东方杂志》第 27 卷第 20 号（期）。

[160] 杨勇:《近代中国公司治理:思想演变与制度变迁》,上海人民出版社 2007 年版。

[161] 杨在军：《晚清公司与公司治理》，商务印书馆 2006 年版。

[162] 虞宝棠：《国民政府与民国经济》，华东师范大学出版社 1998 年版。

[163] 虞和平：《商会与中国早期现代化》，上海人民出版社 1993 年版。

[164] 张传玺：《中国历代契会考释》上册，北京大学出版社 1992 年版。

[165] 张福记：《抗战前南京国民政府与商会关系》，《史林》2001 年第 2 期。

[166] 张公权：《中国通货膨胀史》，文史资料出版社 1986 年版。

[167] 张国辉：《洋务运动与中国近代企业》，中国社会科学出版社 1979 年版。

[168] 张后铨主编：《招商局史》（近代部分），人民交通出版社 1988 年版。

[169] 张旭昆：《思想市场》，浙江大学出版社 1994 年版。

[170] 张旭昆：《制度演化分析导论》，浙江大学出版社 2007 年版。

[171] 张正明：《晋商兴衰史》，山西古籍出版社 1995 年版。

[172] 张忠民：《艰难的变迁——近代中国公司制度研究》，上海社会科学院出版社 2002 年版。

[173] 郑会欣：《美金公债舞弊案的发生及处理经过》，《历史研究》2009 年第 4 期。

[174] 《中国财政史》编写组编：《中国财政史》，中国财政经济出版社 1987 年版。

[175] 中国第二历史档案馆编：《中国国民党第一、二次全国代表大会会议史料》（上），江苏古籍出版社 1986 年版。

[176] 中国人民大学清史研究所、中国人民大学档案系中国政治制度教研室编：《清代的矿业》上册，中华书局 1983 年版。

[177] 中国人民银行上海市分行编：《上海钱庄史料》，上海人民出版社 1960 年版。

[178] 中国人民银行上海分行金融研究所编：《上海商业储蓄银行史

料》，上海人民出版社 1990 年版。

[179] 中国人民银行总行参事室编：《中华民国货币史资料》第二辑，上海人民出版社 1991 年版。

[180] 中国史学会编：《洋务运动》（六），上海人民出版社 1988 年版。

[181] 中国银行总行、中国第二历史档案馆合编：《中国银行行史资料汇编》上编第一册，档案出版社 1991 年版。

[182] 中山大学历史系孙中山研究室等编：《孙中山全集》第 6 卷，中华书局 1985 年版。

[183] 周永林、张廷钰编：《马寅初抨官僚资本》，重庆出版社 1983 年版。

[184] 朱彤芳：《旧中国交易所介绍》，中国商业出版社 1989 年版。

[185] 朱荫贵：《国家干预经济与中日近代化：轮船招商局与三菱·日本邮船会社的比较研究》，东方出版社 1994 年版。

[186] 朱荫贵：《近代中国：金融与证券研究》，上海人民出版社 2012 年版。

[187] 朱荫贵：《论晚清中国新式工商企业对清朝政府的报效》，《中国经济史研究》1997 年第 4 期。

[188] 朱荫贵：《试论南京国民政府时期国家资本股份制企业形成的途径》，《近代史研究》2005 年第 5 期。

[189] 朱荫贵：《引进与变革：近代中国企业官利制度分析》，《近代史研究》2001 年第 4 期。

[190] 朱英：《再论国民党对商会的整顿改组》，《华中师范大学学报》2003 年第 9 期。